中国人民大学刑法学博士文丛（15）

先行行为论

Ingerenz：Previous Act Which Created the Dangerous Condition

谢绍华 著

中国人民公安大学出版社
·北 京·

图书在版编目（CIP）数据

先行行为论／谢绍华著．—北京：中国人民公安大学出版社，2011.6

（中国人民大学刑法学博士文丛）

ISBN 978-7-5653-0465-1

Ⅰ．①先… Ⅱ．①谢… Ⅲ．①犯罪学-研究 Ⅳ．①D917

中国版本图书馆CIP数据核字（2011）第107701号

先行行为论

Ingerenz：Previous Act Which Created the Dangerous Condition

谢绍华 著

出版发行：中国人民公安大学出版社
地　　址：北京市西城区木樨地南里
邮政编码：100038
经　　销：新华书店
印　　刷：北京蓝空印刷厂

版　　次：2011年6月第1版
印　　次：2011年6月第1次
印　　张：9.875
开　　本：880毫米×1230毫米　1/32
字　　数：280千字
印　　数：1～2000册

书　　号 ISBN 978-7-5653-0465-1
定　　价：35.00元

网　　址：www.cppsup.com.cn　www.porclub.com.cn
电子邮箱：zbs@cppsup.com　zbs@cppsu.edu.cn

营销中心电话：010-83903254
读者服务部电话（门市）：010-83903257
警官读者俱乐部电话（网购、邮购）：010-83903253
法律分社电话：010-83905745

总　　序

以刑法规范及其发展完善为主要研究对象的刑法学，是法学体系中一个极为重要的部门。而刑法学的发展和完善，很大程度上取决于刑法学研究和教育的发展状况。因此，我们既要促进当下各种刑事法思想与理论的交流，力促百花齐放、百家争鸣，又不能忘记对年青一代人才的培养，以期薪尽火传、承传不灭。这就对我国的法学教育和法学研究提出了更高的要求。

中国人民大学刑事法律科学研究中心是专门从事刑事法研究的新型综合性学术研究机构，经教育部1999年11月批准，成为首批全国普通高等学校人文社会科学百所重点研究基地之一，也是刑事法领域唯一的国家级重点研究机构。“中心”依托中国人民大学雄厚的人文社会科学基础与人大法学院坚实宽广的法学学科实力，以具有辉煌业绩和良好传承的国家重点学科——刑法学科为龙头，涵盖刑事实体法、刑事程序法与刑事证据法、刑事侦查与刑事物证技术、刑事法律史等刑事法律学科群中的诸多领域。中国人民大学刑法学博士生在“中心”的严格要求和精心培养下，勤于学习，勇于探索，撰写的学位论文大多具有锐意创新之处。但在目前学术著作出版难的状况未彻底改观的情况下，其中仅有少数论文得以公开出版，这不得不说是一大憾事。有鉴于此，中国人民大学刑事法律科学研究中心本着繁荣学术、扶植青年的宗旨，在中国人民公安大学出版社的鼎力支持下，精心挑选、组织出版了这套“中国人民大学刑法学博士文丛”。

本文丛以通过答辩的刑法学博士学位论文为选题范围，从中挑选一些有代表性并有较高学术价值和现实意义的论文加以编辑出版。从论文的选题和内容来看，作者或者是对刑事法中前沿问题的系统分析，论证严谨，见解独到；或者是对传统理论的深刻挖掘，论涉古今，言及中外；或者是对外国刑法理论的专门研究，援引西土精华，璧合本土资源；或者是对某一理论的中外比较，两两相互对照，取其精去其糟，其学术价值和现实意义不容低估。固然，这些论文看起来或许还有些青涩与稚嫩，许多观点也可能还值得商榷，但每一篇论文都闪烁着作者思想的火花，同时浸透了导师的心血，因而值得一读。并且，我们真诚欢迎读者对论文提出批评，因为认真而负责的批评，正是作者得以进步的阶梯、学术得以繁荣的途径。

回首过去，中国人民大学刑事法律科学研究中心由于各方厚爱和自身的艰苦努力，在刑事法研究方面打下了一些基础，取得了一些成绩。展望未来，来日方长，我辈不敢稍有怠慢或休歇，学如春起之苗，要让其增，务要不断浇灌，只有更进一步，方能更上一层楼。在这里，唯愿这套“中国人民大学刑法学博士文丛”，能够源源不断地为气氛正热而任重道远的刑事法研究贡献一份绵薄之力。

中国人民大学刑事法律科学研究中心

2008年3月

目　录

Contents

第一章 导 论

第一节 先行行为的渊源

先行行为的理念产生于以规定侵权行为法律制度而著称的公元前286年制定的《阿奎利亚法》(lex Aquilia),可谓久远。

“在罗马侵权行为法发展史上,《阿奎利亚法》(lex Aquilia)的重要性仅次于《十二铜表法》”。[①]《十二铜表法》和《阿奎利亚法》(lex Aquilia)中均有“侵权犯”的概念,这是一个较宽泛的概念,具体分为“私犯”和“公犯”。以现代理念观之,后者无疑是犯罪,而前者则既包括了后世的犯罪,也包括了后世的侵权行为。《阿奎利亚法》(lex Aquilia)中规定,损害发生须由行为人的积极行为所造成,而与有无图利的意思无关。由于不作为造成损失的,不构成私犯,所以殴伤他人的奴隶要赔偿,而不给奴隶饮食听任其饿死则无须负责。但“积极行为一经开始而事后又行中止,则其消极行为所造成的损害,可适用该法,如医师为奴隶动手术,事后不予护理,致奴隶死亡的则须承担责任”。[②] 对因未履行做完

① 王泽鉴:《侵权行为法》(第1册),中国政法大学出版社2001年版,第39页。

② 周枏:《罗马法原论》(下),商务印书馆2001年版,第861页。

手术的义务而导致病人死亡的，作为犯罪予以处罚，在今天看来便可以因违反先行行为作为义务而成立不纯正不作为犯。

在学说史上，对作为义务的根据或者来源最先予以理论化的，是费尔巴哈（Feuerbach）。根据费尔巴哈（Feuerbach）的理论，法律责任只可能产生于法律或者契约中，所以，不作为犯罪必须以一个特别的法律规定（法律或者契约）为前提，通过这些才能解释犯罪的联系。无论什么人，欠缺这一根据，都不能成为不作为犯的犯罪人。[①] 在费尔巴哈（Feuerbach）的刑法教科书中，人们没有发现涉及先行行为的法律责任。

在刑法学界，一般认为，先行行为保证人类型的产生，始于德国学者斯鸠贝尔（Stübel）。斯鸠贝尔（Stübel）于1828年首次提出先行行为也应成为作为义务的根据，[②] 在其《论数人共同犯罪》一书中，明确提出法义务的想法。他从没有防止犯罪结果等于消极地参与犯罪这种不作为犯的观点出发，进一步认为在某些情况下，有些人会因为某种关系或者因为前行为，而负有法律上的作为义务，如果因为自己置他人于欠缺救助即无法存活的状况时，即会构成杀人罪，例如拘禁他人而不提供必要的食物。但是，为什么一个人会由于之前的一个行为而对另外一个行为承担法律责任，斯鸠贝尔（Stübel）并没有进行详细的阐述。一般认为，斯鸠贝尔（Stübel）是从生活的实际感觉以及明白的法感情中归纳出这一结论的。早期文献对先行行为保证人类型的法理认识，一言以蔽之，即“在正义感情上理所当然”[③]。

---

① Vgl. Klaus Pileiderer, Die Garantenstellung aus vorangegangenem Tun., 1968 Duncker & Humblot, Berlin, S. 49.

② Vgl. Klaus Pileiderer, Die Garantenstellung aus vorangegangenem Tun., 1968 Duncker & Humblot, Berlin, S. 48.

③ 参见许玉秀：《主观与客观之间》，法律出版社2008年版，第306页。

斯鸠贝尔（Stübel）提出先行行为概念之后，在19世纪中期关于不作为因果关系的争论中，先行行为逐渐被视为作为义务的来源。于是，德国法院的判例也开始支持这种学说。这样，在19世纪末20世纪初的德国，学说与判例将作为义务的来源分为法律、契约和先行行为。自此，先行行为作为不纯正不作为犯的作为义务来源之一，与法律规定、契约约定并列为历史最悠久的三大保证人类型。

第二节　先行行为理论研究的现状

先行行为作为不纯正不作为犯的保证人类型之一，自从德国学者斯鸠贝尔（Stübel）首倡以来，它和法律规定、契约约定，并列为历史最悠久的三大作为义务来源。在一个多世纪的发展中，其作为保证人类型之一，得到多数学者赞同和司法判例支持，在中国大陆刑法学界更是一种确认。但质疑先行行为保证人类型的学说在大陆法系国家曾间或出现，特别是随着保证人地位实质化运动的兴起，否定先行行为保证人类型的观点越来越引起学界的注意。例如，德国学者韦尔策尔（Welzel）、阿明·考夫曼（Armin Kaufmann）和许乃曼（Schünemann）就对先行行为的保证人类型提出质疑，我国台湾地区学者许玉秀也否定先行行为的保证人类型。先行行为保证人地位的争论极大地促进了先行行为保证人类型实质法理基础的研究。

在保证人地位实质化的讨论中，德国学者那格拉（Nagler）和阿明·考夫曼（Armin Kaufmann）的贡献最为巨大。1938年，德国学者那格拉（Nagler）提出的保证人说在不纯正不作为犯的理论史上确定了两个重要的发展方向，一是将不纯正不作为犯可罚性理论确定为构成要件理论，二是从社会防卫功能确定保证人地位的法理基础。那格拉（Nagler）把前行为保证人类型称为Ingerenz。Ingerenz的意思是介入，前行为如果介入社会生活，干扰了社会生活，使被害人陷于无助的状况，即产生排除这种干扰的义务。①

受此启发，阿明·考夫曼（Armin Kaufmann）提出著名的功能分类说，把保证人地位分为监督危险的保证人类型和保护法益的保证人类型。前行为保证人类型，被归为监督危险的保证人类型。阿明·考夫曼（Armin Kaufmann）的功能分类说，是德国学说较多数的意见，也成为德国、日本、我国台湾地区和我国大陆地区讨论保证人类型时主要依据的理论框架体系，可谓影响深远。

雅各布斯（Jakobs）提出组织管辖理论，对保证人类型进行重新分类，即因组织权而生的义务和因制度权而生的义务。前行为保证人义务属于因组织权而生的义务，前行为人因为前行为而成为某个组织领域的所有人，因而对该组织领域内的法益侵害事实有防止义务。申言之，无论是作为犯还是不作为犯，基本上都基于两种理由而负责：一是因为对特定的组织领域有一定管辖，即所谓的组织管辖；二是因为制度上的身份而有管辖，即制度上的管辖。② 雅各布斯（Jakobs）的组织管辖理论也产生了很大的影响。

罗克辛（Roxin）致力于推动以刑事政策为导向的、目的理性的犯罪原理以及以此为基础的客观归责理论，为先行行为不作为犯的归责提供了更广阔的讨论平台。明显的例证是，黄荣坚和许玉秀在分析我国台湾地区关于先行行为的判例时，都深入介绍了客观归责理论，并努力在分析中加以适用。

日本学者日高义博提出构成要件等价值性命题，来解决不作为与作为的等价问题，认为不作为者必须通过自己的先行行为设定因果关系。由于其著作《不作为犯的理论》于 1992 年译介到中国，从而为中国大陆刑法学界广为引用，成为中国大陆刑法学者研究不

---

① 参见许玉秀：《主观与客观之间》，法律出版社 2008 年版，第 308 页。

② 参见许玉秀：《实质的正犯概念》，载《刑事法杂志》第 41 卷第 6 期，第 40 页。

作为犯理论的基础性资料。

文献方面，德国的相关著述有：耶赛克、魏根特的《德国刑法教科书》、罗克辛（Roxin）的《德国刑法学》（总论）、约翰内斯·韦塞尔斯的《德国刑法总论》、罗克辛（Roxin）的《客观归责理论》、许乃曼（Schünemann）的《关于客观归责》、许乃曼（Schünemann）的《德国不作为犯学理的状况》、雅各布斯（Jakobs）的《刑法保护什么：法益还是规范适用?》等等。此外，还有 Klaus Pileiderer 的《保证人地位》（Die Garantenstellung aus vorangegangenem Tun）以及 Klaus F Kugler 的《先行行为与自我答责》（Ingerenz und Selbstverantwortung）等关于先行行为的理论专著，这些著述都使得德国关于先行行为的研究居于无可置疑的领先地位。

日本的相关著述有：日高义博的《不作为犯的理论》、山口厚的《从新判例看刑法》、西田典之的《日本刑法总论》、大塚仁的《刑法概说》（总论）、大谷实的《刑法总论》、倔内捷三的《不作为犯论》、中义胜的《不作为共犯》、曾根威彦的《交通事犯与不作为犯》、冈本胜的《不作为之遗弃罪》等，它们都对不作为犯进行了相关论述。其中，日高义博在《不作为犯的理论》一书中，列举了 20 个判例，其中 12 个判例是根据先行行为找到作为义务根据的。

在我国台湾地区，黄荣坚提出危险前行为是唯一的保证人类型的观点，虽然遭到许玉秀的批判，但是，黄荣坚和许玉秀针锋相对的论战，成为台湾地区关于先行行为讨论的一道风景，把台湾地区关于先行行为保证人地位的法理基础和可罚性理论的探讨引向深入。我国大陆刑法学界的一些学者正是沿着黄荣坚和许玉秀相关阐述的轨迹才逐渐摆脱了旧有的讨论模式，慢慢开始进入较为实质性的研究。

我国台湾地区的相关著述有：黄荣坚的《论保证人地位》、《不作为与客观归责》、《刑罚的极限》、《基础刑法学》，许玉秀的《主观与客观之间》、《当代刑法思潮》、《论西德刑法上的保证人地位之实质化运动》、《前行为保证人类型的生存权——与结果加重犯的比较》、《保证人地位的法理依据——危险前行为是构成保证人地位的唯一理由?》、《检验客观归责的理论基础》、《“最高法院”1989年3693号判决的再检讨——前行为保证人地位与客观归责理论初探》，陈朴生的《不作为犯之构造》，林山田的《刑法通论》，洪福增的《刑法理论之基础》，林钰雄的《新刑法总则》，等等，以及先后涌现出的一批硕士论文，例如，许玉秀的《不纯正不作为犯之研究》、李昂杰的《保证人地位》、郑铭仁的《危险升高理论之研究》以及叶静屏的《结果加重犯》等。

我国大陆地区，对不纯正不作为犯以及作为义务的相关问题进行了较为深入的研究，对先行行为的相关问题也有所涉及。相关著作有：高铭暄的《中国刑法学》、马克昌的《犯罪通论》、冯军的《刑事责任论》、张明楷的《刑法学》、陈兴良的《刑法哲学》等。博士论文有：黎宏的《不作为犯研究》、许成磊的《论不真正不作为犯》、栾丽的《刑法作为义务论》、李金明的《不真正不作为犯研究》。其他相关的期刊论文有：张明楷的《不作为也是作为》、《论不作为的杀人罪》、《严格限制结果加重犯的范围与刑罚》，冯军的《刑法中的自我答责》，陈兴良的《犯罪不作为研究》、《论不作为犯罪之作为义务》，熊选国的《不作为犯的义务根据》，周光权的《刑法中的因果关系和客观归责论》，肖中华的《能而不予阻止者，有罪——关于不作为犯的比较分析》，黎宏、大谷实的《论保证人说》，黎宏的《论交通肇事罪的若干问题》、《“见死不救”行为定性的法律分析》，张小虎的《不纯正不作为犯先行行为犯罪及其处置的法理分析》、《犯罪实行行为之解析》，齐文远、李晓龙的《论不作为犯中的先行行为》，李邦友的《结果加重犯理论研究综述》，李晓龙的《论不纯正不作为犯的等价性》，金光旭的《日本刑法中的实行行为》等。这些著述从不同角度对先行行为的相关问题进行了研究。

但是，总体而言，我国大陆地区刑法学界对先行行为的专门研究仍相对贫乏，具体表现为尚没有专门研究先行行为的专著出版，亦没有专门关于先行行为的博士论文出现，对先行行为的研究只是局限于探讨先行行为的范围等问题，对先行行为是否具有保证人地位、先行行为可罚性的法理基础以及先行行为的归责等问题，则鲜有涉及。可以说，先行行为理论在我国大陆地区刑法学界仍然属于空白领域，有待于进行深入全面的研究。

第三节　本书拟讨论的问题

一、先行行为保证人地位的肯定与否定

无论是形式的作为义务来源说，还是实质的作为义务来源说，大都肯定先行行为是作为义务的来源。先行行为作为作为义务的来源之一，是学界主流的观点。但是，质疑先行行为是作为义务的来源的观点，也得到了一些学者的支持，越来越引起学界的关注。先行行为保证人地位的肯定与否，是讨论先行行为时，首先必须回答的问题。

二、先行行为不作为犯的作为义务程度

从刑法的立场来观察，形式上一样的作为义务，实质上有程度的不同。作为义务程度上的差别，决定先行行为不作为犯的是否成立，即仅仅是单纯地违反作为义务还不够，违反作为义务还必须达到一定程度，才可能受到刑法的规制。虽然以作为义务的程度为等价性判断标准的观点为多数学者所支持，但仍然需要进一步论证其妥当性。关于作为义务程度的判断标准，也需要结合具体个案予以阐明。

三、先行行为保证人类型与其他保证人类型的关系

关于保证人地位的建立，早先的实务所承认的构成保证人地位

的范围大致上只包括法令、契约以及先行行为。由于保证人地位实质化的影响，学说上与实务上所承认的构成保证人地位的理由逐渐变得广泛。认为建立保证人地位的真正理由不应该是在一些形式上的考量，例如法令或契约，而应该是在实质上的因素。根据阿明·考夫曼（Armin Kaufmann）的功能说，大致而言，保护义务的保证人地位可能包括的项目有自然的家庭关系、密切的生活共同体、危险的共同体、保护义务的自愿承担等；监督义务的保证人地位可能包括的项目有危险前行为、危险物的持有、基于对第三人的监督地位等。在个案适用上，各保证人类型存在重叠的情形，因此，梳理先行行为与其他保证人类型的关系成为必要。

四、刑法上的先行行为与侵权法上的先行行为的比较

公元前 286 年制定的《阿奎利亚法》（lex Aquilia）规定，不作为是不承担责任的，但积极行为一经开始而事后又行中止，则其消极行为所造成的损害，可适用该法。例如，医师为奴隶动手术，事后不予护理，致奴隶死亡的则须承担责任。可以说，以规定侵权行为法律制度而著称的《阿奎利亚法》（lex Aquilia）成为先行行为最早的渊源。在普通法时期，德国民法学说就认可有先行行为义务存在时，应对不作为造成的损害提供救济。所以，侵权法在作为义务的产生方面，也是基于法律规定、合同约定和先前危险行为。侵权法上的先行行为与刑法上的先行行为既有相同之处，更有根本上的不同。

五、先行行为是否限于违法行为

“因自己行为致有发生一定结果之危险者，负防止其发生之义务”，这是关于先行行为的最为一般的规定形式，但就这一规定的形式而言，看不出所谓“自己的行为”应该是什么样的行为，应该具备怎样的法律属性，即是不是包括合法和违法的行为，是不是包括作为和不作为，以及是否包括故意和过失两种行为，是否必须

为有责行为等。先行行为范围的界定不清，使得先行行为理论不能充分运用于司法实践中对先行行为不作为犯进行处罚，因而需要进一步讨论。其中，争论最为激烈的是先行行为是否限于违法行为的问题。

六、先行行为是否包括犯罪行为

先行行为是否包括犯罪行为，也是一直以来悬而未决的问题。关于这一问题，刑法学界存在截然对立的两种观点，否定说认为先行行为不包括犯罪行为，肯定说主张犯罪行为也可以构成先行行为。先行行为是否包括犯罪行为，既需要理论的论证，更需要判例的检验。

七、先行行为不作为犯的结构

在先行行为的场合，结果现象产生的契机是先行行为人自身所提供的，即先行行为者与结果的发生是有直接关系的，或者说，结果的发生最初起源于行为人的先行行为，而在其他保证人类型中，则不存在这样的情况。先行行为保证人类型与其他保证人类型，在结构上存在不同，这一点容易被忽视。

八、先行行为不作为犯与结果加重犯

实务上对于先行行为不作为犯的认定，往往由于结果加重犯与先行行为不作为犯犯罪类型的混淆不清而产生困难。例如，在交通肇事案件中，车祸发生后，肇事者未将伤者立即送医，而发生伤者死亡的情形，此时究竟是依交通肇事罪的升格法定刑处罚，还是成立先行行为不作为故意杀人的不纯正不作为犯，颇生困扰，实有进一步研讨之必要。

九、先行行为不作为犯的因果关系

在作为犯场合，行为与结果之间引起与被引起的关系比较直

观，也容易理解。但是，在不作为犯的场合，由于行为人没有外部的身体动作，其不作为与结果之间是否存在因果关系则不无疑问。特别是，在先行行为不作为犯的场合，由于先行行为保证人类型与其他保证人类型存在结构上的不同，使得先行行为保证人类型的因果关系既存在一般不作为犯因果关系的共性问题，也有其独特之处。

十、先行行为不作为犯是否适用危险升高理论

罗克辛（Roxin）的客观归责理论所提出的归责原则包括判断行为人的行为是否对行为客体制造了不被容许的危险、此危险是否在具体的结果中实现以及实现的具体结果是否处在构成要件的效力范围之内，可见，危险原则是客观归责理论的核心内容。先行行为不作为犯也是制造了危险，并且导致了结果的发生，那么，此危险和彼危险是否相同，如果不同，不同在那里，有必要予以澄清。

一一、结果可避免性的判断

先行行为不作为犯在构造上是针对一个未发生的事实加以评价，即行为人若依法采取防果行为，结果是否不发生。根据目前学界通说的见解，倘若不作为的行为人做了期待他应为的行为，有几近于确定的可能可以避免结果的发生时，则可以肯定不作为与结果之间具有因果关系。在此，涉及倘若行为人依法行为也只是可能防止结果的发生时，不作为的行为人是否应受归责的问题。因此，对先行行为不作为犯的归责而言，结果可避免性的判定是一个无法回避的问题。

十二、先行行为不作为犯理论与自我答责理论适用醉酒驾车行为

先行行为人制造了危险，居于保证人地位，在危险实现为构成要件的结果的过程中，介入了被害人的因素，最终导致了结果的发

生。例如，售酒的店主售酒给司机，司机醉酒驾车撞树死亡，或者导致他人死亡的交通事故的情形，是醉酒的司机承担责任，还是售酒的店主承担先行行为不作为犯的刑事责任，是一个值得研究的问题。这既涉及先行行为不作为犯的理论，也涉及客观归责下的自我答责理论。

第四节　本书中的术语使用说明

一、先行行为与危险前行为

本书所称“先行行为”，是指“因自己行为致有发生一定结果之危险者，负防止其发生之义务”，文献中也有“危险前行为”的说法。但二者并无本质不同。“危险前行为”明确指出前行为的危险，“先行行为”虽未冠以危险一词，但先行行为应是制造了危险的行为，危险的含义已内在于“先行行为”之中，或者说，如果没有危险，就不是本书所称“先行行为”。我国台湾地区学者较多使用“危险前行为”的提法，例如，在黄荣坚和许玉秀的著述中，前后统一地使用了“危险前行为”的概念，林山田和林钰雄也是如此。但是，洪福增在《刑法理论之基础》一书中使用的却是“先行行为”的提法，[①] 陈朴生在《不作为犯之构造》一文中也使用的是“先行行为”的提法，[②] 表述的是相同的内容。依此，也可以看出，学者在相同的意义上混用着这两个术语。日本著作译介到我国大陆地区，较普遍地使用了“先行行为”，我国大陆地区刑法学界也基本上使用的是“先行行为”这一术语。考虑到行文的统

---

① 参见洪福增：《刑法理论之基础》，刑事法杂志社印行 1977 年版，第 166 页。

② 参见陈朴生：《不作为犯之构造》，载《刑事法杂志》第 25 卷第 3 期，第 14 页。

一，以及约定俗成的原因，本书在一般意义上使用“先行行为”一词，但在引用相关文献资料时，继续使用“危险前行为”的提法，以保持其原汁原味。

二、保证人地位与作为义务

以保证人地位说明不作为与作为的等价性，因而说明不作为的可罚性，源于那格拉（Nagler）所倡之保证人说。保证人说，以称具有特别作为义务者为保证人而得名。保证人说之所以在学术上、实务上，乃至立法上获得肯定，主要是由于该说对于不纯正不作为犯犯罪的构造及可罚性的说明，一方面突破长逾一世纪的因果关系说和违法性说，另一方面维持并肯定了传统犯罪理论的架构。①“一般而言，成立不纯正不作为犯的必要要件是，不作为者处于保证人地位从而具有法的作为义务”。② 即，负有防止结果发生的特别义务的人是保证人，其中防止结果发生的特别义务就是作为义务，保证人具有此等特别作为义务关系而居于保证人地位。

自那格拉（Nagler）提出“保证人说”之后，大陆法系国家的刑法学者在论述不纯正不作为犯的作为义务的根据时，广泛使用了“保证人地位”或者“保证人类型”的概念。关于在何种情形下始具有“保证人地位”，或何种情形可归属于“保证人类型”，探讨的就是作为义务的根据，大致相当于我国大陆刑法理论中的“作为义务的来源”。

因此，考虑到行文的方便，本书在相同的意义上混同使用“保证人地位”和“作为义务”的概念，也在相同的意义上混同使用“保证人类型”和“作为义务的来源”的概念，不加区分。

---

① 参见许玉秀：《主观与客观之间》，法律出版社2008年版，第254页。

② ［日］山口厚：《从新判例看刑法》，付立庆等译，中国人民大学出版社2009年版，第29页。

三、先行行为与先行行为不作为犯

本书讨论的对象是先行行为。尽管本书以较多的篇幅涉及先行行为不作为犯的讨论，但是，必须明确的是，先行行为与先行行为不作为犯是根本不同的两回事。

依通说见解，先行行为是不作为犯的作为义务来源之一，或者说，当某一先行行为人居于保证人地位后，才有论及其成立不纯正不作为犯的可能。质言之，先行行为不作为犯既要考察行为人的先行行为，也要考察行为人的先行行为之后的不作为。

关于先行行为的讨论，将不可避免地涉及先行行为不作为犯的内容，这是因为，刑法的问题，归根到底是归责的问题。

第二章 先行行为地位论

先行行为概念自从斯鸠贝尔（Stübel）提出至今，在一个多世纪的发展过程中，其作为保证人类型之一，得到多数学者赞同和司法判例支持，在中国大陆刑法学界更似乎是一种确信。但是，质疑先行行为保证人类型的学说在大陆法系国家曾间或出现。先行行为保证人地位肯定与否的争论，仍在继续。

第一节 先行行为保证人地位肯定论

毛拉赫（Maurach）在他的德国刑法教科书中这样描述先行行为的保证人地位，“先行行为的法律义务一直无可争议，事实上这里涉及一个最重要的不纯正不作为的成立条件，它的创设曾是帝国法院的一项特殊功绩，它在现代的判例中仍然被不加限制地采用。”① 的确，肯定先行行为保证人地位的观点一直以来是学界的主流观点，无论是形式的保证人类型说，还是实质的保证人类型说，都是如此。并且，大陆法系国家，例如，德国和日本都曾进行过先行行为保证人地位刑法明文化的尝试，现行的韩国刑法和我国台湾地区“刑法”都明确设定了关于先行行为保证人地位的条款。

① Klaus Pileiderer, Die Garantenstellung aus vorangegangenem Tun., 1968 Duncker & Humblot, Berlin, S. 11.

一、学说对先行行为保证人地位的提倡

在学说史上，对作为义务的根据或者来源最先予以理论化的是费尔巴哈（Feuerbach）。在费尔巴哈（Feuerbach）的刑法教科书中，人们没有发现涉及先行行为的法律责任。根据费尔巴哈（Feuerbach）的理论，法律责任只可能产生于法律或者契约中，所以，不作为犯罪必须以有一个特别的法律基础（法律或者契约）为前提，通过这些才能解释犯罪的联系。无论什么人，欠缺这一根据，都不能成为不作为犯的犯罪人。①

在费尔巴哈（Feuerbach）之后，斯鸠贝尔（Stübel）于1828年首次提出先行行为也应成为作为义务的根据。② 斯鸠贝尔（Stübel）在其《论数人共同犯罪》一书中，明确提出法义务的想法。他从没有防止犯罪结果等于消极地参与犯罪这种不作为犯的观点出发，进一步认为，在某些情况下，有些人会因为某种关系或者因为前行为，而负有法律上的作为义务，如果因为自己置他人于欠缺救助即无法存活的状况时，即会构成杀人罪，如拘禁他人而不提供必要的食物。但为什么一个人会由于之前的一个行为而对另外一个行为承担法律责任，斯鸠贝尔（Stübel）并没有进行详细的阐述。一般认为，斯鸠贝尔（Stübel）是从生活的实际感觉以及明白的法感情中归纳出这一结论的。

在19世纪中期关于不作为因果关系的争论中，先行行为逐渐被视为作为义务的来源。于是，德国法院的判例也开始支持这种学说。这样，在19世纪末20世纪初的德国，学说与判例将作为义务的来源分为法律、契约和先行行为，这就是所谓“形式的三分

---

① Vgl. Klaus Pileiderer, Die Garantenstellung aus vorangegangenem Tun., 1968 Duncker & Humblot, Berlin, S. 49.

② Vgl. Klaus Pileiderer, Die Garantenstellung aus vorangegangenem Tun., 1968 Duncker & Humblot, Berlin, S. 48.

说”。自此，先行行为作为不纯正不作为犯的作为义务来源之一，与法律规定、契约约定并列为历史最悠久的三大保证人类型。

（一）形式的保证人类型之先行行为

耶赛克在《德国刑法教科书》（总论）中指出，“对刑法而言，具有重要意义的是保证人义务究竟能以何等方式进行表述和限制，传统的划分方法是以法义务产生的根据为准的，也就是形式的法义务理论。按传统的形式的法义务理论，保证人义务产生的根据有法律、契约和先期实施的具有危险性的行为”。①

日本的传统见解是在法律、契约与事物管理、条理三个方面寻找作为义务的根据，其中，习惯或者条理就包括先行行为的作为义务。例如，大塚仁认为，作为义务的法的根据包括以下三种：法令情形；基于法律行为（契约、事务管理）的情形；基于习惯或者条理而承认的场合。这里具体又分为：基于监护人地位的作为义务；基于管理人地位的作为义务；基于卖主地位产生的作为义务；基于先行行为产生的作为义务。②

我国台湾地区学者关于保证人类型的观点纷繁复杂，但均将先行行为作为其保证人类型之一。其中较有代表性的观点有“二分说”、“三分说”、“六分说”。“二分说”认为作为义务的发生根据有：法律上的防止义务；因自己行为的防止义务。③“三分说”认为作为义务的发生根据有：法律或法令明文规定；契约或其他法律行为；法令及契约虽无该作为义务的根据，但依习惯、条理及公序良俗的观念，或依交易上的诚实信用的原则而认为应该发生一定的

---

① ［德］汉斯·海因里希·耶赛克、托马斯·魏根特：《德国刑法教科书》（总论），徐久生译，中国法制出版社2001年版，第744页。

② ［日］大塚仁：《刑法概说》（总论），冯军译，中国人民大学出版社2003年版，第138页。

③ 陈朴生：《刑法总则》，台湾中正书局1969年版，第57页。

作为义务。[①]"六分说"认为作为义务的发生根据有：法令的规定；自愿承担义务；最近亲属；危险共同体；违背义务的危险前行为；对于危险源的监督义务。[②] 当然，这里的"六分说"实际上融合了形式的保证人类型和实质的保证人类型。这种融合形式的保证人类型和实质的保证人类型的观点，为近来多数我国台湾地区学者所采纳。

我国大陆学者在作为义务的形式来源问题上也有不同观点，但是在先行行为引起作为义务这一点上则没有争议。"三来源说"认为不作为的义务来源包括：法律上的明文规定；职务或业务上的要求；行为人先前的行为。[③] "四来源说"认为作为义务来源包括：法律明文规定的作为义务；职务或者业务要求的作为义务；法律行为引起的义务；先行行为引起的作为义务。[④] "五来源说"认为产生特定义务的根据包括：法律上的明文规定；职务和业务上的要求；行为人的先行行为；自愿承担的某种特定义务；在特殊场合下，公共秩序和社会公德要求履行的特定义务。[⑤]

在英美法系国家，最初没有不纯正不作为犯这一概念，英国刑法中的"actus reus"、美国刑法中的"criminal act"都是犯罪行为概念，既包括作为也包括不作为，认为成立不作为犯和作为犯是一样的，只是以法的作为义务来限制不作为犯的成立。此后，学者们纷纷提出了刑法作为义务产生根据的观点。[⑥] 危险前行为成为法义务产生的根据之一。

---

① 洪福增：《刑法理论之基础》，刑事法杂志社印行 1977 年版，第 166 页。

② 林山田：《刑法通论》，台湾三民书局 1986 年版，第 299 页。

③ 高铭暄：《中国刑法学》，中国人民大学出版社 1989 年版，第 99 页。

④ 陈兴良：《本体刑法学》，商务印书馆 2001 年版，第 257 页。

⑤ 马克昌：《犯罪通论》，武汉大学出版社 1999 年版，第 170 页。

⑥ ［日］日高义博：《不作为犯的理论》，王树平译，中国人民公安大学出版社 1992 年版，第 8 页。

例如，美国学者 Richard G Singer 和 John Q La Fond 在美国法学院经典教材“Criminal Law”中认为作为义务可以基于以下根据而产生：身份关系（Duty Based Upon Relationship）；法律规定（Duty Based Upon Statute）；合同（Duty Based Upon Contract）；自愿救助（Duty Based Upon Voluntary A ssumption of Care）；危险前行为（Duty Based Upon Creation of the Peril）；对他人行为的控制（Duty to Control Conduct of Others）；不动产所有人（Duty of Landowner）。①

英国学者 Julia Fionda 和 Michael J Brant 认为不作为的作为义务包括：特定关系（Special relationship）；承担责任（Assumption of responsibility）；因合同承担的义务（Duty assumed under a contract）；因引起的危险情况而产生的义务（A duty arising where cre-ates a dangerous）；制定法上的义务（Statutory duties）。②

英国学者 Jonathan Herring 在麦克米伦法学精要丛书之“Criminal Law”（第三版）中也阐明了不作为的作为义务问题，认为不作为的作为义务包括：制定法上的义务（Statutory duties）；因合同承担的义务（Contractual duties）；承担责任的义务（Assumption of responsibility）；危险前行为产生的义务（Creation of danger）。③

（二）实质的保证人类型之先行行为

形式的作为义务说从形式的角度界定作为义务的范围，具有特征明确、易于操作的优点，对于严格区分道德义务和法律义务，抑制刑罚权的不当扩张以及保障人权具有重大意义。但是，形式的作

---

① Richard G Singer & John Q La Fond，Criminal Law，Second Edition，中国方正出版社 2003 年版，第 38 页。

② Julia Fionda & Michael J Brant，Briefcase on Criminal Law，Second Edition，（影印版），武汉大学出版社 2004 年版，第 161 页。

③ Jonathan Herring，Criminal Law，Third Edition，（影印版），法律出版社 2003 年版，第 41 页。

为义务说以列举的方式阐明作为义务的来源问题，无法涵盖所有的作为义务来源的类型。并且，形式的作为义务说只是回答了什么人具有作为义务，即作为义务的主体问题，对于行为人不履行该义务在什么场合下成立不作为犯仍不明确，因此无法科学地确定不作为犯的处罚范围。

自20世纪中叶以来，西德刑法学界开始抛开作为与不作为存在结构上的差异，转而从不作为者所起的社会作用及所处的社会环境来研究作为义务的实质内容，从而被称为“社会的不作为犯论”。其特点是，从传统的义务违反说中规范的形式的方法，向存在论的实质性的研究方法过渡。① 保证人地位实质化的运动开始后，各种理论主张相继呈现在人们面前，总体来讲，可以归纳为四类主张：第一类是从人与人之间的密切关系当中寻找保证人类型，例如家庭关系、血缘关系、共同生活关系等；第二类是将第一类的具体关系抽象化为功能地位，即以对法益的保护功能决定保证人的地位。阿明·考夫曼（Armin Kaufmann）提出的功能说把保证人地位分为两类：保护法益的保证人地位和监督危险来源的保证人地位；第三类是从行为人和因果流程的关系，即以行为人是否站在因果流程的起点、是否操纵因果流程，决定行为人有无保证人地位；第四类则是纯粹从规范的角度，将保证人地位简化为依规范的要求，避免法益受侵害的义务，简化为在自己的管辖领域，有责任保

① 参见黎宏：《不作为犯研究》，武汉大学出版社1997年版，第127页。

护法益。[①] 实质的考察方法指明了一条路径，即在不同义务的社会内容基础上来解决保证人问题。

德国保证人地位的实质化运动，可以追溯至骚尔（Sauer）和基辛（Kissin）的实质违法观。[②] 骚尔（Sauer）和基辛（Kissin）所代表的实质的违法观，旨在以一般的公平正义原则弥补实定法的

---

① 第一类是从人与人之间的密切关系当中寻找保证人类型，例如家庭关系、血缘关系、共同生活关系等，包括：德国学者佛格特（Vogt）的"较密切的社会秩序（关系）说"；安德鲁拉基斯（Androulakis）的"事先存在的密切关系说"；乌尔夫（Wolff）和威尔普（Welp）的"依赖关系和信赖关系学说"。第二类是以对法益的保护功能决定保证人的地位，阿明·考夫曼（Armin Kaufmann）提出的功能说把保证人地位分为两类：保护法益的保证人地位和监督危险来源的保证人地位，许玉秀提出的开放与闭锁的关系说，以法益为出发点，贝尔汶科（Bärwinkel）将法益作为确定保证关系的第一个要素。第三类是从行为人和因果流程的关系，即以行为人是否站在因果流程的起点、是否操纵因果流程，决定行为人有无保证人地位，包括：许乃曼的支配说强调对因果流程的支配。日本学者日高义博的先行行为说、倔内捷三的事实的承担说、西田典之的具体的事实支配说、我国台湾地区学者黄荣坚的危险前行为说以及我国大陆学者冯军的承诺说，都是以支配思想为基础的，强调对结果的原因的支配。第四类则是纯粹从规范的角度，将保证人地位简化为依规范的要求，避免法益受侵害的义务，简化为在自己的管辖领域，有责任保护法益。雅各布斯（Jakobs）的组织管辖理论虽然也是以支配思想为基础的，但其更强调纯粹的规范，将保证人地位简化为依规范的要求，避免法益受侵害的义务，简化为在自己的管辖领域，有责任保护法益。黎宏的事实性因素与规范性因素统一说也强调规范的作用。关于保证人类型的实质化可参见 Vgl. Klaus Pileiderer, Die Garantenstellung aus vorangegangenem Tun, 1968 Duncker & Humblot, Berlin, S. 7；许玉秀：《论西德刑法上保证人地位之实质化运动》，载《主观与客观之间》，法律出版社 2008 年版，第 247 页；谢绍华：《作为义务来源的实质化》，载《政法论坛》2008 年第 2 期，第 133 页。

② Klaus Pileiderer, Die Garantenstellung aus vorangegangenem Tun, 1968 Duncker & Humblot, Berlin, S. 63.

漏洞，以矫正法定构成要件的失平之处。认为行为的构成要件符合性，仅仅表征形式的违法性，真正违法的行为，应抵触一般的公平正义原则。符合构成要件的不作为也仅具有形式的违法性，其是否实质上违法，应考虑该不作为是否“对于国家及其成员害多于利”。

据此，骚尔（Sauer）和基辛（Kissin）将作为义务分为两类：一是基于不作为者自己的危险前行为引起发生一定不法结果的危险时，不作为者有防止结果发生的作为义务；二是不作为者基于其法的社会地位而负担的作为义务。前者，不作为者先行的危险行为已具有实质违法性，不作为者如任危险继续，自然发生对国家及其成员害多于利的结果；后者，例如有教育权之人、医生及救火员等，都是存在于整体法秩序中的法的社会地位。至于契约义务因不具有强制性，无法在整体法秩序中据以建立任何作为义务。①

1938 年，德国学者那格拉（Nagler）提出保证人说。那格拉（Nagler）把前行为保证人类型称为 Ingerenz。Ingerenz 的意思是介入，前行为如果介入社会生活，干扰了社会生活，使被害人陷于无助的状况，即负有排除这种干扰的义务。② 受此启发，阿明·考夫曼（Armin Kaufmann）提出著名的功能说，把保证人地位分类为监督危险的保证人类型和保护法益的保证人类型。前行为保证人类型被归类为监督危险的保证人类型。

1. 阿明·考夫曼（Armin Kaufmann）的功能说

阿明·考夫曼（Armin Kaufmann）的功能说虽然被批评为只有分类、没有法理，分类也不完全精确，但是，自功能说提出之后，实质保证人地位才被实务和学说普遍接受。阿明·考夫曼（Armin

① 参见许玉秀：《主观与客观之间》，法律出版社 2008 年版，第 264 页。

② 参见许玉秀：《主观与客观之间》，法律出版社 2008 年版，第 308 页。

Kaufmann）经过考察判例和学说所讨论的保证人类型后指出，刑法上保证义务的根据在于保护特定法益的功能与监控危险来源的功能，① 从而将保证人类型分为两大类：一类是行为人对特定法益负有保护其不受侵害的义务，简称为保护义务；一类是行为人对特定危险来源有监督控制的义务，使该危险源不害及任何人，简称为监控义务。

对特定法益的保护义务包括：第一，自然联系，这种自然联系必须建立在法的纽带之上。第二，密切的共同体关系。这里起决定作用的同样是基于相互之间的信任而产生依赖关系，承担增加了的危险或者中断其他形式的保护措施（危险共同体、与婚姻相似的共同生活、扶养关系）。第三，是自愿接受有利于被危害人的对被危害人或第三人的保护。这里尤其取决于他人基于对保证人的援助的信任，经受住较大的危险，或者放弃其他方式的保护，因为只有这样接受刑法责任才是合法的。具体来说，行为人对特定法益有保证其不受侵害的义务，包括因自然血亲等关系、共同体生活关系、共难团体，自愿承担义务而产生的保证人地位。

对特定危险源的保护义务包括：第一，因危险的先期行为产生了对他人有危险的情形，而对于这种危险的情形，保证人有消除的义务；第二，存在于自己的社会领域的危险源，可导致保证人义务的产生；第三，保证人对受其监督之人的行为进行监督的义务。② 具体来说，行为人对特定危险来源负有监督控制的义务，使该危害源不害及任何人，包括因开设公众往来的场所或设施，因持有危险物、因有指挥监督他人的权力而生的保证人地位。

危险前行为被阿明·考夫曼（Armin Kaufmann）归于危险监督

① 参见［德］汉斯·海因里希·耶赛克、托马斯·魏根特：《德国刑法教科书》（总论），徐久生译，中国法制出版社2001年版，746页。

② 参见［德］汉斯·海因里希·耶赛克、托马斯·魏根特：《德国刑法教科书》（总论），徐久生译，中国法制出版社2001年版，751页。

的类型，后来广为学界接受。[①] 因自己的危险前行为成立保证人地位，需符合两个前提：一是因自己的行为，使社会秩序受到干扰，对特定法益造成危险；二是前行为必须是违背义务的危险前行为。这是德国学说的多数意见。

2. 信赖原则

在肯定前行为保证人类型的诸多学说中，大致可以提出两大法理根据，即信赖原则和支配思想。

德国学者乌尔夫（Wolff）和威尔普（Welp）提出的被害人对行为人的依赖关系建立在信赖关系之上。[②] 依赖关系说主张，在被害人陷于脆弱的状况，必须依赖行为人的救助时，被害人对不作为人的依赖关系，就是保证人地位的实质法理依据。在保护类型如近亲之间、共同生活伴侣、承担照护义务和被照护者之间是如此，在监督类型如先行行为伤害他人时，行为人与被害人之间也是如此。人类社会中维持和平的基本要素是被害人对行为人的依赖关系，以及信赖关系。因为前行为人的前行为使得被害人陷入一种特别容易受损害的状况，同时使被害人陷于特别依赖行为人的状况，因而行为人对被害人负有使其不受损害、脱离依赖的责任。

与依赖关系说近似的是信赖关系说，信赖关系说虽然没有强调行为人和被害人之间的强弱关系，但隐含着人会因为相信别人而使

---

① 前行为保证人类型被阿明·考夫曼（Armin Kaufmann）归类为监督危险的保证人类型之后，长期没有第二种见解出现，甚至被 Hruschka 认为是最典型的监督危险保证人类型。当然，也有学者提出不同看法，如鲁登（Lund）认为前行为保证人类型是保护法益类型。其理由是，监督危险保证人类型的作为义务建立在保证人和危险来源的关系之上，而危险来源对法益而言是一种外在的损害原因；相对的，保护法益的作为义务则是建立在保证人的功能之上的。参见许玉秀：《主观与客观之间》，法律出版社 2008 年版，第 309 页。

② 参见许玉秀：《前行为保证人类型的生存权？——与结果加重犯的比较》，载《政大法学评论》第 50 期。

自己处于弱势陷于危险之意。[①] 对“信赖关系”的理解存在两种观点：一种观点主张，人和人之间的信赖关系表现为社会内部的和平，社会内部和平的期待要求人与人互相信赖，从而引申出作为义务；另一种观点认为，继受某个义务、先行行为、执行某种业务以及有某种职位等方式可以产生一个信赖地位，进而形成一个保证人地位。换言之，进入一个信赖地位，是构成保证人地位即负有作为义务的理由。

3. 雅各布斯（Jakobs）的“组织管辖”理论

支配思想是一个比信赖原则还要流行的思想。雅各布斯（Jakobs）的“组织管辖”理论、许乃曼（Schünemann）的“实际支配”理论、日本学者日高义博的先行行为说都是以支配思想为基础的。

雅各布斯（Jakobs）提出组织制度管辖理论，对保证人类型进行重新分类，即因组织权而生的义务和因制度权而生的义务。前行为保证人义务即属于组织权的部分。前行为人因为前行为而成为某个组织领域的所有人，因而对该组织领域内的法益侵害事实有防止义务。申言之，无论是作为犯还是不作为犯，基本上都基于两种理由而负责：一是因为对特定的组织领域有一定管辖，即所谓的组织管辖；二是因为制度上身份而有管辖，即制度上的管辖。对于不作为犯而言，如果因组织管辖而应使该组织领域内的法益不受损害，则为支配犯，如监督危险来源的保证人、前行为的保证人、因承担而产生的保证地位以及因有组织管辖而应防止他人自残的保证人；因制度上的管辖而产生的保证人，如亲子关系、收养关系、监护关系、夫妻间的特别信赖关系，为义务犯。[②] 可以看出，雅各布斯

① 参见许玉秀：《保证人地位的法理基础》，载《刑事法杂志》第42卷第2期，第44页。

② 参见许玉秀：《实质的正犯概念》，载《刑事法杂志》第41卷第6期，第40页。

(Jakobs)的组织管辖理论是以支配思想为基础的。雅各布斯(Jakobs)组织管辖理论从纯粹规范的角度出发，将负有作为义务的保证人地位简化为依规范的要求，避免法益受侵害的义务，简化为在自己的管辖领域，有责任保护法益。

在组织制度管辖的归责基础之上，雅各布斯(Jakobs)提出了扩大的前行为概念，不但传统上所承认的违反义务的前行为，而且许多被允许的危险，如购买恶犬、铺桥修路、建造公共设施、抱走流浪动物都被纳入前行为的概念范围之中。这些行为都因为符合组织管辖的归责原理而引起保证人地位。其他的保证人类型，如自愿承担的保证人类型、基于对危险物的管理或者对危险物的自愿承担的保证人类型和犯罪防止的保证人类型，也都是因为行为人将他人纳入自己的组织范围而负责。①

许乃曼(Schünemann)主张以“支配造成结果的原因”作为保证人地位形成的原因，主张不应在行为人和被害人之间或者行为人和被害法益之间的关系中去寻找作为义务的实质来源，而应从行为人和因果流程的关系，亦即行为人是否站在因果流程的起点，是否操纵因果流程，来决定行为人是否负有作为义务。许乃曼(Schünemann)的支配理论的核心是，对作为犯和不作为犯共通的实质的归责基础是“对结果来源的支配”。

日本学者日高义博提出构成要件等价值性理论，认为作为义务

---

① 雅各布斯(Jakobs)的“组织管辖—制度管辖”说遭到的最重要的批评来自许乃曼(Schünemann)。许乃曼(Schünemann)的批评主要包括两个重点：一是雅各布斯(Jakobs)的规范论基础已经完全偏离了罗克辛(Roxin)的机能主义的方向，表现为纯粹的规范主义，因而是循环逻辑，并无真正的内容在其中；二是“组织管辖—制度管辖”忽视了不纯正不作为犯的对等性，无法从中找到不作为与不作为在规范上的共同之处。参见[德]许乃曼(Schünemann)：《德国不作为犯学理的现状》，陈志辉译，载《刑事法评论》第13卷，中国政法大学出版社2003年版，第373页。

的来源是不作为者先前的原因设定行为。① 所谓先前的原因设定行为，是指不作为者在不作为之前，自己已经设定倾向侵害法益的因果关系。日高义博认为，不纯正不作为犯与作为犯相比较，存在结构上的空隙，因此，要填补不纯正不作为犯结构上的空隙，使其与作为犯在构成要件方面的价值相等，就必须考虑不作为人设定原因的情形，即不作为人在实施该不作为以前，必须存在自己设定向侵害法益方向发展的因果关系。② 他所讲的不作为人的原因设定行为，其实就是历来所称的先行行为。

(三) 黄荣坚之危险前行为是保证人地位的唯一构成理由

我国台湾地区学者黄荣坚主张危险前行为是保证人地位的实质法理依据，而且危险前行为是构成保证人地位的唯一理由。③

黄荣坚认为，第一，作为犯和不作为犯是不同的。作为犯是制造原本不存在的风险，而不作为犯只是没有消减原本已经存在的风险。因此，为了让不作为与作为负相同的刑事责任，必须另外有一个强有力的事由来补足，这个等价的事由就是不作为之前的另外一个作为，即学说上所说的危险前行为。正是因为行为人已经有一个危险的前行为，已经制造了一个自然界原本不存在的风险，所以，

---

① 20 世纪 70 年代以来，日本学者探讨作为义务发生的实质性根据，相继提出了一些作为义务根据的理论。除日高义博的“先行行为说”外，还有倔内捷三的“事实的承担说”，认为考察作为义务应当从结果无价值的立场出发，排除作为义务中的规范性的要素，而从事实的角度出发来解明其实体；以及西田典之的“具体的事实支配说”，认为为了保证作为与不作为的等价值性，不作为者应当掌握导致结果发生的关系锁链，即要具体地、事实地支配因果关系的发展经过。参见黎宏：《不作为犯研究》，武汉大学出版社 1997 年版，第 146 页。

② 参见［日］日高义博：《不作为犯的理论》，王树平译，中国人民公安大学出版社 1992 年版，第 111 页。

③ 参见黄荣坚：《论保证人地位》，载《法令月刊》第 46 卷第 2 期，第 13 页。

行为人有义务控制风险。质言之，制造风险的人，必须控制风险。制造风险的人，对于风险的控制，居于保证人的地位。这就是说，只有自己先前的行为置人于危险境地，才有可能负担保证人义务，其他的情形都无法与作为犯等值，不应当成立不纯正不作为犯。

第二，以危险前行为形成保证人地位，并不是只要存在因果关系就确定保证人地位，而是，除了风险的制造外，至少还必须对该风险有预见可能性。

第三，通说所列举的诸多形成保证人地位的情形，如法令、契约等，对于保证人地位的判断，流于形式。因为是不是保证人，决定的标准并不在于契约不契约或亲属不亲属，而在于危险的前行为。

第四，形式上一样的保证人地位，实质上有程度上的不同。即体系上的关系应该是，违背高度的作为义务，需要负高度的刑事责任；违背低度的作为义务，需负低度的刑事责任。

通过上述介绍可以看出，保证人地位实质化运动实际上是寻求保证人类型的实质的法理依据，在此过程中，突破了传统的“法律规定、契约约定和危险前行为”形式的三分说，提出了更多种类的保证人类型。可以说，实质的保证人类型的出现，既是由于理论上探讨保证人类型实质法律依据的推演而提出，更是由于社会发展过程中司法实务的需要，或者说，实践的需要催发了理论的诞生。

总之，有一点是比较明确的，那就是，在探究保证人地位实质的法理依据的过程中，无论是骚尔（Sauer）和基辛（Kissin）所代表的实质的违法观，阿明·考夫曼（Armin Kaufmann）的功能说，雅各布斯（Jakobs）的组织管辖理论，还是日本学者日高义博提出构成要件等价值性理论，都肯定了先行行为的保证人地位，更不用说黄荣坚的危险前行为是保证人地位的唯一构成理由的学说了。

二、判例对先行行为保证人地位的支持

自斯鸠贝尔（Stübel）提出先行行为也应成为作为义务的根据以来，特别是经过19世纪中期关于不作为因果关系的争论，先行行为作为义务的根据性逐渐被人们接受，德国、日本法院的判例也开始支持这种学说。判例和学说相互影响推动了先行行为不作为犯理论的发展。我国大陆及台湾地区也有越来越多的判例支持先行行为保证人地位理论。在此，对各国的判例仅略举数例，以梗概了解。随着论述的展开，再介绍更多的其他判例。

（一）德国

1884年10月21日，德国莱比锡法院在判决中指出，“由于不作为者的先行或附随行为而产生作为的必要，或者，由于不作为而使法律上存在的作为义务受到侵害的场合，一般来说，在理论及刑法典的意义上，该不作为便成了作为。”① 在该判决中，先行行为同法律、契约一样，成为法定作为义务的发生根据之一。并认为先行行为作为作为义务的发生根据是基于一般理论及刑法典的意义。

1888年1月27日，法院在判决中再次确认，“被告人（女）违反法院判决，将应当交给其夫抚养的小孩拒不交出，而继续留在自己家中。对此，法院认为，在隐匿孩子及拒不告诉孩子的住所这一点上，虽然没有采取积极的行为，行为人由于有先行的行为……只要违反刑法的结果回避义务，便不排除刑法第235条（夺取未成年者罪）的适用。”之后，在同样的案件中又有类似的判决内容。并且，在1912年11月11日的一个判决中，先行行为所生义务被称为“莱比锡法院”的判例规则。② 这样，先行行为同法律、契约一样，作为作为义务的发生事由之一，在判例中获得了

---

① 参见林山田：《刑法通论》，台湾三民书局1986年版，第302页。

② 参见黎宏：《不作为犯研究》，武汉大学出版社1997年版，第125页。

牢固的地位。

（二）日本

日本学者在阐述先行行为保证人地位的时候，大都引用了“营业员放火案”（日本最高法院判决1958年9月9日刑集第12卷第13号第2882页）。[①] 在该判例中，作为义务的产生根据是过失的先行行为。这种情形的作为义务是不是不法的作为义务，判例上没有明确。但原判决使用了“法律上的义务”，所以应解释为本判例也使用了相同意义的作为义务。这是在情理上产生法的作为义务的一个例子。该判决认为，构成先行行为保证人地位以未必故意为已足，是否有利用危险的意志并不重要。这一思想对以后的判例产生了很大的影响。

基本案情：被告在中部电力有限公司中津营业所集资部工作。1954年12月15日，上司告诫他不要擅自旷工以免耽搁业务，由于已经约定这几天与自己有业务关系的多治见营业所的领导要来，所以，12月20日午后被告在营业所办公室加班，整理尚未整理的账簿及下账等。晚上11点左右，被告与同办公室的打更员甲一起喝了六合酒（一合约为0.18升）。后来甲回夜间值班室睡觉去了，被告在木桌下面装着3.7万张表格纸的三个纸箱旁铺上白铁皮，把火盆放在上面，并在火盆里面加了许多木炭，火盆里的炭火很旺，被告边烤火边继续加班。到了凌晨2点，因先前喝了酒，有点恶心想吐，就离开了办公室，去工务室小睡一会儿，加有大量炭火的火盆仍放在那里。凌晨3点45分左右，被告一下子醒来就起身要回到自己的办公桌，可一进办公室发现，由于炭火过热，点着了旁边装着表格纸的纸箱，而且自己的桌子也燃烧起来了。这时，如果自

① 参见［日］大塚仁：《刑法概说》（总论），冯军译，中国人民大学出版社2003年版，139页；［日］大谷实：《刑法总论》，黎宏译，法律出版社2003年版，第114页；［日］日高义博：《不作为犯的理论》，王树平译，中国人民公安大学出版社1992年版，第51页。

己努力扑火或叫醒甲帮忙，是可以将火扑灭的，但他看到失火就惊呆了，害怕被人发觉自己的失策，就放任火势扩大，以致延烧到整个楼房，而不采取救火措施便跑出了营业所。最后烧毁了营业所的一栋楼和与之相邻的六栋住宅楼。

一审判处被告惩役 3 年，二审驳回控诉，又上诉到最高法院。

判决指出，被告是由于自己的过失行为使上述物品着火的人，当然应该救火，何况他应认识到，如放任上述物品继续燃烧，火势就会蔓延到整个楼房。所以，他负有救火义务，以防止烧到整个楼房。被告在现场亲眼目睹到由于自己过失烧毁了表格纸、木桌等物品，却怀着放任由于已出现的火力而烧毁楼房的意志，不采取任何救火措施，被告以这种不作为完成对楼房的放火，并最终烧毁了这座楼房。因此，原判决判定该不作为符合刑法第 108 条的放火罪是合适的，引用大审院判例的判旨也与本判决不发生矛盾，原判决并不违反大审院判例。

（三）英国

英国刑法有判例支持先行行为理论，肯定先行行为的作为义务来源，称其为“Creation of danger”或“Danger caused by defendant”，即如果被告人造成了危险状态而没有阻止危害结果的发生，法庭认定被告人有作为义务。

“米勒案”（Miller 1983. 2 AC 161. House of Loads）[①] 的基本案情：一个流浪者在一所空房子里睡觉。他在睡觉时抽烟，烟引着了床垫子。流浪者惊醒后发现着火，没有采取任何扑救措施就挪到另一个房间。结果房子被烧着，造成了重大损失，流浪者被判构成放火罪。

地方法院的判决指出，尽管着火是被告人无意中引起的，但一

① Jonathan Herring, Criminal Law, Third Edition,（影印版），法律出版社 2003 年版，第 42 页。

旦被告人意识到着火的存在就产生了采取措施扑灭火灾的义务。英国皇家上诉法院驳回了被告人的上诉请求，认为在这种情形下，被告人负有作为义务。这种作为义务产生于被告人引起的可能造成危害结果的危险状态。

（四）韩国

韩国刑法学者认为明确确定保证人地位特别是作为义务的标准，是不纯正不作为犯的首要任务。作为义务可以根据法令、合同、社会常理以及先行行为产生。韩国大法院也有判决支持先行行为保证人地位的理论。① 例如：

韩国大法院 1978 年 9 月 26 日 78 DO 1996（总揽，刑法 18－3）："护送炸药的人在货车内点燃蜡烛睡觉，在火点着炸药箱子的瞬间发现时，虽然采取翻倒箱子等方法就很容易灭火但还是逃跑，即构成破裂爆炸物罪。"

韩国大法院 1982 年 11 月 23 日 82 DO 2024（公报 697－238）："被告引诱并捆绑监禁未成年人后，若仅仅是维持该状态而致使被监禁人死亡的，被告的罪责就如同所论仅构成监禁致人死亡罪。然而，若监禁状态持续到某一阶段，被告产生了杀人的犯意，不防止危害结果的发生而继续维持监禁状态致使被害人死亡，被告的不作为足以被评价为满足杀人罪的构成要件性行为，因而被告的行为应当构成以不作为实施的杀人罪。"

韩国大法院 1992 年 2 月 11 日 91 DO 2951（公报 92,1077）："若被告下决心杀死被害人侄子（10 岁），带他到水库并引诱至容易滑倒的地方一同行走，当被害人掉进水里时不予救护而致使被害人溺死，是被害人自己滑进水里的，尽管当时被告仅仅处于杀人罪的预备阶段而还没有着手实行，将没有对付溺死危险的保护能力的

---

① 参见［韩］李在祥：《韩国刑法总论》，韩相敦译，中国人民大学出版社 2005 年版，第 113 页。

年幼被害人带到具有溺死危险的水库的被告作为被害人的叔父，也具有防止被害人掉进水里溺死的危险发生且在被害人落水时予以救护的法律上的作为义务，被害人掉进水里后被告人持杀人的犯意不予救护而放任其溺死的行为（不作为）在刑法上也足以被评价为等于被告直接将他推进水里致使其溺死的行为的杀人实行行为。”

（五）中国台湾

我国台湾地区在“刑法”第15条第2项明确规定了先行行为的作为义务，“因自己行为致有发生一定结果之危险者，负防止结果发生之义务。”因为有刑法上的明文规定，所以实务上出现了众多的判例。在此，仅举一例说明。

台湾“最高法院”在“甲被追溺水案”（台湾“最高法院”1940年台上字第3039号）判决中指出，“被害人甲，虽系自己跃入塘内溺水身死，如果某甲确因被告追至塘边，迫不得已，始跃入水中，则依‘刑法’第15条第2项规定，被告对于某甲的溺水，负有救护的义务，倘当时并无不能救护的情形，而竟坐视不救，致某甲终于被溺身死，无论其消极行为是出于故意或过失，其对于某甲的死亡，要不得不负相当罪责。”①

（六）中国大陆

众所周知，由于我国刑法总则没有明文规定不作为犯，因此，对于刑法理论上所称的先行行为不作为犯，司法实践是否予以承认，如果承认，又当如何处理，都是需要探讨的问题。然而，由于我国不是判例体系国家，尽管司法机关的公报也登载一些判例，但是数量极为有限，其中，偶有涉及先行行为不作为犯的案例，其判决说理部分又极为简略，这便为判例研究带来了一定的困难。根据笔者的考查，我国大陆地区关于先行行为不作为犯的判例最早可以

---

① 参见林山田：《刑法通论》（下册）增订九版，台湾大学法学院图书部2005年版，第224页。

追溯到1992年最高人民检察院主编的《刑事犯罪案例丛书·杀人罪》一书。可喜的是，2009年由法律出版社出版的最高人民法院刑事审判第一、二、三、四、五庭主编的《中国刑事审判指导案例》（侵犯公民人身权利、民主权利罪），登载了先行行为不作为犯的判例，并且对先行行为不作为犯相关问题也进行了较为详尽的阐述，不仅对司法实践有指导意义，而且对理论上的研讨也提供了可资借鉴的判例资源。在此仅举二例，或可窥见我国先行行为不作为犯判例发展的一斑。

“洪某通奸致人服毒自杀案”（1992年《刑事犯罪案例丛书·杀人罪》第208页）[①] 的基本案情：被告人洪某自1982年12月初与本村青年赵某（18岁）通奸。1983年3月，赵某怀孕后向洪某提出结婚，如洪某不同意便张扬此事，洪某唯恐奸情败露，经与其妻廖某合谋后，哄骗赵某说，“你先到医院做人工流产，然后我与廖某离婚，再跟你结婚。”赵某信以为真，便在廖某的陪同下，到医院作了人工流产。之后，洪某既未跟廖某离婚，又与赵某逐渐疏远，赵某感觉上当，极为不满。1984年4月3日晚7时许，洪某遇到赵某，当赵某喊洪某停步时，被尾随在后的廖某看见，便对赵某进行斥责。当晚9时许，赵某身藏敌敌畏来到洪家，与其家人一起看电视。晚11时许，廖某再次对赵某进行侮辱和斥责。赵某一气之下，当着洪某、廖某的面将携带的一瓶敌敌畏服下。这时洪某的父亲见状便叫其赶快送往医院抢救。洪某由于怕因此败露自己与赵某的通奸关系，便让其妻将张某（与洪某有通奸关系）找来，三人自行对赵某进行所谓“抢救”。至次日凌晨2时许，赵某病情恶化，不省人事。洪某、廖某、张某认为抢救无效了，于是将仍在呼吸的赵某抬上平板车，连夜送往密云水库，将仍然活着的赵某扔进引水渠内。洪某恐赵某不沉水，又用一木棍和张某一起将赵某推

---

① 参见最高人民检察院编：《刑事犯罪案例丛书·杀人罪》，人民检察出版社1992年版，第208页。

至深水处，后三人订立攻守同盟，企图逃避惩罚。经法医鉴定，赵某系敌敌畏中毒合并水淹致死。

对于本案，检察院以故意杀人罪对三被告人起诉，法院以同罪作了有罪判决。

《刑事犯罪案例丛书·杀人罪》的编者同意上述判决，认为被告人洪某等三被告是不作为的方式构成故意杀人罪。① 理由如下：不作为是指消极地不实施应当实施的某种行为，即应当履行某种特定义务而不去履行。不作为的义务来源有法律的、职务的和行为人的先行行为等三个方面。本案属于第三种情况。这种不作为产生于自己的先行行为引起对方生命危险状态之时，如果不履行这种特别义务而导致危害结果的发生，则是不作为犯罪。

值得一提的是，《刑事犯罪案例丛书·杀人罪》由基层检察院负责案例搜集，省级检察院负责编写，最高人民检察院负责审定出版。因此可以说，这套丛书中所收集的案例基本上反映了我国当时现实社会中刑事犯罪的基本动向；其评论和处罚意见可以代表当时司法实践部门的基本看法。在对该案例的评析中，编者明确提出作为义务的三种来源，本案中的三被告人由于其先行行为引起被害人生命危险而产生防止危害结果发生的义务，这种观点同我国刑法理论上的见解是完全一致的，并且这种见解在案例分析中得到了实际运用。考虑到该书出版时间是1992年，殊是难能可贵。

“杨某某硫酸伤人案”［2009年《中国刑事审判指导案例》（侵犯公民人身权利、民主权利罪）第356页］的基本案情：被告人杨某某因与被害人张某某谈恋爱而产生矛盾，杨某某即购买两瓶硫酸倒入喝水的杯子中，随身携带。2004年10月23日21时许，杨某某与张某某再次发生激烈争执，杨某某手拿装有硫酸的水杯对张某某说，“真想泼到你脸上”，并欲拧开水杯盖子，但未能打开。

---

① 参见黎宏：《不作为犯研究》，武汉大学出版社1997年版，第192页。

张某某认为水杯中系清水，为稳定自己情绪，接过水杯，打开杯盖，将水杯中的硫酸倒在自己的头上，致使头、面、颈、躯干及四肢等部位被硫酸烧伤。经鉴定，伤残等级为一级。①

河南省洛阳市涧西区人民法院认为，被告人杨某某明知自己的行为会造成他人身体伤害，仍放任伤害结果发生，致他人严重残疾，其行为已构成故意伤害罪。杨某某以其主观上只想拿硫酸吓唬被害人，无伤害故意和被害人在案件起因上有过错为由上诉。河南省洛阳市中级人民法院认为，上诉人杨某某在谈恋爱的过程中，因被害人提出分手而心怀恼恨，即购买危险品硫酸随身携带。当二人为恋爱发生争执，被害人误将上诉人预备的硫酸倒向本人身上时，上诉人明知该行为会造成被害人的人身伤害，仍放任伤害结果的发生，致被害人重伤并造成严重残疾，其行为构成故意伤害罪，系间接故意犯罪。

裁判理由：被告人为报复被害人，购买危险品硫酸后带至案发现场，当被害人从其手中拿走装有硫酸的杯子，打开杯盖，将硫酸当做清水倾倒在本人身上时，被告人既不告诉被害人实情，也不采取措施予以阻止，而是放任被害人向自己泼倒硫酸的行为，造成被害人严重伤残的结果，其主观上对被害人伤害后果持放任态度，系间接故意伤害；客观上未履行其因先行行为而产生的避免或排除危害结果发生的特定义务，其行为属于不作为犯罪，构成故意伤害罪。

值得注意的是，在该案的裁判理由部分，对不作为犯的成立条件，对被告人的主观心理态度都作出了比较详尽的阐述。例如，先行行为不作为犯的成立主观上是间接故意的观点对司法实践有指导意义。

---

①　参见最高人民法院刑事审判第一、二、三、四、五庭主编：《中国刑事审判指导案例》（侵犯公民人身权利、民主权利罪），法律出版社 2009 年版，第 356 页。

三、立法对先行行为保证人地位的肯定

先行行为不作为犯是以作为犯的犯罪构成要件为标准加以处罚的，但因先行行为不作为犯的作为义务没有在刑法条文中明确规定，缺乏实体法的根据，因此存在着处罚先行行为不作为犯违反罪刑法定原则的顾虑。于是，各国或者地区对先行行为保证人类型进行了刑法明文化的尝试，力图解决这一矛盾。

（一）德国

1913 年德国刑法修正草案第 24 条规定，“负有防止因作为而发生结果的法的义务之人，由于不作为而发生结果的，得处罚之。由于自己的作为而惹起发生结果的危险的，负有防止结果发生的义务”。1925 年刑法修正草案第 14 条、1927 年刑法修正草案第 22 条、1956 年刑法草案第 13 条均对先行行为的作为义务作了规定。[①]

德国 1956 年刑法草案第 13 条，明显试图将“保证人说”的立场予以立法化，此由条文所谓“在事情上必须保障不发生结果”，以及“在大部分适合于构成要件情形下，将不纯正不作为犯视为与作为犯等同”可以看出。[②] 此外，该条将有防止发生结果义务的情形列举为：依据法规所规定的情形；基于先行行为的情形；承担保障的情形。

（二）日本

日本 1927 年刑法改正预备草案第 13 条规定，“违背法律上的义务，而未防止构成犯罪事实的，与以作为使该事实发生者同其处罚。引起有发生事实之虞的状态的，负防止责任。”该草案受德国

---

① 参见许玉秀：《不纯正不作为犯之研究》（硕士论文），台湾政治大学法律研究所 1980 年，第 51 页。

② 参见洪福增：《刑法理论之基础》，刑事法杂志社印行 1977 年版，第 216 页。

1925 年草案的影响，也明文规定了法律上的义务与先行行为引起的作为义务。1931 年刑法修正草案第 13 条、1961 年修正刑法准备草案第 11 条均有类似规定。

日本 1961 年修正刑法准备草案理由书指出，不作为犯的处罚，在解释上虽为一般所认定者，然自言词的意义上而言，或可谓是一种扩张解释或类推适用。以罪刑法定主义的观点来看，多少不无问题。因此，准备草案设置关于不作为犯的明文规定，这就是草案第 11 条的由来。① 该条第 1 项是关于学说上所谓不纯正不作为犯，第 2 项是明示“先行行为的作为义务”的说明规定，此乃第 1 项所规定“有法律上的义务”的一种情形，而作注意的明示规定。

（三）韩国

韩国刑法典第 18 条规定，“负有防止危险的义务或者因自己的行为引起危险，而未防止危险之结果发生的，依危险所致的结果处罚。”

（四）我国台湾地区

我国台湾地区现行刑法对先行行为不作为犯的处罚作了明文规定。该法 15 条规定，“对于一定结果之发生，法律上有防止之义务，能防止而不防止者，与因积极行为发生结果者同。因自己行为致有发生一定结果之危险者，负防止其发生之义务。”

蔡枢衡对台湾地区刑法关于先行行为不作为犯的规定给予了较高的评价，认为“因自己行为致有发生一定结果之危险者，负防止其发生之义务”这一项是 1935 年刑法新增的，尽管起草者主观上只是为了模仿德国刑法草案的规定。但在实际上具有肯定和发展传统的保辜义务，填补了清《新刑律》以来空白的作用，是个很

---

① 参见洪福增：《刑法理论之基础》，刑事法杂志社印行 1977 年版，第 223 页。

有价值的增订。[①] 此后，各人对于可以引起后果的行为，不论是适法的或违法的，都有防止结果发生的义务。前者例如与病人结伴同行，途中便有作必要照顾的义务；携带他人小孩外出，便有保护其安全的义务。后者例如骑车、开车撞伤行人，便有使之就医的义务。若不履行义务，除非本人已不可救治因而负担死亡罪责，否则，便须对伤害恶化以及因而死亡负担罪责。

（五）中国大陆

新中国成立后颁行的两部刑法典，即1979年刑法典与1997年刑法典，对不纯正不作为犯的处罚均未作出总则性的一般规定，更没有关于先行行为的特别规定。在刑法典的制订和修改过程中，虽然也有草案建议设立先行行为不作为犯的一般规定，惜之立法机关最终并未采纳。

最早在刑法草案中规定先行行为不作为犯的，是1950年7月25日中央人民政府法制委员会起草的刑法大纲草案。该草案第7条第2款规定，“法律上负有防止义务之人，而不防止或因自己行为将发生一定危害结果，有防止义务而不防止者，亦为犯罪”。[②]即，不纯正不作为犯的作为义务的来源有法律义务与先行行为引起的义务两种。

在对1979年刑法进行修订期间，由官方起草的刑法修订草案，没有关于先行行为不作为犯的处罚的规定。值得注意的是，中国人民大学法学院刑法修改小组所起草的刑法修订草案（总则修改稿）对先行行为不作为犯的处罚提出了立法建议。该草案第一稿（1994年1月31日）第20条规定，“因自己的行为导致合法权益

① 参见蔡枢衡：《中国刑法史》，中国法制出版社2005年版，第199页。

② 参见高铭暄、赵秉志编：《新中国刑法立法文献资料总览》，中国人民公安大学出版社1998年版，第138页。

遭受损害危险时，行为人有义务排除该危险。"①。修订草案第二稿（1994年5月）第24条规定，"因自己的行为导致合法权益遭受损害危险时，行为人有义务排除该危险。依法律义务应防止危害社会的结果而不防止的，应当负刑事责任。"② 此后的第三、四稿也作了类似的规定。

第二节　先行行为保证人地位否定论

韦尔策尔（Welzel）对于先行行为保证人地位提出强烈质疑，认为"尽管存在许多相反的论题，先行行为中防止结果发生的特别义务的成立仍然是一个开放的问题"。基于先行行为的保证人地位应该是整个保证人说中的"最可疑的问题"。③ 除韦尔策尔（Welzel）外，持否定先行行为保证人地位观点的学者还有阿明·考夫曼（Armin Kaufmann）和许乃曼（Schünemann）。

一、立法对先行行为保证人地位的犹豫

不容否认，先行行为保证人地位，已为刑法理论和司法实践所广泛认可。但值得注意的是，德国、日本现行刑法均未像二战前各草案那样设置有关先行行为作为义务的规定，立法对先行行为保证人地位的犹豫，促使刑法学者对先行行为立法的妥当性进行检讨。

（一）德国、日本、我国台湾地区先行行为立法的检讨

与二战前各草案对于先行行为的明确规定不同，1973年德国

---

① 参见高铭暄、赵秉志编：《新中国刑法立法文献资料总览》，中国人民公安大学出版社1998年版，第2885页。

② 参见高铭暄、赵秉志编：《新中国刑法立法文献资料总览》，中国人民公安大学出版社1998年版，第2193页。

③ Klaus Pileiderer, Die Garantenstellung aus vorangegangenem Tun., 1968 Duncker & Humblot, Berlin, S. 11.

新刑法关于不纯正不作为犯删除了关于先行行为的规定。该法第13条规定，“一、依法有义务防止犯罪结果发生而不防止其发生，且其不作为与因作为而实现犯罪构成要件相当的，依本法处罚。二、不作为犯罪可依第49条第1款减轻处罚。”这与德国1956年刑法草案第13条将有防止发生结果义务的情形列举为“依据法规所规定的情形；基于先行行为的情形；承担保障的情形”大不相同。

德国现行刑法未设先行行为的单独规定，认为，“如仅就基于先行行为的义务设其例外规定，而未将先行行为以外的义务予以明文化，并非适宜，乃删除此项规定，仅就以防止结果的法的义务为前提，设其一般的规定。”①

关于刑法草案设立先行行为招致诸多批评，认为草案第2项虽将发生“防止发生结果义务”予以列举，以资限制，但如此规定并非妥当。因为除所列举的事由外，还有成为“防止发生结果义务的事由”，如立于支配的义务的情形。依据所谓“先行行为”的一般形式而肯定不纯正不作为犯的成立，并非适切，例如，汽车司机肇事后逃逸的，并非立即成立杀人罪的不纯正不作为犯。② 为防止过度地扩展“基于先行行为的义务”，德国学者曾将“先行行为”限定于“使发生迫切的危险”的情形。对于此，莱克尔（Lackner）教授认为，“关于结果的发生，曾使发生迫切的危险”中所谓“危险”的概念有多义性，已不甚明确，又在“危险”概念之上附加“迫切的”更增加其不明确性。葛拉斯（Gallas）教授认为将保证人的义务所发生的事由限定于“法规”、“承担”以及“先行行为”，虽可限制法院将保证人的义务任意扩展至道德的义

---

① 参见陈朴生：《刑法专题研究》，台湾三民书局1983年版，第116页。

② 参见洪福增：《刑法理论之基础》，刑事法杂志社印行1977年版，第217页。

务，但也因此而将上述三种情形之义务以外所发生的事由一并予以排除，是否妥当，值得怀疑。[1] 格林瓦尔德（Grünwald）认为，关于先行行为产生防止结果义务的情形，按照草案规定的字面意思可以理解为，一切以危险为基础的先行行为都是应当处罚的，显然这是个问题。而且，如依据草案，就一切导致发生结果之高度盖然性情形而言，都确定为有防止结果义务，但是，在这种情形下，只是部分情况具有构成要件符合性。[2] 因此，采用限制列举的方法来立法，不能说是成功的。

日本深受德国现行法的影响，1974 年提出的改正刑法草案，以“防止之责任”概括一切作为义务，取消了以前草案中的先行行为引起的义务的规定。其中第 12 条规定，“对于犯罪事实的发生有防止责任的，虽能防止其发生，而蓄意不予防止，致使其事实发生时，与因作为而生犯罪事实的相同”。[3]

日本刑法未设置关于先行行为的规定，草案说明书曾作如下说明：草案基于下列理由，而未设置“先行行为”的规定。其一，并不因由于自己的先行行为之发生危险而应当负防止结果的作为义务；其二，如此将“由于自己的行为而使发生事实的迫切的危险发生者，有防止其发生的义务”的规定适用于汽车肇事后逃逸的情形时，则有过分扩张处罚范围之虞；其三，在使发生作为义务的多数事由中，仅关于先行行为规定，并非适当。[4]

我国台湾地区“刑法”第 15 条第 2 项规定“因自己行为致有

---

① 参见洪福增：《刑法理论之基础》，刑事法杂志社印行 1977 年版，第 220 页。

② 参见［日］日高义博：《不作为犯的理论》，王树平译，中国人民公安大学出版社 1992 年版，第 177 页。

③ 参见许玉秀：《不纯正不作为犯之研究》（硕士论文），台湾政治大学法律研究所 1980 年，第 69 页。

④ 参见洪福增：《刑法理论之基础》，刑事法杂志社印行 1977 年版，第 229 页。

发生一定结果之危险者，负防止其发生之义务”，该条文是于 1931 年至 1933 年间起草现行刑法时所增加的内容。从其规定的形式来看，与德国 1927 年刑法修正案、日本 1931 年的刑法修正草案相类似。由此可见，我国台湾地区现行刑法关于先行行为不作为犯的规定继受德国、日本刑法修正草案的痕迹十分明显。[①] 许玉秀认为这个先行行为保证人类型犯的立法依据何在，欠缺立法资料可资查考，并对其进行了检讨。

许玉秀指出，所谓“因自己行为有发生一定结果之危险者”范围甚广。根据历来实务见解，故意下毒的违法行为或开车过失肇事的行为，甚至拥有危险物品，例如枪械，以及电厂设置电网的行为，都包括在内。前面两种情形相当于德国目前学说上所谓“违反义务的危险前行为”，后面两种情形则属于目前学说上所构成的公众往来安全义务。另外，就刑法规定的形式而言，看不出所谓“自己的行为”应该是什么样的行为，是不是包括合法和违法的行为，是不是包括作为和不作为，而第二次世界大战后才逐渐发展出来的“自愿的义务承担”、“危险共同体”以及前述的安全义务，是不是都包括在内，也十分可疑。[②]

我国台湾地区学界曾经从第 15 条规定的方式上，主张应废除第 15 条第 2 项的规定，因为：第一，易遭误会为只有法律规定和前行为致危险两种保证人义务；第二，法律规定和前行为的保证人义务互相重叠，二者并非截然划分；第三，如果所谓法律上的防止义务已包括依法律精神可以认定的防止义务，则无单独例示规定前

---

① 参见许玉秀：《当代刑法思潮》，中国民主法制出版社 2005 年版，第 662 页。

② 许玉秀：《当代刑法思潮》，中国民主法制出版社 2005 年版，第 663 页。

行为义务之理，否则有挂一漏万之弊。① 在许玉秀看来，这只是形式上废除第 15 条第 2 项规定的理由，对前行为这种保证人类型并没有从法理上质疑。许玉秀赞成废除第 15 条第 2 项规定，但不仅仅基于这种形式的理由，而是从根本上质疑前行为保证人类型的法理基础。后文还有详细阐述，于此不再展开。

尽管德国、日本在刑事立法中不单设先行行为作为义务的规定，但尚不能就此得出完全否定先行行为保证人类型的结论，因为无论是在刑法理论上或是在司法实践中，先行行为作为义务都不断为两国的学说和判例所采纳，因此一般认为，在立法意图上，对先行行为保证人类型不是完全否定，而只是进行了严格的限制。而且，先行行为立法上的变迁也有其时代背景的原因。

（二）先行行为立法犹豫的背景

19 世纪初期，注重个人自由主义，因此当时作为义务的来源仅限于法律规定和契约约定。19 世纪末 20 世纪初，随着诚信原则应用于社会日常生活，以社会生活的互相扶助为要义的团体主义抬头，立法者开始对违反特定义务而消极地不实行法所期待的行为设立命令性规范，以防卫社会秩序。于是先行行为作为保证人类型之一逐渐得到判例和立法的支持。在团体主义法思想的支配下，有扩大作为义务范围的倾向。例如基尔学派（Kieler Schule）的不作为犯理论彻底否定以往法定作为义务与道德上作为义务的区别，从民族道德秩序的观点出发，显著扩大了作为义务的范围。②

随着二战后开始注重维护个人的自由和合法权益，开始讨论处罚不纯正不作为犯和罪刑法定主义相抵触的问题，有缩小作为义务

---

① 参见杨建华：《不纯正不作为犯、结果加重犯在立法例上与德日等国比较》，载《军法专刊》1977 年第 26 卷 6 期，第 4 页；许玉秀：《不纯正不作为犯之研究》（硕士论文），台湾政治大学法律研究所 1980 年，第 255 页。

② 参见［日］日高义博：《不作为犯的理论》，王树平译，中国人民公安大学出版社 1992 年版，第 165 页。

范围的倾向，有些国家的法律，例如，德国1960年新刑法以及日本1974年修正刑法准备草案，均未像战前各草案那样设置有关先行行为作为义务的规定。

赫尔穆特·迈耶（Hellmuth Mayer）批评那格拉（Nagla）的保证人说，认为以特别的法定作为义务为标准处罚不纯正不作为犯违反罪刑法定主义，因为特别的法定作为义务并没有明确规定在犯罪构成要件里，其结果只能在习惯法上寻求根据，显然缺乏实体法的根据，是对构成要件的扩张。① 于是，为了解决对不纯正不作为犯进行处罚和罪刑法定主义相抵触的问题，在不纯正不作为犯的立法方面进行了多种尝试。

从前文列举各国对先行行为保证人类型进行刑法明文化的尝试来看，迄今的立法尝试多是在总则中加以规定。韦尔策尔（Welzel）认为，对于不纯正不作为犯来说，等价问题旨在寻求决定“何时不作为之反价值等于作为之反价值”之一般违法性判断原则。此种一般的违法性判断原则，纯属总则所应研究的问题，非就分则构成要件予以解释的问题。而判断不纯正不作为一般违法性的原则，如同判断作为违法性的阻却违法事由，无法一一明文规定在法典之中。不纯正不作为犯各种保证人类型，具有无法预测之复杂性，不可能具体地完全纳入法规之中，因此，有系统地归纳不纯正不作为犯各个构成要件，而规定其个别犯罪类型，诚属不可能。分则说之见解，毋宁是扩大困难，而非解决困难。②

但在总则中设立一般的、抽象的处罚规定，因为不能满足构成要件明确性的要求，并不十分妥当，因而只是立法技术上的便宜之策，只是稍微满足了“罪刑法定原则”的要求而已。例如，罗克

---

① 参见［日］日高义博：《不作为犯的理论》，王树平译，中国人民公安大学出版社1992年版，第166页。

② 参见许玉秀：《不纯正不作为犯之研究》（硕士论文），台湾政治大学法律研究所1980年，第204页。

辛（Roxin）关于这种疑虑的内容指出两点：一是以作为犯的构成要件为标准处罚不纯正不作为犯是允许的解释吗？否则不就是所禁止的类推吗？二是由判例展开的保证人的地位与基本法上构成要件明确性的命令相适应吗？罗克辛（Roxin）指出，“这两点疑虑，新规定是否予以解决了，这在今天仍是一个需要研究的重要问题，特别是是否满足第二点的构成要件明确性要求问题依然没有解决”。①

当然，在分则中为个别的先行行为不作为犯设计独立的犯罪构成要件，固然较符合罪刑法定原则，但是立法投资太大，立法技术的困难也不易克服。德国学者格林瓦尔德（Grünwald）曾经尝试拟定立法建议，但仅仅一条杀人罪已够骇人。②

在总则设立一般条款的观点和在分则设立各个具体规定的观点，在立法理由上是不同的。无论总则规定说，还是分则规定说，它们在主张要把不纯正不作为犯立法化这一点上是一致的。因此，德国、日本现行刑法未单设先行行为的规定，既有时代背景的影响，也有立法技术上的原因。

二、判例对先行行为保证人地位的异见

尽管各国出现了众多的以先行行为保证人地位理论阐明的先行行为不作为犯的判例，但同时，也存在很多对先行行为保证人地位理论持严格谨慎的判决，使得判决之间存有矛盾、冲突的地方。不仅如此，对同一个判决，学者也可能进行完全相反的解读。先行行为理论自身的复杂需要学者进一步研讨，先行行为理论也有必要接受司法实践的锤炼。

---

① 参见［日］日高义博：《不作为犯的理论》，王树平译，中国人民公安大学出版社1992年版，第172页。

② 参见许玉秀：《保证人地位的法理基础》，载《刑事法杂志》第42卷第2期，第52页。

（一）韦尔策尔（Welzel）列举的判例

韦尔策尔（Welzel）选取了“M 肇事案”（BGHSt. 7/287）和“O 肇事案”（VRS 13/120）两个判决案例，阐述对先行行为保证人地位的质疑。① 在这两个判决之后，基于类似的案情事实，联邦法院却给出了完全不同的判决。相互矛盾的判决，反映了联邦法院对先行行为保证人地位并没有一以贯之地坚持。

“M 肇事案”（BGH. 7/287）的判决基于如下事实：被告人 M 酒后驾车轧上横躺在道路上的一名醉酒者。醉酒者重伤，事故发生后的一刻钟至 2 小时的时间段内死亡，即使立即就医也不可能得救。被告人 M 在事故现场 80 米的位置刹车，并返回事故现场。被告人 M 与他的同伴发现被害人仍存在生命迹象。在讨论是否要救被害人后，被告人 M 决定离开，因为他是酒后驾车。他催促他的同伴上车，并要求同伴对此事不要声张。随后他就开车回家了，没有再管被害人。

刑事陪审法庭以其行为同时触犯谋杀未遂、肇事逃逸及过失交通危险判决被告人 M 有罪。联邦最高法院虽然对以谋杀未遂来定罪有争议，但其认为，“在判决的查明中，故意杀人未遂的特征是确凿无疑的。”被告人 M 仅仅是没有采取行动掩盖犯罪行为。因此谋杀企图并不存在，故并不存在谋杀未遂。

“O 肇事案”（VRS 13/120）则是基于以下事实：被告人 O 在血液中酒精含量为 1.7‰情况下在被告人 B 的陪同下开车回家，在一国道上用他汽车的右前部分撞倒了 7 岁半的小学生 E，“这名孩子受伤危及生命并被猛地甩到了一条沿国道右侧走向的 1.6 米深的带水的小沟里。孩子脸部正面朝下，因为没有得到救助几分钟内便窒息而死。而且孩子头部和脊椎都严重受伤，极有可能在当时已经

① Vgl. Klaus Pileiderer, Die Garantenstellung aus vorangegangenem Tun., 1968 Duncker & Humblot, Berlin, S. 11.

身亡。事故发生后被告人 O 将车缓停至约 80 米远的地方并检查车子尤其是右头灯出现的损害。在发生碰撞之前在头灯照射下就已经清楚看到约 20 米到 30 米远处的受害人 E 的被告人 B 向事故现场方向走出约 50 米并折回，因为他并没有注意到什么。当被告人 O 询问他是否有发现什么时，得到了否定的回答。他说我们接着走吧。于是两人回到车上开车回家了。至少在这一时刻被告人 B 告诉他，他正向一个男孩，这个被告人 O 也看到的男孩开去。”

刑事陪审法庭裁定被告人 O 以其行为同时触犯过失杀人、过失造成交通危险及肇事逃逸判处其 1 年 6 个月总和刑期。被告人 O 对杀人未遂表示不服，因为刑事陪审法庭已经假定被告离开时孩子已经死了。

联邦最高法院首先肯定，刑事陪审法庭认可杀人未遂的客观构成要件是正确的。“即使法律没有明文规定，但是被告人 O 也有法定义务，对于还有生命迹象的受伤孩子，提供尽可能的援助，因为是他的先行行为给孩子带来了生命危险。因为他离开事故现场被视为不作为，应以杀人未遂罪承担罪责。”

联邦最高法院驳回案件并要求作进一步的详细调查，看是否也存在被刑事陪审法庭否定的主观构成要件没有被考虑。

韦尔策尔（Welzel）将这两起判决描述为“不符合现行法律，悲剧性的错误判决”。[①] 在这种情况下联邦最高法院的判决完全是前所未见的，与至今所有的判例毫无干系。这应该不是被人熟知的唯一判决。本案中，帝国法院根据杀人或谋杀先行行为所产生的保证人义务，判决伤害了他人的司机有罪。在多数的判决中，包括行为人认知在内的先行行为前提条件是显而易见的，帝国法院从来没有只考虑由保证人义务引出的法律责任。韦尔策尔（Welzel）承认，对于司机不帮助被自己致伤的人的这种行为，今天的评价不同

① Vgl. Klaus Pileiderer, Die Garantenstellung aus vorangegangenem Tun., 1968 Duncker & Humblot, Berlin, S. 13.

于50年前。在这期间，法意识在发生变化，这反映在日益尖锐的相关的刑罚准则上。依照旧的准则，司机对伤者置之不顾，只是违警罪。

但是韦尔策尔（Welzel）认为，法意识不能变化得如此强烈，以至于在50年之内，一种违警罪就上升为重罪。“假定新的司法判决真的无关价值观的根本改变，而只限于对纯教义学性质的结构性破坏，即只是先行行为中保证人义务这一教义性的破坏，那么人几乎就不会犯错误。”

韦尔策尔（Welzel）的批判没有得到普遍认可。安德鲁拉基斯（Androulakis）认为，“事实上是同一种行为，在1906年仅作为违警罪，1909年被认为是轻罪，1939年作为普通罪被判定，自1955年起开始属于重罪。”①

不过，这种法意识的变化并没有普遍地出现。对“O肇事案”一审判决的报道已经对这方面提出质疑。看起来是刑事陪审法庭将被告并没有提出的辩护意见强加了被告人。人们显然没有从男孩在被告人离开时已经死亡这一点上来作进一步假设。

“O肇事案”（VRS13/120）判决7个月后，同一刑事判决委员会根据如下事实对“S肇事案”（VRS 14/194）作出判决：被告人S在夜间回家的路上从一位40岁的工人H身上轧过。“H身体左侧被撞，头部撞到了挡风玻璃上然后向右被掷到路堤上。被告人S虽然意识到撞人了，却还是开车回家了。H在4小时后被发现并送往医院，于第2天因头部重伤死亡。”

刑事法庭认为没有证据表明是过失杀人，因为不能排除的是，正如被告人S辩解的，行人可能是明显以自杀意图突然不可预测地从侧面跳上车。

被告人S仅以违反道路交通规则——开近光灯超速行驶及交通

---

① Vgl. Klaus Pileiderer, Die Garantenstellung aus vorangegangenem Tun., 1968 Duncker & Humblot, Berlin, S. 14.

肇事逃逸被判罪。联邦最高法院在判决中只是认为，“就否认本案是特别严重的肇事逃逸及违反刑法典第330条C款的犯罪而言，这一判决事实上是不正确的。”

“S肇事案”判决最后确认事实并没有证实被告人有过失，就此而言，它与“M肇事案”和“O肇事案”两起判决显然存在差异。它与“M肇事案”判决的案情明显相似。两案中的被害人，一个是喝醉酒横躺在马路上，一个是可能的自杀者，在事故中至少要负主要责任。只是“M肇事案”案中司机是酒后驾车，而“S肇事案”案中则没有提到这一点。

如果联邦最高法院很重视到那时为止的由先行行为引起的保证人地位这种基本原则，他就必须以“S肇事案”判决为基础来研究不作为杀人犯罪。BGHSt. 2/279（283）案中（本案是联邦最高法院对于由先行行为引出的保证人地位的首例判决，在“S肇事案”判决前的6年就已经被公布），法院作出决定，如果一危险行为能够无辜地引起一种危害，那么该危险行为也可以成为保证人地位的基础。

如果当事人逃跑，以故意逃避这一责任，那就很难不被判定为不作为的杀人罪既遂或者至少是未遂。联邦最高法院在“S肇事案”的裁判中没有明确放弃或限制一直以来的在由先行行为引出的保证人地位方面的判决。如果上级法院在其判决中对某一特定问题进一步发展并有新的见解，并不会引起任何异议。而在像由先行行为引出的保证人地位前提条件如此重要的问题上，不应该如此静默。“S肇事案”判决中，先行行为的保证人地位根本就没有被提及。给人的印象是，犯罪事实中保证人地位的问题似乎根本没有显露出来。到此时为止的司法实践，都合乎逻辑地承认保证人地位，却在这里被忽略。

虽然联邦最高法院在判决中没有对“通常的判例”给出出处，但一些已经公布的判决已经证实了这一点。在这些案例中，交通肇事的司机尽管已经知道或者是有可能预料到自己伤害了他人，而且伤者可能需要自己的帮助，却仍然从案发地点逃逸。大多数情况下，他们会因不为救助和交通肇事的特别严重的情形数罪并罚。如果这些案例中，对由先行行为引出的保证人地位这一基本原则予以考虑，则每一案例中至少构成一项经由不作为的杀人未遂罪。但是，这种情况并不会发生，或只是被权衡一下而已。

这些判决与韦尔策尔（Welzel）提到的杀人未遂罪成立的两起判决唯一明显的区别在于：威尔策尔（Welzel）提到案例中被告有故意杀人的可能性且本案是由刑事陪审法庭讨论，而在其他情况下只交由刑事法庭处理。

韦尔策尔（Welzel）确切指出，“通往这种结果的结果链是纯建构性的，不会中断；有罪责或无罪责的给他人带来生命危险的先行行为，有义务阻止结果的发生；没有履行该义务，视主观构成要件，将以杀人罪而具有刑事可罚性。随着联邦法院迈出的这第一步，就无法避免地注定了以后的道路。”如果人们没有迈出这第一步，就可以在学习上诉判决后摆脱掉教义学的框架。人们可以说这些判决是“人类罪责的悲惨结果”。[①]

（二）黄荣坚许玉秀研讨的判例

黄荣坚和许玉秀共同关注的是发生在台湾的“陈某驾车肇事案”（台湾“最高法院”1992年度台上字第437号判决）。[②]

基本案情：陈某驾驶内载余、邱、褚三人的自用小客车，由宜兰往台北方向行驶，行经滨海公路莱莱段时，因超速超车偏越中心线而侵入对向车道，先撞上车道上赖某所驾驶的小客车，继而往前冲，撞上跟随赖某车后由萧某所驾驶的大货车，陈、余、邱、褚四人死亡，台湾省台北县区车辆行车事故鉴定委员会及台湾省汽车肇

---

① Vgl. Klaus Pileiderer, Die Garantenstellung aus vorangegangenem Tun., 1968 Duncker & Humblot, Berlin, S. 17.

② 参见1990年交诉字第214号、1990年交上诉字第221号、1991年自交字第2号、1991年交上诉字第224号、1992年台上字第437号。

事复议鉴定委员会所认定的上述事实为三级法院所接受，换言之，认定被害人陈某本身是犯罪行为人。

根据目击证人的证词和交通鉴定意见，超速超车偏越中心线肇事的人是被害人之一的陈姓驾驶，被撞上的赖某和萧某皆无过失，不是“道路交通管理处罚条例”第62条的肇事汽车驾驶人，并没有台湾“刑法”第15条第2项所规定致有发生一定结果之危险的“自己的行为”，因此没有防止结果发生的保证人义务。此外，欠缺台湾“刑法”第294条第1项在法令、契约上为生存必要的扶助或保证义务，也没有积极遗弃的行为，不构成遗弃罪。“最高法院”的判决结论是，赖某和萧某既没有积极的行为，也没有违反义务的不作为，不构成犯罪。

对“最高法院”的判决，黄荣坚和许玉秀却给出了不同的解读。黄荣坚论证了前行为是各种保证人类型的唯一法理依据；许玉秀则态度鲜明地否定了前行为保证人类型。

黄荣坚的见解是：第一，关于保证义务的问题，“最高法院”所做的说明，“刑法第15条第1项所称对于一定结果的发生，法律上有防止的义务，能防止而不防止的，与因积极行为发生结果者同；其先决条件，又以同条第2项规定因自己行为致有发生一定结果的危险的，始负防止其发生的保障义务。质言之，倘若行为人并没有为自己之行为的前提条件，纵有发生一定结果的危险情形，仍不得课以行为人的防止发生危险结果的保障义务，其理甚明”，可以看出，“最高法院”的态度是，必定是因为自己先前的行为有发生一定结果的危险的，法律上才有防止结果发生的义务。除此之外，都不是“刑法”第15条第1项所说的法律上有防止一定结果发生的义务；第二，在道路交通管理处罚条例有汽车驾驶人肇事致人受伤或死亡时应为救护或必要措施的规定的情况下，“最高法院”仍然认为被告“在法令上没有为其生存必要之扶助、养育或保护义务，而不予必要的扶助、养育、保护的不作为情形”，所以不构成遗弃罪。“最高法院”似乎认为，“道路交通管理处罚条例”

所规定的肇事汽车驾驶人的义务还不是“刑法”第294条当中所说的法令上应扶助、养育或保护的情形。这里产生的一个问题是：从法条文字来看，“道路交通管理处罚条例”明明规定肇事汽车驾驶人有救助的义务，如果这一个法律规定还不能算是“刑法”第294条当中所说的法令，那么“刑法”第294条所说的法令是不是有什么其他条件限制？或者，是不是“最高法院”认为，构成“刑法”第294条所必须具备的法令上的义务和构成不纯正下作为杀人罪所必须具备的防止义务是一样的严格，都必须以“刑法”第15条所规定的危险的前行为为要件？[①] 至此，黄荣坚得出结论：严格认定台湾“刑法”第15条第1项法律上的保证人地位限于因自己的危险行为而生的保证人地位，危险前行为是各种保证人类型的唯一实质法理依据。

许玉秀的见解是：第一，学说和实务对于台湾“刑法”第15条第1项和第2项的关系向来有争执。或者认为第2项和第1项是两种不同类型的保证人地位，或者认为第2项也是第1项的法律上的防止义务，第2项只是例示规定而已。[②] 判决以“自己行为导致结果发生的危险”作为认定行为人有“法律上防止结果发生的义务”的前提要件，是符合第二种看法的主张，亦即前行为的保证人类型也是第1项法律上所规定的保证人类型。而本案例，当然是属于有先行的危险行为才能赋予保证人义务的情形，针对本案例适用法律，自然以行为人有先行危险行为为前提，才能论以违反保证人义务。换言之，判决的真意宜理解为“要认定行为人有法律上的保证人义务，在本案中，以行为人有自己的危险行为为必要。”在许玉秀看来，黄荣坚径自认为判决有意推翻旧见解，而承认前行

① 参见黄荣坚：《论保证人地位》，载《法令月刊》第46卷第2期，第7页。

② 参见许玉秀：《主观与客观之间》，法律出版社2008年版，第293页。

为保证人类型为唯一的法律上的保证人类型，过于简单了。

第二，“道路交通管理处罚条例”第62条所规定肇事汽车驾驶人的救护义务，从法律效果是吊销驾驶执照而言，是行政法上的义务，判决却说违反该义务应否负刑事责任，应以有无第15条第2项的防止结果发生的义务以为断。如果第15条第1项的法律上防止义务包括“刑法”以外其他法律，如“民法”、“行政法”上的防止义务，则直接适用“道路交通管理处罚条例”即可；如果第15条第1项的法律上防止义务仅指具有刑法性质的法律义务，则没有引用“道路交通管理处罚条例”的余地。再从前行为保证人类型的应用来看，虽然“道路交通管理处罚条例”第62条本身是一个典型的危险前行为而有防止义务的规定，没有肇事的汽车驾驶人，依该条例，并无救护被害人的义务，与台湾“刑法”第15条第2项前行为保证人类型的规定相仿，但是既然论断行为人是否违反刑法上的作为义务而应负刑事责任，直接依据第15条第2项论断即可，没有援引“道路交通管理处罚条例”的必要。因为第15条第2项的前行为保证人地位，并不是从“道路交通管理处罚条例”第62条衍生而来的。换言之，如果“道路交通管理处罚条例”第62条所规定的救护义务，不具有刑法层次的义务特质，在论断刑事责任时，根本不该提及该规定。反之，如果认为该救护义务是具有刑法等级的义务，则不必提及以第15条第2项的前行为保证人地位为前提。因为该规定本身，已明文规定必因有先前的肇事行为，方才有救护义务。① 至此，许玉秀从第15条立法背景和立法之后学理的发展，展开了全面的论述，否定前行为保证人类型。后文将详细介绍其具体内容。

---

① 参见许玉秀：《保证人地位的法理基础》，载《刑事法杂志》第42卷第2期，第36页。

三、学说对先行行为保证人地位的否定

（一）德国

阿明·考夫曼（Armin Kaufmann）的功能说将保证人分为保护性保证人和监督性保证人，并将前行为的保证人列入监督性保证人。虽然这种看法今天已经被普遍接受，但是，阿明·考夫曼（Armin Kaufmann）本人却基本上反对前行为保证人这种保证人类型。他反对前行为的保证人类型的理由有二：第一，他认为前行为保证人类型的法理结构误植于因果作用上，变成一种习惯法上的法义务；第二，前行为的义务类型可以经由立法变成一种法定的，而不是习惯法上的法义务，但是违背这种义务只能成立纯正的不作为犯，因为前行为后的不作为不可能和作为等价，仅仅前行为可能造成结果发生的危险，还不足以成立一个独立的保证人类型，除非再加上其他能满足等价性要求的条件类型。①

许玉秀在阐述自己否定先行行为保证人地位的文章里引用了上述阿明·考夫曼（Armin Kaufmann）质疑前行为保证人这种保证人类型的观点，但许玉秀也承认，虽然阿明·考夫曼（Armin Kaufmann）反对这种保证人类型，但前行为保证人类型经他归类之后，即普遍被接受成为一种监督危险的保证人类型，并且在前行为的范围扩大之后，甚至有涵盖其他同类的保证人类型的趋势，而几乎使得监督危险的保证人类型即等于前行为保证人类型。例如，如果造房、买房子、买恶犬和装置机器设备皆可属于前行为保证人类型中的前行为，则一个人要居于对某种危险来源有监督地位，不可能没有一个前行为，甚至父母子女关系中，具有父母亲的身份也可以认为是一种前行为，订定契约因而负契约上的义务也可以算一种因前

---

① 参见许玉秀：《当代刑法思潮》，中国民主法制出版社 2005 年版，第 682 页。

行为而生的义务。①

阿明·考夫曼（Armin Kaufmann）既已将前行为保证人类型归到监督危险的保证人类型，就说明其已承认前行为保证人类型，因此，他的上述观点只是表达的对前行为保证人类型与罪刑法定原则之明确性相抵触的顾虑，谈不上是否定前行为保证人类型。

许乃曼（Schünemann）提出的“对造成结果的原因有支配”的理论，无论在实质的正犯理论还是在不纯正不作为犯理论中都具有举足重轻的地位，是当今德国刑法学界反对前行为的保证人类型最重要的声音②。他认为，“危险前行为保证人地位是一个介于因果一元论和事后故意、保护承担和往来义务之间含混不清的混合产物，在理论史上扮演着顽强和可疑的角色。”③

许乃曼（Schünemann）认为，构成保证人地位的“支配基础”，要求是一个现在的、绝对的、实际的、事实的支配，只有在此支配关系上形成的保证人地位，才可能使违背保证人义务的不作为与作为等价。而他认为，在前行为造成足以导致危害结果发生的危险之后，前行为的行为人对于被害人无助的状况或结果重要的原因即失去现实的支配，所以，他反对前行为的保证人地位，认为危险前行为不能产生不纯正不作为犯的作为义务。④ 他解释道，由于前行为的保证人地位完全建立在因果律上面，即因为自己的行为有

---

① 参见许玉秀：《主观与客观之间》，法律出版社2008年版，第308页。

② 许玉秀称许乃曼（Schünemann）“不是首先却似乎是迄今唯一一位仍然对前行为的保证人地位提出根本质疑的德国刑法学家”。参见许玉秀：《“最高法院”1989年台上字第3693号判决的再探讨》，载《刑事法杂志》第35卷第4期，第12页。

③ ［德］许乃曼（Schünemann）：《德国不作为犯学理的现状》，陈志辉译，载《刑事法评论》第13卷，中国政法大学出版社2003年版，第385页。

④ 参见许玉秀：《“最高法院”1989年台上字第3693号判决的再检讨》，载《刑事法杂志》第35卷第4期，第12页。

危险的或有害的作用，因此必须保证该危险或有害的结果不发生，前行为是保证人地位的必要充分条件。但是前行为在造成危险状态之后，前行为人对于前行为的因果流程就失去了现实的支配，原来对前行为的支配已成为过去，只剩下结果"防止可能性"的可能的支配，因此，因前行为造成法益受侵害之危险的行为人，对于造成结果的重要原因并没有成立保证人地位所要求的现实的支配，这样的不作为是不可能与作为等价的。此外，行为人也并未因此对被害人的无助状况有现实的支配，因为，他认为对被害人无助状况的支配，要么基于先天的事实，例如母亲与子女的关系；要么基于行为人自己的介入，例如捡到路旁弃婴的人，这需要行为人具有支配意志；要么基于第三人的信赖行为，例如委托疗护。而前行为的情形与这些情况都不符合，所以，不能产生作为义务。

（二）日本

日本学者井上佑司教授认为，"作为作为义务的法的根据，如果认为可以通过社会的一般观念、条理等一般性的违法标准来认定的话，这样便有可能根据纯粹的法益冲突这样一种超法规的标准来确定犯罪的成立。"① 在刑法理论中，由于是把先行行为作为条理、习惯所生义务的一种来看待的，因此，否认条理作为义务的发生根据，自然也就否定了先行行为的作为义务根据。

西田典之教授也从其独特的作为义务论的角度出发，将先行行为从作为义务的根据中排除出去。② 其理由是：第一，认为先行行为在多数场合中，是作为过失犯、结果加重犯处理了，再以此为根据而追究行为人更多的罪责，是不当的二重处罚。第二，在此种情况下，作为作为义务前提的支配领域性，是随具体情况而变化的，

① 参见黎宏：《不作为犯研究》，武汉大学出版社 1997 年版，第 153 页。

② 参见黎宏：《不作为犯研究》，武汉大学出版社 1997 年版，第 154 页。

即与交通肇事后逃逸、失火等现场的具体情况相应而左右犯罪的成立。因此，一时的或偶然的情况下，不作为者的立场是极不安定的，有害于法的稳定性。

（三）中国台湾

许玉秀前后发表的《论西德刑法上保证人地位之实质化运动》、《前行为保证人类型的生存权？——与结果加重犯的比较》、《保证人地位的法理依据——危险前行为是构成保证人地位的唯一理由?》、《“最高法院”1989年台上字第3693号判决的再探讨——前行为的保证人地位与客观归责理论初探》，介绍、梳理、评析了德国关于先行行为保证人地位研究的最新成果，从法理上、体系上对前行为的保证人类型进行了彻底否定，并构建了先行行为保证人类型的替代理论——过失的中止犯和“过失＋故意”的结果加重犯类型，对先行行为保证人地位理论的发展作出了杰出的贡献。

许玉秀从批判前后出现的作为前行为保证人根据的习惯法思想、因果论、信赖说、依赖说、支配说入手，否定前行为保证人类型。许玉秀认为，因果律作为归责的一般法理基础，是适用于所有情形的一般规则，在保证人地位的各种类型中，却唯独被前行为类型所用。而一般性的理念不能作为理论依据，否则就形同没有理论依据一般。前行为的保证人类型依靠想当然的自然因果直觉，其实形同未附理由的习惯法，早应遭罪刑法定原则淘汰。况且，即使按照因果一元论，也不应得出肯定前行为保证人类型的结论。因为因果律的应用应该是“因为你的行为侵害法益，所以你应该受处罚”，而前行为保证人类型所依据的因果公式却是“因为你的行为造成侵害法益的危险，所以你有防止法益受侵害的义务，如果你违反义务不防止法益受侵害，则你应该受处罚”，这样，行为人的行为造成法益受侵害，却没有直接得到一个处罚，而是拟制成法益受到两次侵害，甚至是有两个法益受到侵害，而给予行为人双重处罚。这样的制裁方式，或可以作刑事政策上刑罚必要性的检讨，但在法理上已经毫无依据。[①]

许玉秀认为，如果按照依赖关系说，因为被害人需要救助，所以，行为人就负有救助义务，完全把作为义务的产生根据归结于他人的救助需要。这就好比说，因为我需要你的救助，所以你就必须救助，如果你不救助，就要对你判刑。显然，该逻辑是毫无道理的。其问题在于颠倒了法律义务与信赖之间的因果关系，是一种倒果为因的逻辑推理。对此，许玉秀指出，“信赖关系的建立，需要信赖的基础，能提供有效的信赖基础的，是法律上的要求或禁止，应该是有了法律义务才能产生信赖，而不是因为有信赖才能有法律义务。”[②] 其逻辑关系是，法律先赋予个人某种作为或不作为的义务，并赋予违反义务的效果，人与人之间的信赖关系才会成立，人们在订定契约之后之所以会有信赖关系出现，是因为法律上保障契约的效力，如果没有法律保障，君子协定所产生的信赖关系，只能产生道德上的拘束力，不可能产生法律上的义务。因此，认为信赖关系可以产生法律义务的主张，实在是倒果为因，不足采信。

许玉秀将雅各布斯（Jakobs）的组织管辖说和许乃曼（Schünemann）的实际支配说纳入“支配思想”中加以批判，认为支配思想其实包含着根本上的谬误。许玉秀认为，支配思想背后的基本命题是“有权力者有义务”。但“因为你有权力（自由），因此你有义务（自由），是不能存在的矛盾逻辑。”[③] 换言之，只有从义务才能导出义务。保证人是有义务而必须救助法益于危难的人，不只是一个有可能救助法益的人。支配说的确可以作为归责作为犯的实质法理基础，因为，在作为犯中，无论是对自己身体的直接控制，还是通过与他人合作而操控因果流程，都是开启法益受侵害这

① 许玉秀：《主观与客观之间》，法律出版社 2008 年版，第 313 页。

② 许玉秀：《当代刑法思潮》，中国民主法制出版社 2005 年版，第 689 页。

③ 许玉秀：《主观与客观之间》，法律出版社 2008 年版，第 315 页。

个结果的原因。但是，“在不作为犯中，真正操控因果流程的是第三人或被害人自己，不作为人充其量只是可能干扰因果流程的人，但是没有发生的事情如果发生了会如何，没有人知道。即使他可能干扰因果流程，但是，在他未采取任何行动的情况下，是否他一旦采取行动，因果流程就会受到干扰，无法作物理上的认定。因此，不作为犯不可能对因果流程有现实操纵，只是有规范意义上的操纵（支配）可能性，而这不能作为解释保证人地位存在的理由”。[①] 因为，我们不能因为一个人能做什么而决定他必须做什么。

在批判了既往存在的各种解读先行行为保证人地位的实质法理依据后，许玉秀进而将前行为限定为“违反义务的故意或者过失行为”，然后据此列举出前行为与之后的不作为组合的八种样态、四类问题，进一步阐明了否定先行行为保证人地位的理由，[②] 并在此基础上提出取代前行为保证人类型的方案——过失中止犯和“过失＋故意”的结果加重犯。

这八种样态分别是：第一种：故意作为＋故意不作为，所侵害的法益是不相同的法益；第二种：故意作为＋过失不作为，所侵害的法益是不相同的法益；第三种：故意作为＋故意不作为，所侵害的法益相同；第四种：故意作为＋过失不作为，所侵害的法益相同；第五种：过失作为＋故意不作为，所侵害的法益不同；第六种：过失作为＋过失不作为，所侵害的法益不同；第七种：过失作为＋故意不作为，所侵害的法益相同；第八种：过失作为＋过失不作为，所侵害的法益相同。

在这八种样态中，先行行为和后行的不作为要么侵犯的是同一法益，要么侵犯的不是同一法益。而“在同一法益的情况下，如

---

① 许玉秀：《保证人地位的法理基础》，载《刑事法杂志》第42卷第2期，第46页。

② 参见许玉秀：《主观与客观之间》，法律出版社2008年版，第313页。

果承认前行为的保证人类型，则无异承认任何作为犯皆可同时成立一个不纯正不作为犯。这岂不是如同宾丁（Binding）所说的，前行为的行为人为防果的保证人，具有双重身份，一半制造危险，一半防止危险。则每一个作为犯都会受到双重的非价，受到过度的制裁。在受害法益不是同一法益的情况下，为了让前行作为导致的另一法益被害，也能获得足够的非价，而承认前行为保证人类型，往往导致前行作为的因果流程被分成两段，而造成因果流程被重复评价的现象，以及得到应该否认前行为保证人类型的矛盾结论。”①

可以看出，故意 + 故意、故意 + 过失、过失 + 过失，都或者为单一行为，或者属于结果加重犯类型，都完全没有考虑前行为保证人类型的必要。比较难处理的只有“过失 + 故意”这种组合。在“过失 + 故意”的情形下，因为故意的被非难性比较高，无法完全由前行的过失作为所吸收，因此有不完全评价的顾虑。也许正是因为这种态样在传统解决方法中找不到出路，鲁登（Lund）才将前行为保证人类型限定于“过失作为 + 故意不作为”的态样。②

许玉秀认为，“过失作为 + 故意不作为”侵犯同一法益，可按过失中止犯处理。由于故意作为 + 故意不作为，本身是互相矛盾的，因此，事后的故意防止，可以成立中止犯，成为减免刑罚的事由。在过失情况下，事后故意阻止通常是证明只是过失的具体证据，也就是说，事后阻止和过失在行为人的行为结构上并不是互相矛盾的。如果鼓励过失行为人事后阻止，定有加强保护法益的功效。但是在鼓励的方式中，与其制裁作反面的鼓励还不如正面的鼓励，因此对可能产生过失作为 + 故意不作为的情形，建议增订过失

① 许玉秀:《主观与客观之间》，法律出版社 2008 年版，第 303 页。

② 参见许玉秀:《当代刑法思潮》，中国民主法制出版社 2005 年版，第 693 页。

中止犯的规定。①

许玉秀认为，“过失作为 + 故意不作为”侵犯非同一法益，可按结果加重犯处理。“过失作为 + 故意不作为”中的故意只是消极利用前过失作为的因果流程，并没有积极操纵因果流程，因而难以以独立的一个行为论断。若依想象竞合论，则因有事后故意消极利用前行为因果流程，以致有额外侵害其他法益的加重结果出现，是否完全可论以一行为，亦不无可疑，尤其从一重处断往往无法吸收每个犯罪行为过程中所有的不法。但是，“过失犯亦可衍生较重结果，或增加侵害法益的范围，没有不可成立结果加重犯的道理，虽然行为人于过失之后产生对结果的兴趣，但整个发生结果的因果流程还是前过失作为所造成，事后故意的产生，并不影响加重结果是前过失作为所造成的事实，同时事后故意正好可以作罪责的评价基准，以结果加重犯处理，并无不妥”。②

第三节 先行行为保证人地位之我见

“尽管现在的学说认为，成立不纯正不作为犯的必要要件是，不作为者处于保证人地位，从而具有基于此的法的作为义务，然而在何种场合能够认定被告人处于保证人的地位并不是不言自明的”。③

“因自己之行为致发生一定之危险者，负防止其发生之义务”，这是先行行为保证人类型最原始的法理基础，符合人类直觉的正义情感。一直以来，无论是刑法理论，判例实践还是立法尝试，都倾

① 参见许玉秀：《当代刑法思潮》，中国民主法制出版社 2005 年版，第 694 页。

② 许玉秀：《主观与客观之间》，法律出版社 2008 年版，第 326 页。

③ ［日］山口厚：《从新判例看刑法》，付立庆等译，中国人民大学出版社 2009 年版，29 页。

向于肯定先行行为保证人地位。其实，所谓否定先行行为保证人地位的观点，只不过是转化为这样一个问题，即在实证法层面，在遵循罪刑法定原则的前提下，如何对先行行为不作为犯进行处罚。

因此，在刑法理论上一概肯定先行行为保证人地位，认为只要由于自己的行为使法益处于危险状态而不救助，就一定在司法中构成不纯正不作为犯，或者完全否定先行行为保证人地位，在司法中对先行行为的情形一律以作为犯、过失犯或者结果加重犯处罚的观点，都是片面的。以先行行为作为义务的程度强弱来判断先行行为保证人地位的成立与否，应当是一个有益的尝试。简言之，作为义务的强弱与先行行为不作为所构成之罪的重轻成正比关系。

一、先行行为保证人地位之坚持

（一）因果思想

以因果论作为前行为的保证人类型的可罚性基础，符合人类基本的正义感觉。

先行行为作为作为义务的来源，是德国学者斯鸠贝尔（Stübel）从社会生活的实际感觉和明白的法感情中归纳出来的，带有明显的道德色彩。由于行为人的先行行为使法律保护的利益处于危险境地，因而应由其排除这种危险，使法益免受侵害。此种作为义务，与“谁开启了危险，谁就有责任排除它”的道德要求相吻合，其基础是诚实信用原则和公序良俗，从其本质而论，是基于道德标准而产生的作为义务。

大陆法系国家刑法理论从来的见解认为，先行行为作为不纯正不作为犯的作为义务来源，是根据习惯和条理，基于法的精神的合理判断而推理出来的，也就是说，以诚实信用和公序良俗为原则而得出的。[1] 例如，日本学者大谷实认为，“先行行为之所以能够成为作为义务的来源，是因为行为人自己的行为使某种可能发生危害结果的法益危险状态处于被防止发生的地位，并且在于道理上，社会期待该种防止”。[2]

“因为你伤害了他，所以你必须救他”，这是前行为保证人类型最原始的法理基础，也是人类社会最原始的因果思想。它所依据的是习惯法上直觉的正义情感，这种直觉的正义情感，所谓“因恶生恶”、“恶因生恶果”和“不得侵害任何人”（neminem laede），都是建立在原始的因果思想上面。自从鲁登（Lund）在因果关系理论上为不纯正不作为犯寻找可罚性的法理依据开始，前行为的因果作用一直是用来确定各种作为义务的必要及充分条件。[3]

康德引用乌尔比安的三个公式：(1)“正直地生活!”；(2)“不侵犯任何人”；(3)“把各人自己的东西归给他自己”，并加以发展，指出其明确含义只能是这样，“进入这样一个状态吧，在那儿，每人对他的东西能够得到保证不受他人行为的侵犯”。[4]

在康德看来，“只有一种天赋的权利，即与生俱来的自由。”[5] 其含义就是应当尊重人，因为只有人才有自由意志，才有与生俱来的天赋权利：自由。由于人是理性的动物，又有选择自己行为准则的能力，所以，人必须对自己所选择的行为负责。人，为了自己的自由，必须尊重他人的自由，务必使得自己的自由与他人的自由能

---

① 参见［日］大塚仁：《刑法概说》（总论），冯军译，中国人民大学出版社2003年版，第138页。

② ［日］大谷实：《刑法总论》，黎宏译，法律出版社2003年版，第114页。

③ 许玉秀：《主观与客观之间》，法律出版社2008年版，第307页。

④ ［德］康德：《法的形而上学原理》，沈叔平译，商务印书馆2005年版，第49页。

⑤ ［德］康德：《法的形而上学原理》，沈叔平译，商务印书馆2005年版，第50页。

并行不悖。孟德斯鸠对此观点早就有论述，但是，康德由此出发，提出法律就是依照这一最高原则，由立法机关制定一整套明文法规，法律的最终目的是维护公民，也可以说是维护人的自由以及由此而派生的其他一切权利。

康德指出，“根据普遍法则，凡是妨碍自由的事情都是错误的，任何方式的强制或强迫都是对自由的妨碍或抗拒。因此，如果在某种程度上，行使自由的本身就是自由的妨碍，那么，根据普遍法则，这是错误的；反对这种做法的强迫或强制，则是正确的，因为这是对自由的妨碍的制止，并且与那种根据普遍法则而存在的自由相一致。于是，根据矛盾的逻辑原则，所有的权利都伴随着一种不言而喻的资格或权限，对实际上可能侵犯权利的任何人施加强制。”①

因此，因果思想作为先行行为保证人地位的可罚性依据，是没有问题的。

许玉秀从因果思想的角度否定先行行为保证人地位的观点，认为“因果律作为归责的一般法理基础，是适用于所有情形的一般规则，在保证人地位各种类型中，却唯独被前行为类型所用，这一方面表示前行为保证人类型在保证人理论的发展史上毫无进化”，“存在逾百年，其实形同未附理由的习惯法，早应遭罪刑法定原则淘汰。”问题是，可以适用所有情形的一般规则，为什么就不适用于前行为保证人类型？因果律一直以来都是作为前行为保证人类型的法理依据没有发展，正是说明因果律作为前行为保证人类型法理依据的正确性，也被许玉秀拿来作为否定前行为保证人类型的理由。

阿明·考夫曼（Armin Kaufmann）否定先行行为保证人类型，认为“先行行为保证人类型的法理结构误植于因果关系之上，从

---

① ［德］康德：《法的形而上学原理》，沈叔平译，商务印书馆2005年版，第42页。

而变成一种习惯法上的法义务。”先行行为保证人类型的法理基础就是因果思想，根本也不是“误植”。从因果关系上否定先行行为保证人类型是不妥当的。

许乃曼（Schünemann）也是从前行为因果关系的角度反对前行为的保证人地位的，认为“前行为保证人类型是因果一元论的产物。”[①] 许乃曼（Schünemann）对“前行为的保证人地位必须建立在因果关系的基础之上，因为自己的行为有造成法益损害的危险，所以必须保证该危险不实现。可见，前行为是保证人地位的充分必要条件”提出质疑，认为在前行为造成足以导致危险的结果之后，前行为的行为人对于被害人“无助的状况”或者“结果的重要原因”就失去现实的支配，因此前行为人对于造成结果的重要原因并没有成立保证人地位所必需的现实的、事实的支配，这样的不作为就不可能与作为等价，因而，不可能成立不纯正不作为犯。

在反对前行为保证人类型的学说中，许乃曼（Schünemann）和许玉秀影响最大，但有趣的是，许玉秀对许乃曼（Schünemann）进行了猛烈的批评。许玉秀赞同许乃曼（Schünemann）的观点，即反对前行为保证人类型，但不赞同许乃曼（Schünemann）的否定理由。许玉秀指出，“在不作为犯，真正操控因果流程的人是第三人或者被害人自己，不作为人充其量只是可能干扰因果流程的人，但是没有发生的事如果发生了会如何，没有人会知道。不作为犯是没有行为的人，即使他可能干扰因果流程，在他未采取任何行动的情况下，是否他一旦介入，因果流程即会受到干扰，无法作物理上的认定，因此不作为犯不可能对因果流程有现实的操纵，只是有规范意义上的操纵（支配）可能性，而这不能作为解释保证人

① 参见许玉秀：《“最高法院”1989年台上字第3693号判决的再检讨》，载《刑事法杂志》第35卷第4期，第15页。

地位存在的理由。我们不能因为一个人能做什么而决定他必须做什么。"①

许玉秀继续论证，"许乃曼（Schünemann）认为前行为的行为人在造成发生结果的危险之后，对危险即欠缺实际的支配，因此并不能因而有防止结果发生的保证人地位。其实，就支配力的观点来看，前行为人为了违反义务的前行为，例如驾车不慎撞倒行人，可以说成这时候前行为人和被害人在同一空间，又是开启因果流程的人，最有可能救助被害人，因此应该救助被害人；也可以说成前行为人虽非故意开启因果流程，但他实际上可以有机会改变因果流程，所以有事实的支配，所以有救助被害人的义务。许乃曼（Schünemann）一定要认为这种支配只是可能的支配，是没有什么道理的。"② 许玉秀的批评是中肯的，"支配造成结果的原因"的确可以作为归责作为犯的实质法理基础，因为人对自己身体的操纵，的确是现实存在的支配，在作为犯，无论是对自己身体的直接控制或是透过与他人的合作而操控因果流程，都是开启法益受害这个结果的原因。但在不作为犯中，确实是有问题的。

（二）法律与道德

美国法哲学家博登海默在谈到法律与道德的关系时指出，"那些被视为是社会交往的基本而必要的道德正当原则，在所有的社会中都被赋予了具有强大力量的强制性质。这些道德原则的约束力的增强，当然是通过将它们转化为法律原则而实现的。禁止杀人、强奸、抢劫和伤害人体，调整两性关系，制止在合意契约的缔结和履

---

① 许玉秀：《保证人地位的法理基础》，载《刑事法杂志》第42卷第2期，第46页。

② 许玉秀认为，在许乃曼（Schünemann）所举的例子当中，只有一种，就是怀孕的母亲对胎儿的支配，这种支配包含在人对自己身体的支配当中，的确是现实的支配。参见许玉秀：《主观与客观之间》，法律出版社2008年版，第316页。

行过程中欺诈与失信等，都是将道德观念转化为法律规定的事例。”① 这实际上是对法律的道德基础进行了肯定。对任何一个社会来说，维持其秩序的基本道德原则往往被立法者赋予法律强制力，这样的基本道德原则就变成了法律原则。

“法律的制定者经常会受到社会道德中传统的观念或新观念的影响。如前所述，这种道德中的最为基本的原则，大多已不可避免地被纳入了法律体系之中。此外，我们还应当注意，在那些已成为法律一部分的道德原则与那些仍处于法律范围之外的道德原则之间有一条不易确定的分界线。例如，时至今日，普通法还没有承认人们具有帮助一个生命垂危的人的法律责任。因此，一个医生没有任何义务去理睬一个生命垂危但仍有可能有救的病人。任何人都不能要求某人扮演乐善好施者的角色去为一个流血不止的陌生人包扎伤口，或是在见到有人走向危险的机器时向他发出警告。也许在将来的某个时候，随着其他国家的发展，帮助处于严重危难中的人的义务，会在某些适当的限制范围内从普通的道德领域转入强制性法律的领域。”②

英国法哲学家哈特也对法律与道德的关系进行了深入探讨，他说，“法律与道德之间有着许多不同类的关系……不容认真争辩的是，法律在任何时候和任何地方的发展，事实上既受特定社会集团的传统道德、理想的深刻影响，也受到一些个别人所提出的开明的道德批评的影响，这些个别人的道德水平超过流行的道德。”③ 哈特注意到了传统道德对法律的影响，并进行了如下的分析，“每一

① ［美］博登海默：《法理学：法律哲学和法律方法》，邓正来译，中国政法大学出版社 1999 年版，第 374 页。

② ［美］博登海默：《法理学：法律哲学和法律方法》，邓正来译，中国政法大学出版社 1999 年版，第 376 页。

③ ［英］哈特：《法律的概念》，张文显等译，中国大百科全书出版社 1996 年版，第 181 页。

个现代国家的法律工作者处处表明公认的社会道德和广泛的道德理想二者的影响。这些影响或是通过立法突然地和公开地进入法律，或是通过司法程序悄悄地进入法律。……法规可能仅是一个法律外壳，因其明确的术语而要求由道德原则加以填充。可强制执行的合同范围可以引证道德和公平的观念而予以限制。民事过错和刑事罪过的责任可由流行的道德责任观念来调整。任何‘实证主义者’都无法否认这些是事实，亦不能否认法律之稳定性部分地有赖于与道德的一致性。如果这就是指法律和道德的必然联系的含义，它的存在是应予承认的。”① 按照哈特的看法，道德对法律的影响至少表现在如下两个方面：一是通过立法的途径公开地进入法律；一是通过司法的途径悄悄地进入司法程序。考察古今中外道德对法制的影响历程，可证此说不谬。

冯军教授也指出，“法律和道德具有共同的来源，它们都以人的意志的普遍性为根据，都是人的自由的实现。依照一个能够像一项普遍法则那样有效的法则去行动，这句康德的名言，不仅是最高的道德准则，也是最高的法律原则”。②

对于法律与道德之间的密切关系，在历史上早就有法学家予以揭示了。古罗马法学家西塞罗就道出了“法是善的促进者和恶的抑制者”的名言，点明了法律与道德的潜在联系。在中世纪的西欧，一位法学家说，“所有的法，如同河流来自泉水一样，也来自正义。”

小野清一郎更是明确指出，“伦理规范是国家法律的根底。所谓法，实际上就是由国家认可、限定、组织和形成的伦理。法的实

① ［英］哈特：《法律的概念》，张文显等译，中国大百科全书出版社1996年版，第199页。

② 冯军：《刑法问题的规范理解》，北京大学出版社2009年版，第27页。

质是伦理，不，法本身就是伦理。”①

因此，依据习惯、条理以及公序良俗的观念，或依交易上的诚实信用原则而推演出来的先行行为的作为义务首先是一种道德上的义务，这是必然的，应无可指责之处。所以，那种认为从法律范围以外的所谓“法秩序的精神”或“公共秩序及善良风俗”中寻找先行行为作为义务的根据，“范围之广泛与无明文规定之法例并无不同，显已作超法规的解释，而有不当的扩大法律上防止义务之范围”② 之嫌，于是，“否认条理作为义务的发生根据，自然也就否定了先行行为的作为义务根据”③ 的观点，是不妥当的。

韦尔策尔（Welzel）选取了“M 肇事案”（BGHSt. 7/287）和“O 肇事案”（VRS 13/120）两个判决，阐述对先行行为保证人地位的质疑，认为“法意识不能变化得如此之强烈，以至于在 50 年之内，一种违警罪就上升为重罪。”韦尔策尔（Welzel）的批判当然没有得到普遍认可。Androulakis 就指出“实际上是这样的，同一种行为，在 1906 年仅仅作为违警罪，1909 年作为轻罪，1939 年作为普通罪被判定，而自 1955 年起开始属于重罪。”毫无疑问，道德与法律各有独立的价值和地位，但道德与法律实际上是可以“双向流动”的，有时候一些道德规范流动到法律规范中，有时候一些法律规范则流动到或者“还原”为道德规范。需要注意的是，法典可以吸收某些道德规范，但法典不能彻底道德化。

“德国、日本的判例，是法院或裁判所就具体案件所作出的判决之例。与英美法系国家的判例不同，德国、日本的判例不具有法

---

① ［日］小野清一郎：《犯罪构成要件理论》，王泰译，中国人民公安大学出版社 2004 年版，第 30 页。但是，根据场合，“道德”和“伦理”会有区别。具体内容参见冯军：《刑法问题的规范理解》，北京大学出版社 2009 年版，第 3 页。

② 洪福增：《刑法理论之基础》，刑事法杂志社 1977 印行，第 172 页。

③ 参见黎宏：《不作为犯研究》，武汉大学出版社 1997 年版，第 153 页。

的渊源性质，上级法院、裁判所的判例对下级法院或裁判所没有法定的约束力，只具有一般性的指导意义”。[①] 韦尔策尔（Welzel）选取的案例与同类型的案例出现了不同的判决，是正常的。

（三）自然法与实证法

“自然法与实证法的冲突，构成了法律哲学的难题史”。[②] 自然法与实证法的冲突，集中反映在对法律与道德关系的不同看法上。

在西方，源远流长的自然法学派所说的“自然法”（Natural Law）实际上就是指普遍的道德原则。作为理性的命令，自然法就是行为的自然规则或道德的一般要求，是独立于任何立法者的意志的普遍的和永恒的法则。自然法哲学家强调人们必须参照自己能理解的自然道德秩序，才能理解法。虽然自然法哲学的具体理论形态有所不同，但都认为法的本质特征是理性、正义和自然权利，而理性、正义和自然权利恰恰是道德的基础和目的。与之相反，功利主义、实证主义和社会法学派等则强调法的本质是君主的命令或国家的统治，认为理性、正义等道德价值因素不可能是法的本质规定性，它们大多否认在立法时应考虑到自然法的道德因素。

无论是从法哲学的发展历史来看，还是从法哲学的理论层面上考察，我们不难发现“价值规范”与“事实判断”、自然法与实证法、道德与法律不是截然可分的。如果脱离活生生的法律实践，仅局限于从理论上来谈法与道德的关系，容易流于空谈，容易走向绝对，从而得出似是而非的结论。

在自然法的视域，先行行为保证人类型的可罚性依据毋庸讳言。“因为你伤害了他，所以你必须救他”，这是先行行为保证人类型最原始的法理基础，符合人类的直觉正义情感。接下来的问题

---

① 张明楷：《论不作为的杀人罪》，载《刑事法评论》，中国政法大学出版社 1999 年版，第 256 页。

② ［德］阿图·考夫曼（Arthur Kaufmann）：《法律哲学》，刘幸义等译，法律出版社 2004 年版，第 27 页。

是，在实证法层面，如何对先行行为不作为犯进行处罚，也就是先行行为不作为犯的刑法规制问题。

刑法关注的，是罪刑法定原则的落实。

不纯正不作为犯的处罚违反罪刑法定原则的观点，早在 19 世纪末 20 世纪初，德国学者奥斯卡·克伦斯（Oskar Kruns）最先明确指出。[①] 先行行为不作为犯的处罚与罪刑法定原则相抵触的问题，时至今日，一直没有得到充分解决。先行行为不作为犯的处罚有着自然法上的法理依据，需要实证法上的明确规定，以满足罪刑法定原则的要求。毕竟，自然法上的合理性，还不能完全等同实证法上的正当性。

德国、日本在先行行为保证人地位立法上的犹豫，这是原因之一。德国、日本学者认为先行行为立法采取列举的方式，不能涵盖所有的类型，并不妥当；“迫切的危险”的概念也不甚明确；特别是，不作为与作为的等价性问题，这个理论上一直存在争议的问题，还没有得到妥善解决，以作为的构成要件处罚先行行为不作为犯还没有妥当的刑法表述，因此，德国、日本并未将先行行为保证人类型明确规定在刑法典中。先行行为保证人类型立法的受阻，本质上反映了法哲学上的永恒的命题，即自然法与实证法的冲突。

阿明·考夫曼（Armin Kaufmann）对于前行为保证人地位的看法，也是出于对处罚前行为保证人与罪刑法定原则相抵触的顾虑，现在看来，根本谈不上是对前行为保证人类型的否定。阿明·考夫曼（Armin Kaufmann）主张，“先行行为的义务类型可以经由立法成为一种法定的，而不是习惯法的法义务”，但认为“仅仅因为前行为可能造成结果发生的危险，还不足以成为一个独立的保证人类型，除非再加上其他满足等价性要求的条件类型。”实际上，将前行为的义务类型通过立法转变为法定义务的尝试，已经被证明是立

---

① 参见［日］日高义博：《不作为犯的理论》，王树平译，中国人民公安大学出版社 1992 年版，第 77 页。

法技术上所不能承担的重负。等价性的问题，不但在前行为的保证人类型中存在，在其他所有保证人类型中都存在。

出于同样的考虑，许玉秀建议废除台湾“刑法”第 15 条第 2 项关于前行为保证人类型的规定，认为该规定只是“稍微满足了罪刑法定原则的要求”，而没有从根本上满足罪刑法定原则之明确性的要求。许玉秀一定是受德国、日本刑法立法未规定先行行为保证人类型的影响，但德国、日本先行行为保证人类型的立法受阻，也没有从根本上否定先行行为保证人类型，更多的是罪刑法定原则明确性的考虑。

前引“陈某驾车肇事案”（台湾“最高法院”1992 年度台上字第 437 号判决），其判决依据是台湾“刑法”第 15 条第 2 项关于前行为保证人类型的规定。尽管对判决定罪异议不大，但对判决理由部分，黄荣坚和许玉秀却作出了完全相反的理论解读。通过该判决，黄荣坚论证了前行为是保证人类型唯一的构成理由的观点；而许玉秀则全面否定了前行为保证人类型。前行为保证人类型的立法尝试是对前行为保证人地位的肯定，也是前行为保证人类型理论的结晶。判例援引刑法关于前行为保证人类型的规定，自然也是对前行为保证人地位的肯定。对判例的研讨又进一步丰富了前行为保证人类型的理论，这也是如何在刑法中更完善、更妥当地规定对前行为保证人类型的基础。

为此，学者从理论上进行了不懈的努力。不纯正不作为犯的问题，一开始集中在因果关系上，其后发展到违法性阶段，后来发展到构成要件符合性阶段。试图在构成要件符合性阶段解决不纯正不作为的处罚问题的，是那各拉（Nagler）的保证人说。那格拉（Nagler）的保证人说之后，德国、日本等大陆法系刑法学者展开了保证人类型实质化的探讨。乌尔夫（Wolff）和威尔普（Welp）的信赖原则理论，特别是以支配思想为基础的许乃曼（Schünemann）的“实际支配”理论和雅各布斯（Jakobs）的“组织管辖”理论，都产生了很大的影响。尽管这些学说还都存在着这样那样的疑问，但无疑的是，不纯正不作为犯的理论研究已经引向深入。这些理论研究成果，必然会对先行行为保证人类型的立法作出贡献。

开放的构成要件应当是解决这一问题的一个方向。在不纯正不作为犯的场合具有开放的构成要件，这并不是由于刑法条文的规定方法的不充分，韦尔策尔（Welzel）认为这是由“事物的本性”决定的。[①] 的确，在分则中预先预定所有的不纯正不作为犯的犯罪行为是根本不可能的。不纯正不作为犯的立法方法，只能是在总则中明确规定法官补充构成要件时的指针及价值判断的标准的方法。只要具有构成要件的等价值性，限定处罚不纯正不作为犯，就并不违反罪刑法定主义。既然等价问题得以解决，就可以说处罚不纯正不作为犯依据的是构成要件的恰当解释。而且，所明确的解决等价问题的标准，也说明了处罚不纯正不作为犯的逻辑必然性。既然在构成要件的等价值性上寻求解决等价问题的标准，也就明确限定了不纯正不作为犯的成立范围，同时又为法官进行构成要件的补充提供了指导。这就满足了作为罪刑法定主义派生原则之一的“构成要件的明确性”的要求。只要按构成要件等价值性的理论解决等价问题，不纯正不作为犯的处罚与罪刑法定主义的矛盾就能够得以解决。[②] 关于先行行为不作为犯与作为犯的等价性问题，后文还有论述。

最后，对许玉秀的替代理论作简短评述。许玉秀从根本上否定了前行为保证人类型，就产生了对这种犯罪类型的处罚构建新的理论模式的必要，应当承认，许玉秀对前行为保证人类型的理论研讨作出了重大贡献，但其构建的全新模式，在理论上捉襟见肘，并没

---

① 参见［日］日高义博：《不作为犯的理论》，王树平译，中国人民公安大学出版社 1992 年版，第 185 页。

② ［日］日高义博：《不作为犯的理论》，王树平译，中国人民公安大学出版社 1992 年版，第 124 页。

有得到学界的呼应。

许玉秀认为在其列举的八种样态中，故意+故意、故意+过失、过失+过失，都或者为单一行为，或者属于结果加重犯类型，完全没有考虑前行为保证人类型的必要。比较难处理的只有“过失+故意”这种组合。

于是，许玉秀大胆提出，“过失作为+故意不作为”侵犯同一法益，可按过失中止犯处理，建议刑法增订过失中止犯的规定。许玉秀的这一方案是建立在承认“过失犯的未遂”的基础之上的。

众所周知，过失中止犯的概念与刑法的基本理念有所抵触。中止犯以故意犯为常态，在故意犯中承认中止犯才有意义。传统上过失犯以发生结果为处罚前提，如果自动避免结果的发生，则不符合过失犯的构成要件，自然没有处罚的必要，也就没有规定中止犯的必要。承认过失中止犯的前提是承认过失犯的未遂，但处罚过失未遂有滥用刑罚之嫌。因为连过失犯都不以处罚为原则，竟然还要处罚过失未遂，这岂不是舍本逐末？“德国刑法上并无过失中止犯的规定，据罗克辛（Roxin）教授告知，亦无人提出过失中止犯的建议。”① 许玉秀的过失中止犯的建议难以自圆其说，否定了前行为保证人类型，却生发了更大的理论难题。

许玉秀建议，“过失作为+故意不作为”侵犯非同一法益，可按结果加重犯处理。鲁登（Lund）将前行为保证人类型限定于“过失作为+故意不作为”的态样。许玉秀也承认，“至今学术上和实务上都没有承认这种组合可以成立结果加重犯，因为有前行为保证人类型存在，并没有因而造成处罚漏洞。”② 许玉秀否定前行为保证人类型，必然遇到这种组合归责上的困扰。于是，许玉秀只剩下所谓“粗糙综合评价”的结果加重犯可资适用了。一个典型

---

① 参见许玉秀：《主观与客观之间》，法律出版社2008年版，第331页。

② 许玉秀：《主观与客观之间》，法律出版社2008年版，第325页。

的前行为保证人类型，一个用前行为保证人类型理论轻易解决的问题，许玉秀勉为其难地用结果加重犯来处理，可见其重构的替代理论的捉襟见肘。

二、先行行为保证人的作为义务程度

“义务是行为人必须履行的约束其行为的任务，法律义务是法律上规定的行为人必须履行的约束其行为的任务，刑事义务是刑事法律上规定的行为人必须履行的约束其行为的任务”。① 作为义务的内容是必须实施一定的有益社会的作为。换句话说，就是期待行为人实施社会所期待的行为。然而这种期待，既为道德规范所要求，也为其他法律规范所要求，不独为刑事法律规范所要求。无论是刑事法律义务还是非刑事法律义务，抑或是纯道德义务，都有“应为”的要求。因此，从广义上讲，作为义务应包括刑法、民法、经济法等法律上的作为义务和道德上的作为义务。但是，在刑法语境下，作为义务专指刑法法律上的特定义务。违反作为义务就会导致刑事责任的产生，义务人就可能受到刑罚制裁。

（一）作为义务程度的强弱界分

从刑法的立场来观察，形式上一样的作为义务，实质上有程度的不同。作为义务程度上的差别，决定先行行为不作为犯是否成立，即仅仅是单纯地违反作为义务还不够，违反作为义务还必须达到一定程度，才可能受到刑法的规制。

首先，不纯正不作为犯中的作为义务不能是道德义务，而只能是法律义务。道德义务的范围比法律义务的范围宽泛得多，许多伦理道德上的义务，法律并不作这样的要求，违反纯粹的如见义勇为之类高标准的道德义务，并不构成不作为犯罪，不受刑事处罚。当然，刑法上的作为义务与道德上的作为义务又不是截然相反的，不

---

① 冯军：《刑事责任论》，法律出版社 1996 年版，第 38 页。

作为犯中的作为义务有些就直接来源于社会伦理道德义务。例如，先行行为作为作为义务的来源，是德国学者斯鸠贝尔（Stübel）从社会生活的实际感觉和明白的法感情中归纳出来的，为许多学说与判例所承认。这种作为义务，就带有明显的道德色彩。由于行为人的先行行为使法律保护的利益处于危险境地，因而应由其排除这种危险，使法益免受侵害。此种作为义务，与"谁开启了危险，谁就有责任排除它"的道德要求是相吻合的，其基础是诚实信用原则和公序良俗，从本质而论是基于道德标准而产生的作为义务。因此，先行行为作为义务有法律实定化的内在需求。

其次，并非一切法律义务都可以成为刑法意义上的作为义务。因为，即使在法律义务中，不同形式的法律义务之间也存在强弱程度上的差异，各自对应着不同的法律责任。违反民事法律义务、行政法律义务的后果，只能是分别追究行为人的民事责任、行政责任，而不能以此为根据追究其刑事责任。如果对违反其他法律义务的人都追究刑事责任，则有违反刑法谦抑原则之嫌。例如，道路交通安全法规定，发生道路交通事故致人伤亡的，肇事司机和发现事故的人以及过往车辆，应迅速对受伤人员予以救护。如果仅以此为依据，对无数过往行人，只因眼见车祸而未参加救助的，都追究其刑事责任，显然是不能令人接受的。因为，道路交通安全法属于行政法，"仅就行政责任予以规定，未规定刑事责任，则不宜以行政责任的依据，亦作为刑事责任的依据"。①

刑法上的作为义务与其他法律上的作为义务的区别，在于二者的作为义务的强弱程度不同。其他法律上的作为义务只有达到刑事法律所要求的强度时，才可能上升为刑法上的作为义务。虽然有些不作为犯罪的作为义务在内容上与其他法律上的作为义务没有区别，例如，遗弃罪的作为义务的内容与婚姻家庭法上的家庭成员之

① 蔡墩铭：《刑法总则争议问题研究》，台湾五南图书出版公司 1988 年版，第 61 页。

间的互相抚养义务的内容，从形式上看是一样的，但二者的强弱程度有别，承担的法律责任也不一样。违反家庭婚姻法上的抚养义务，并不一定构成不作为方式的犯罪——遗弃罪，只有达到刑事法律规定的情形，才构成遗弃罪。

最后，“即使作为义务来源于相同的法律规定或法律事实，由于作为义务程度的差异，也可能构成性质不同的犯罪”。[①] 例如，将女婴抛弃于人们容易发现的场所，如车站的候车厅或他人的家门口，可能构成遗弃罪。将女婴抛弃于人迹罕至的荒郊野岭，可能构成不作为方式的故意杀人罪。虽然无论将婴儿抛弃在什么地方，违反的都是《婚姻法》规定的抚养义务，但由于抛弃的地点对婴儿来说具有重要意义，地点的不同，婴儿获得照料的机会也就不同，从而影响了作为义务的程度。在容易被发现的地方，婴儿被发现的可能性就高，获得他人保护的机遇也就大，婴儿父母的作为义务的程度就自然低一些；在难以被发现的地方，由于婴儿获得他人照顾的可能性很低，婴儿的安危几乎全掌控在她的父母手中，其父母作为义务的程度自然也就要高。所以，也就有了犯罪性质上的差别。前者构成了社会危害性较小、性质不太严重的遗弃罪，后者却构成了性质严重的杀人罪。其原因就在于作为义务存在程度上的差异。

可见，作为义务存在程度上的差异，不作为所构成的行为性质也随之有所区别。这样，在不纯正不作为犯的情形下，虽然作为义务人的不作为从外在表现看与其他人的不作为没有什么区别，但通过对作为义务程度的分析，我们就能比较准确地把握义务人“不作为”的危险程度，找到与之对应的作为犯，这样就能正确确定罪名。从这个意义上讲，作为义务的程度影响了不纯正不作为犯中行为的危险性，不纯正不作为犯的差别其实是作为义务的程度差异。

---

① 张明楷：《刑法格言的展开》，法律出版社 2005 年版，第 142 页。

（二）作为义务程度的法理依据

等价性问题是基于作为与不作为存在结构上的差异这样一种认识而提出来的。作为能够引起因果关系的产生，并能支配、操纵结果的发生方向，而不作为只不过可以利用因果关系。因为不纯正不作为犯是由不作为实施的犯罪，所以它和作为比较，在因果结构上就出现了差异。因此，“为了让不纯正不作为犯和作为犯等置在同一犯罪构成要件上，就必须采取填补两者存在结构上的空隙的办法，使得两者在价值方面相等”。[①] 这是解决不纯正不作为犯的处罚与罪刑法定原则相冲突的关键。

1. 通过等价性，黄荣坚论证先行行为保证人唯一说

黄荣坚认为，在基本的事实形态上，作为犯和不作为犯的不同是，作为犯是一个人制造一个原本不存在的风险，不作为犯是本来就存在有风险，但是一个人却没有去消灭已经存在的风险。如果我们要把不作为和作为一样看待，要让不作为和作为构成相同的一个犯罪，并且接受相同的刑罚，那么，这里的不作为必须和作为具备相当的负面评价，否则，在宪法上没有理由要接受相同的刑罚。

设定“不作为如果要和作为构成相同的犯罪，那么他所欠缺的作为（制造风险），可以依赖另外一个作为来弥补”这样一个命题，黄荣坚推导出危险前行为可以使不作为和作为等价的结论。他认为，不作为和作为，基本上应该可以等价。因为，不管行为的时间早一点，或是晚一点，总之，行为人都曾经积极介入自然世界而制造法益损害的风险，而且，这个法益风险的制造，最后也导致法益损害结果的发生。也因此，不作为如果要和作为构成相同的犯罪，那么他所欠缺的作为，可以依赖另外一个作为来弥补。事实上，这里所说的，并不是和不作为同时存在的一个作为，而是在不

① ［日］日高义博：《不作为犯的理论》，王树平译，中国人民公安大学出版社1992年版，第78页。

作为之前已经先存在的一个作为，换句话说，也就是所谓的危险前行为。正是因为行为人已经有一个危险的前行为，已经制造了一个自然界原本不存在的风险，所以，才认为行为人有义务控制风险。质言之，制造风险的人，必须控制风险。制造风险的人，对于风险的控制，居于保证人的地位。[①] 基于此，黄荣坚展开了危险前行为的保证人地位唯一法理依据的论述。

2. 坚持等价性，许乃曼否定了先行行为保证人类型

德国学者许乃曼（Schünemann）认为，构成保证人地位的“支配基础”，要求是一个现在的、绝对的、实际的、事实的支配，只有在此支配关系上形成的保证人地位，才可能使违背保证人义务的不作为与作为等价。

许乃曼（Schünemann）的支配理论有三个重点。第一，作为犯和不作为犯共同的实质归责基础是“对结果来源的支配”；第二，所谓“结果来源”，在作为犯中是人对其身体的支配，在不作为中犯则有两种，一种是重要的原因，一种是被害人的无助状况；第三，所谓“对结果来源的支配”，是一种实际的、事实的支配。[②]

许乃曼（Schünemann）认为在前行为造成足以导致危害结果发生的危险之后，前行为的行为人对于被害人无助的状况或结果重要的原因即失去现实的支配。[③] 由于失去现实的支配，从而无法实现不作为与作为的等价，因此，前行为的保证人地位无以成立。

他解释道，由于前行为的保证人地位完全建立在因果律上面，即因为自己的行为有危险的或有害的作用，因此必须保证该危险或

---

① 黄荣坚：《论保证人地位》，载《法令月刊》第46卷第2期，第10页。

② 参见许玉秀：《主观与客观之间》，法律出版社2008年版，第224页。

③ 参见许玉秀：《“最高法院”1989年台上字第3693号判决的再检讨》，载《刑事法杂志》第35卷第4期，第12页。

有害的结果不发生，前行为是保证人地位的必要充分条件。但是，前行为在造成危险状态之后，前行为人对于前行为的因果流程就失去了现实的支配，原来对前行为的支配已成为过去，只剩下结果"防止可能性"的可能的支配，因此，因前行为造成法益受侵害之危险的行为人，对于造成结果的重要原因并没有成立保证人地位所要求的现实的支配，这样的不作为是不可能与作为等价的。此外，行为人也并未因此对被害人的无助状况有现实的支配，因为，他认为对被害人无助状况的支配，要么基于先天的事实，例如母亲与子女的关系；要么基于行为人自己的介入，例如，捡到路旁弃婴的人，这需要行为人具有支配意志；要么基于第三人的信赖行为，例如，委托疗护。而前行为的情形与这些情况都不符合，所以，不能产生作为义务。

3. 否定等价性，许玉秀否定了先行行为保证人类型

在许玉秀看来，不作为不可能也不需要和作为等价。其理由如下：

由于不作为与作为侵害法益的现实流程有别，法律对不作为与作为有不同的评价。作为是积极地操纵法益侵害的因果流程，不作为则是消极地不介入法益受害流程。在不作为中，除了前行为保证人类型外，所有的不纯正不作为犯所面对的因果流程，都是第三人或被保护人自己所引起的。虽然作为与不作为的因果结论，都依经验法则推论得出，但相对于作为犯因果作用的现实存在，不作为犯对于法益侵害的因果作用，是假设出来的。假设不作为犯如果介入干扰既存的法益侵害流程，"几乎可以确定"结果不会发生。结果是否真的就不会发生，难以证实。法律同时将作为与不作为纳入制裁，并不就表示作为与不作为等价。德国刑法第 13 条虽然要求不作为必须具备与作为的等价性，才成立不纯正不作为犯，但却明白规定对不作为犯可处以较作为犯为轻的刑罚，正是承认不作为与作为不等价的证明。

不作为并非必须先与作为等价，才可以被入罪化。不纯正不作

为犯适用原本为作为犯而设计的犯罪构成要件，并不表示不作为犯能完全实现构成要件，也不表示不作为要附属于作为才有可罚性。不管刑法是独立为不作为设计构成要件，或借用原本为作为犯设计的构成要件处罚不作为，不作为犯都是因为违反刑法上的作为义务、导致法益受害而被处罚，它不需要依附于作为才能被处罚，之所以借用作为犯的构成要件，不过是立法政策上的便宜之计。因为，为个别的不纯正不作为犯设计独立的构成要件，固然符合罪刑法定原则的要求，但是，立法的投资太大，立法技术也有困难。目前的立法形式，是立法者所能做的最聪明的选择。①

由于认为不作为不可能也不需要和作为等价，当然就不需要为不作为与作为等价构建新的理论模式，不过，从全面否定危险前行为保证人地位的角度出发，许玉秀还是进而指出了危险前行为不具备实现不作为与作为等价的品质。

许玉秀认为，危险前行为的概念，一直是纠缠不清的。早期学说讨论的危险前行为是“一个危险的行为，须具导致结果发生之紧密、相当而直接的危险，这种造成法益受害的危险，必须是在行为当中已是客观上可辨识的，且违法的”，即是一个构成要件合致而违法的行为，是一个对法益至少有威胁的行为。后来的危险前行为的概念逐渐扩大，部分学说所认可的前行为，甚至包括买恶犬、买房子、建造公共设施、抱走流浪动物等。如果从生活中处处皆风险的观点看，这些行为都是制造容许风险的行为，和前行为保证人类型中的危险前行为根本不同。②

如果认为作为的制造风险是归责基础，而不作为也必须有相同基础，才能与作为负相同责任，那么，能和作为相匹配的危险前行

① 许玉秀：《当代刑法思潮》，中国民主法制出版社 2005 年版，第 734 页。

② 许玉秀：《保证人地位的法理基础》，载《刑事法杂志》第 42 卷第 2 期，第 56 页。

为，必须是足以对法益构成侵害的威胁或实害的构成要件行为，亦即制造不被容许的风险行为。因此，包括诸多制造容许风险的行为的危险前行为是难以担当实现不作为与作为等价的重任的。

4. 实现等价性，本书赞成以作为义务程度为标准

不作为与作为可以等价，这是刑法学界的通说。德国现行刑法第13条、日本1961年修正刑法草案第11条、奥地利刑法第2条等法律明文规定了不纯正不作为犯的等价条款，承认不作为与作为在刑法上可以同等评价。许乃曼（Schünemann）坚持等价性自不待言，关于其否定先行行为保证人地位的观点，前文已经讨论。许玉秀否定等价性是基于作为与不作为的因果关系的不同构造出发的，关于先行行为不作为犯的因果关系，后文再作论述。

不纯正不作为犯的处罚，其关键是等价性的判断标准。由于不同学者观察不纯正不作为犯与相关作为犯的结构差异性的角度不同，所提出的消除结构上差异的方法也有不同，从而，关于等价性的判断标准也就有所不同。根据日高义博的考察，等价性的判断标准主要有两大类：一类是从犯罪的客观方面，寻找不作为犯与作为犯的等价性标准，例如，有的以作为义务为等价性的判断标准；有的在作为义务之外，寻找独立的等价性判断标准；还有的以作为可能性为标准，等等。另一类是从犯罪的主观方面，来寻找不作为犯与作为犯的等价性标准。其内部又有法敌对意思力说、积极利用意思力说等不同的主张。日高义博又提出了构成要件等价值性的判断标准。① 本书赞同以作为义务的程度为等价性判断标准的观点。

以作为义务的程度为等价性判断标准的观点，得到刑法学界多

---

① 参见［日］日高义博：《不作为犯罪的理论》，王树平译，中国人民公安大学出版社1992年版，第79页。

数学者的支持，即，认为作为义务有程度上的差别，① 即决定不纯正不作为犯的成立，仅仅是单纯地违反作为义务还不够，违反作为义务还必须达到一定程度，这种一定程度的作为义务就是等价性的内容。

洪福增认为，违反作为义务的不作为，其反社会性的强度，必须与作为的反社会性的强度具有相同的程度。不得仅依据所谓"作为义务以防止结果的发生"为目的一点，而将违反作为义务的不作为认定为不纯正不作为犯。成立不纯正不作为犯，必须其防止结果的作为义务具有与作为相同程度的反社会性的强度，始属当之。②

黄荣坚认为，从刑法的立场来观察，形式上一样的保证责任，实质上有不同的程度的效力。首先，最高度的保证责任，就是构成不纯正不作为犯的保证人地位的保证责任；其次，一个较高层次的保证责任，是台湾"刑法"第 294 条消极遗弃罪中义务人的保证责任；最后，法律上还有最低层次的义务规定，这些规定的义务人，根本就不负任何保证责任，如交通法规规定的交通肇事时过往行人的救助义务即是。这些规定可以理解为所谓训示性的规定。整

① 有少数学者否定作为义务存在程度上的高低之分，例如许玉秀认为，"只要是能被刑法认同，因而产生刑法效果的义务，层级都是相同的。以德国刑法第三百二十三 C 条的一般救助义务而言，该条对于意外碰上事故的一般人，课以救助危难的义务，由于单纯处罚违背义务的不作为，因此刑度亦不重，为一年以下有期徒刑或科罚金，如果因而推论因为行为人不是属于该因第十三条所规定的保证人，因此他的作为义务是比较低层次的义务，这是不正确的。一般人一旦被法律认定为有救助义务，就和保证人相同，因为这就是法律规定的保证人义务，违反义务的效果之所以不同，是因为实现的构成要件不同所致，而不是因为义务层级不同所致。"参见许玉秀：《保证人地位的法理基础》，载《刑事法杂志》第 42 卷第 2 期，第 54 页。

② 洪福增：《刑法理论之基础》，刑事法杂志社印行 1997 年版，第 180 页。

个体系上的关系应该是，违背高度的保证义务，而且唯有违背高度的保证义务，才必须负高度的刑事责任；违背低度的保证义务，必须负低度的刑事责任；违背训示性的义务规定，则不负任何刑事责任。①

日本学者大塚仁也在作为义务中，实质地判断不作为与作为的等价性问题，从而将不纯正不作为犯的作为义务与等价性判断融为一体。② 他认为，作为义务必须具备能够把违反它的不作为，看成是符合构成要件的实行行为的实质内容。所以，为了使不作为能够成为实行行为，需要其被评价为与符合相关构成要件的作为在法律上是同价值的。这就是作为与不作为的等置原则。例如，应当相对于杀人行为的不作为，必须具有与绞杀、刺杀被害人同样的犯罪性。即，与作为一样，不作为也需要包含着能够实现犯罪的现实危险性。关于这一点，特别应该考虑不作为的具体情形。例如，将他人轧成濒临死亡的重伤，以未必的杀害逃走的犯人，在其场所是白天、行人很多的城市的医院门前等，被害人被救助的可能性很大时，不救助被害人的不作为就很难说是杀人行为，相反，如果是在严冬的深夜，把被害人丢在没有行人的山路上，就可能是杀人行为。在确定具体的作为义务时，也要考虑这一点。

但是，作为义务程度是一个相对的概念，作为义务达到怎样的程度才可以使不作为和作为等价呢？作为义务只有达到排他性支配的时候才可以成立不纯正不作为犯。通过对判例的考察，西田典之认为，判例重视的是，是否具有“排他性支配”或“支配领域

---

① 黄荣坚：《论保证人地位》，载《法令月刊》1994年第2期，第15页。

② ［日］大塚仁：《刑法概说》（总论），冯军译，中国人民大学出版社，第140页。

性”，换言之，重视的是并无他人可以实施救火、救助行为。[①] 而是否具有“排他性支配”或“支配领域性”，要从当时的地点、环境、被害人的受伤程度、被害人对行为人的依赖程度、行为人履行义务的难易程度、救助的事实可能性等方面进行综合评价。

曾根威彦以行为无价值和结果无价值，对等价性判断的诸学说进行了总结概括。总体而言，根据和作为具有等价性而对不纯正不作为犯中的作为义务进行限定的方法有两种，即强调行为的违法性的行为无价值论的方法和重视结果的违法性的结果无价值论的方法。

行为无价值论的方法包括主观的行为无价值论和客观的行为无价值论。主观的行为无价值论认为，在认定违反作为义务的时候要重视行为人的主观意思或人格态度，即成立不纯正不作为犯，要有利用已经发生的状态，至少是有意放任不管的意思。但该观点从行为人的动机、内心方面来判断是否违法，结果会陷入心情刑法，并不妥当。

客观的行为无价值论认为，行为人必须具有故意或者过失的先行行为，而且，仅此就足够了。因此，为了说不作为犯和作为犯具有等价性，不作为人在实施该不作为以前，必须亲自设定面向法益的因果关系。对此的批评是，一方面过分扩大了不作为犯的成立范围，另一方面过于缩小了不作为犯的成立范围。例如，由于自己的故意或者过失行为而对结果设定原因者要承担所有的作为义务，那么，过失犯或者结果加重犯，在事后具有防止结果的可能性和发生结果的认识的话，仅此就立即转化为不作为的故意犯。又如，在善意承担对病人的看护的场合，在不存在导致结果发生危险的原因设定行为时，就要否定成立不纯正的不作为犯。

结果无价值论的方法认为，在放任不管时就会向侵害结果方向

---

① ［日］西田典之：《日本刑法总论》，刘明祥等译，中国人民大学出版社 2007 年版，第 92 页。

发展的法益保护事实上被托付给了特定的不作为人的时候，即只有在和不作为人之间具有防止结果的紧密关系的场合，才能将不防止结果的不作为和作为引起结果的场合同等看待。从因果性的角度考虑，就必须是不作为人将面向结果的因果发展掌握在自己手中，即具体、现实地支配了因果经过。

具体而言，如将承担看护病人或承担将病人送往医院的场合一样，即存在对该法益的保护具体地依赖于不作为人的事实关系的场合，就是不作为的行为人实际上承担着能够现实防止结果发生的作为的场合。又如，将被汽车撞到的被害人搬进汽车一样，在和该对象之间设定了事实上的“排他性关系”的场合，或者如由于不小心而使自己家里可能起火一样，在房屋的所有人、占有人对自己所管理支配的场所具有“领域支配性”的场合，就能肯定不防止结果的不作为和作为之间具有等价性。①

以下结合发生在日本的“能量治疗案”（日本最高裁判所2005年7月4日判决，刑集第59卷第6号第403页）② 介绍山口厚的观点。

基本案情：被告人自称拥有特别的治疗能力，即通过用手掌拍打患者的患处能将能量输送给患者，因而聚集了很多信众。A是被告人的信众，因脑出血病倒住院。A的儿子B也是被告人的信众，委托被告人对A治疗。被告人虽然不曾对脑出血等危重病人施行过能量治疗，但因接受了B的委托，在明知主治医生有暂时不能让A出院的警告，也明知B等家属希望得到主治医生的许可后再将A送到被告人处之意图的情况下，仍然指示B等人，“点滴治疗很危险，今天和明天是关键时刻，要在明天之内把A带来”，等

① 参见［日］曾根威彦：《刑法学基础》，黎宏译，法律出版社2005年版，第122页。

② 参见［日］山口厚：《从新判例看刑法》，付立庆等译，中国人民大学出版社2009年版，第29页。

等，被告人使仍处于以点滴等医疗设施为必要状态的 A 从所住医院被运送出来，导致其生命产生了具体的危险。B 等人委托被告人对被运送到被告人处的 A 施以能量治疗，被告人在看到 A 的病情后，虽认识到如果对 A 置之不理，A 就有死亡的危险，但为了避免前述让病人出院到己处治疗的错误指示露馅，就有必要继续对 A 施以能量治疗，因此被告人以未必的杀意，在未让 A 接受对他来说是维持生命所必须的除痰、水分的点滴等医疗措施的情况下，就那样将 A 放置了大约一天的时间，导致 A 因痰引起的呼吸道堵塞而窒息死亡。

公诉机关根据本案的事实，以被告犯杀人罪、共犯 B 犯保护责任者遗弃致死罪，提起了诉讼。第一审判决（千叶地方裁判所平成 14·2·5，判例第 1105 号第 284 页）根据以下认定，肯定了被告人杀人罪的成立。首先，判例认为“B 让人拔掉 A 的点滴装置、摘得氧气面罩，然后将他弄下病床并带到医院外面，用汽车和飞机把 A 运送到没有任何医疗设施的宾馆内，在该宾馆，被告人及 B 等，未实施任何被害人生存所需的必要措施。上述行为该当于杀人罪的实行行为”。另外，判决还指出，“上述本案连续的实行行为是由作为与不作为复合而成的”。

即仅仅“摘下点滴装置及氧气面罩，将 A 带出医院外”，认定为杀人的实行行为是不充分的，也不能认定对 A 的死亡有具体的现实的危险性，但是，“将处于前述状态的 A，送到不具备任何医疗设备的宾馆后，如果不采取任何维持其生命的必要措施，当然具有可能导致 A 的死亡结果的具体的现实的危险性，因此，一并考虑前述的在拆下点滴装置以及氧气面罩后将病人带出医院的行为所具有的危险，就能够认定上述连续的行为对于 A 的生命产生了具体的、现实的危险性”。

被告人针对第一审提出了控诉，控诉审判决（东京高裁平成 15·6·26）认为，“在被告人自己亲眼看到运送到本案宾馆的 A 的情况之前，认定被告人有杀意还是有疑问的”，不过，“在被告人自己亲眼看到运送到本案宾馆的A的情况之后，能够说被告人有容忍A死亡的动机，可以认定被告人对A抱有未必的杀意”，由此作出如下判示，肯定了杀人罪的成立。即，“被告人指示B等将A从医院带出来，运送到本案宾馆，被告人实施了上述先行行为，能够认为，被告人就应该对被运送到本案宾馆的A，承担使其立即接受维持生存所必要的医疗措施的作为义务。但是，因为可以说被告人抱有未必的杀意，怠于履行上述作为义务而导致了A的死亡，所以可以考虑将被告人在自己亲眼看到了A的情况以后的行为，确认为所谓的不纯正不作为犯，能够追究其杀人罪的责任”。

最高裁2005年7月4日的决定，认可了肯定成立杀人罪的原判决，驳回了上告。“在由于可归责于其本人的事由使患者的生命产生了具体的危险后，被告人的立场是在宾馆内，受信奉被告人的患者亲属的委托，对被运送来的重病患者进行全面的治疗。此时，被告人明知患者处于重病状态，因为被告人自己能够救A是没有根据的，所以应该说被告人负有立即使患者接受维持生命所必须的医疗措施的义务。但是，被告人以未必的杀意，在没有使患者接受上述医疗措施的情况下，放任不管患者的死活，导致了患者的死亡，所以，原判决认为被告人成立不作为的杀人罪，与没有杀意的患者亲属在保护责任者遗弃致死罪的限度内成立共同正犯是正确的。”

山口厚对本案的分析，有两点值得注意。①

关于实行行为。控诉审判决，在与认定了被告人的杀意的时点的关系上，将被告人的行为认定为，从医院带走被害人A后，违反了使被害人立即接受维持生命所必须的医疗措施的义务，在未使其接受相应的医疗措施的情况下放任不管，导致了患者的死亡，属于不作为，并据此肯定了杀人罪的成立。

---

① 参见［日］山口厚：《从新判例看刑法》，付立庆等译，中国人民大学出版社2009年版，第33页。

在控诉审判决中，与第一审判决不同，并没有把从医院带出被害人的行为作为实行行为的内容，而是将其置于与未使被害人接受医疗措施这一不作为相关的能够认定被告人的保证人地位即作为义务的事由的位置。此外，根据这一见解，控诉审判决虽认为从医院之中将被害人带出来这一作为，具有“对于生命的最大危险”，但就其性质来说，第一审判决认为其欠缺导致死亡的现实的、具体的危险，否定了该行为具备杀人罪的实行行为性，而控诉审判决却并未将第一审判决的如许判断的当否作为问题。

关于保证人地位。由于第一审判决，将本案实行行为理解为“作为与不作为复合而成”，换言之，是将从医院把被害人带出来和未使其接受必要的医疗措施两者一体予以把握的，因此，在第一审判决中，没有明确的判示有关被告人保证人地位的判断。

而在控诉审判决中，在与能够认定故意的时点的关系上，专门论述了不作为的实行行为性的问题，控诉审判决是以“指示 B 等人，把 A 从医院带出来，运送到本案宾馆”这一先行行为为根据，认定被告人“就应该对被运送到本案宾馆的 A，承担使其立即接受维持生命所必要的医疗措施的作为义务”。换言之，控诉审判决以先行行为作为保证人地位的根据。

与此相对，最高裁判所的决定认为，“在由于可归责于其本人的事由使患者的生命产生了具体的危险”这一先行行为，与“被告人的立场是在宾馆内，受信奉被告人的患者亲属的委托，对被运送来的重病患者进行全面的治疗”这一责任之间，存在依存关系。换言之，决定不仅将危险的先行行为，而且将保护责任、存在依存关系也作为保证人地位即作为义务的根据。在最高裁判所的决定中，没有仅将先行行为作为保证人地位即作为义务的根据，并且，也没有将先行行为从上述根据中排除，是受到了关注的判示内容。

在能够肯定危险的先行行为和保护责任、依存关系的存在的本案之中，一般认为，肯定有杀意的被告人对被害人有保证人地位即作为义务，没有什么问题。即便采用要求存在排他的支配因而严格理解保证人地位的要件的见解的排他支配说，也能够肯定被告人的保证人地位。因为，被告人基于自己的意思，在宾馆这一封闭空间内，使自己处于受委托对患者进行全面治疗的状态，也能够将该行为认定为给被害人带来了危险的先行行为。

山口厚认为，排他的支配说将“掌握指向结果的原因趋势”作为判断的关键，其出发点可谓极为正确。不过，即便是作为犯，也明确要求完全地支配因果经过，因此与其将“因果经过的支配”作为判断的关键，倒不如将“结果原因的支配”作为判断的关键，更为合适，即在判断保证人地位时，排他性并不是必需的要件，能够肯定不作为者对结果原因的支配，换言之，能够肯定不作为者对于不发生结果是有责任的、有依存关系的，就可以了。对结果原因的支配意味着，支配了有可能导致结果的危险的原因。法益侵害的有无，应该根据法益侵害的危险程度以及相对的法益方的防御程度来判断。

山口厚认为，“能够认定处在保证人的地位即作为义务的人，怠于实施被期待的行为，导致了危险的产生和增加时，就能够认定该不作为的构成要件该当行为性（实行行为性）。在这个意义上，危险的产生、增加虽然不是为了肯定保证人地位即作为义务而必需的前提，但是要想确认处罚，与作为犯一样，危险的产生和增加也是必要要件”。①

从以上论述可以看出，山口厚认为“排他性支配”过于严格，从而支持“对结果原因的支配”，认为不作为对于不发生结果是有责任的、有依存关系的就可以了，或者说，不作为导致了危险的产生和增加，就能够认定该不作为的构成要件该当性。而具体的法益侵害的有无，要委之于法益侵害的危险程度以及相对的法益方的防御程度。对法益侵害的危险程度和法益方的防御程度进行判断，其

① ［日］山口厚：《从新判例看刑法》，付立庆等译，中国人民大学出版社2009年版，第38页。

实就是根据事实基础判断作为义务程度的问题，而作为义务程度只有达到较高的程度，才可以认定为保证人地位的成立。而这里所说的较高的作为义务程度，指的就是达到排他性支配的程度。因而，以作为义务程度作为判断的对象，以个案中具体的事实基础为素材，只有作为义务的程度达到排他性支配的时候，才能肯定保证人地位的成立的观点是妥当的。如此看来，排他性支配与对结果原因的支配都是学术上的概念而已，在具体操作层面，并无本质不同。

（三）作为义务程度的判断标准

刑法的任务和目的是保护法益，犯罪的法律本质则是侵犯法益，不作为犯罪便表现为在法益面临危险时不保护法益，以致法益受到侵犯。由此可以进一步认为，作为义务的强弱，取决于作为义务与法益的关系。[①] 对作为义务程度的判断，具体可以从以下三个方面来进行。

第一，法益面临的危险的紧迫性和现实性。“法益面临的危险愈紧迫，作为义务的程度就愈高；法益面临的危险愈迟缓，作为义务的程度就愈低”。[②] 德国的通说认为，“先前实施的行为必须造成了损害发生的紧迫的（相当的）危险”。[③] 日本学者也认为，“对于当该作为义务违反的不作为的态度本身，必须具有对法益侵害的直接的紧迫的危险”。[④] 洪福增也认为，“由不作为者惹起侵害他人法益的危险，应以具有一定条件为限，以避免有过分扩展处罚范围，故应从严解释，认为限定于“迫切”及“具体危险”之情形

① 张明楷：《论不作为的杀人罪》，载《刑事法评论》第3卷，中国政法大学出版社1998年版，第268页。

② 张明楷：《刑法格言的展开》，法律出版社2003年版，第144页。

③ ［德］汉斯·海因里希·耶赛克、托马斯·魏根特：《德国刑法教科书》（总论），徐久生译，中国法制出版社2001年版，752页。

④ ［日］野村稔：《刑法总论》，全理其等译，法律出版社2001年版，第196页。

为当”。[1] 紧迫的危险意味着这种危险状态导致危害结果发生的趋势几乎是确定的，危害结果的发生迫在眉睫，刻不容缓，作为义务人必须立即采取行动以中断危险进一步发展的趋势，否则，就会发生法益受到侵害的后果。所谓具体的危险是指，危险状态应具有侵害的现实性。即危险状态作为一种未然的事实状态，不是假想的和推测的，而是一种实际存在和正在发生的现实可能性，是不以人的意志为转移的可以依据的具体事实，根据一定的因果关系和经验法则通过判断推理将事实状态描述出来的客观实在。[2]

第二，作为义务的主体对防止法益遭受侵害是否具有排他性的支配力。这是从作为义务主体在防止法益遭受侵害中所处的地位进行考察。在作为义务主体对侵害法益的事件发展有着排他性支配力的场合，法益对作为义务的依赖性就会增强，作为义务的程度也会随之升高；反之，在其他人还有可能保护法益的情况下，法益对作为义务主体的依赖性就会减弱，作为义务的程度自然随之降低。例如，“在白天人来人往较多的地方，汽车将人轧成重伤后逃跑的场合，即使发生了作为基于不作为的杀人罪的违法性的基础的作为义务，在具有第三者的救助的可能性的情况下，对该作为义务的违反的态度也还不能肯定为存在这种危险。因而，在这种场合如果要认定该不作为的态度存在着紧迫的危险，还需要操作剥夺他人的救助

---

① 洪福增:《刑法理论之基础》，刑事法杂志社印行 1977 年版，第 183 页。

② 就犯罪论的角度而言，这种危险与通常而言的“具体危险犯”中的具体危险不是同一个概念，与刑法已经评价的作为犯罪结果之一的危险状态也有质的区别。因为它并非某一具体犯罪构成的一个要件，而是一种尚未经刑法规范评价的事实。参见李小龙:《论不纯正不作为犯的等价性》，载《法律科学》2002 年第 2 期，第 51 页；于改之:《不作为犯罪中“先行行为”的本质及其产生作为义务的条件》，载《中国刑事法杂志》总第 47 期，第 15 页。

可能性的情况，比如将被害人放在车上逃走的情况等”。[①] 当然，合法权益对特定作为义务的依赖性，与作为义务同合法权益主体之间的关系，在某些情况下也是有联系的。“但亲疏关系只是考虑上述问题的线索，而不是关键。例如，父母将生病的子女送往医院后，一直不予照料，后来子女死亡。在这种情况下，由于子女的生命主要依赖于医生，故父母的行为不成立不作为的杀人罪，充其量成立遗弃罪”。[②]

第三，履行作为义务的事实可能性和履行作为义务的难易程度。作为义务要求义务主体实施一定的行为，排除正在进行的对法益的侵害。一般来说，履行作为义务会对义务主体产生不利影响，甚至存在义务主体的生命、财产遭受损害的风险，这也就是为什么义务主体常常怠于履行作为义务的原因。例如，在发生火灾时，负有作为义务的人应当积极扑灭大火，但是，在抢险过程中有负伤或生命危险。“法律要求行为人所从事的，必须是行为人在危险情状下，其个人在实际上有可能从事的。客观实际上不可能从事的，在法概念上自亦无法不作为”。[③] 同时，“履行作为义务越容易，人们就越希望作为义务人履行义务，作为义务的程度自然就高；履行作为义务越艰难，人们对作为义务的期望值就低，作为义务程度也就低”。[④] 判断履行作为义务的难易程度，既要考虑作为义务本身的客观难易程度，也要考虑作为义务主体自身的能力水平。作为义务的客观难度，通过完成该项义务必须具备的技能水平、完成义务过程的复杂程度以及需要耗费的时间精力表现出来。作为义务主体的

---

① ［日］野村稔：《刑法总论》，全理其等译，法律出版社 2001 年版，第 197 页。

② 张明楷：《刑法格言的展开》，法律出版社 2003 年版，第 145 页。

③ 林山田：《刑法通论》（下册）增订九版，台湾大学法学院图书部 2005 年版，第 213 页。

④ 张明楷：《论不作为的杀人罪》，载《刑事法评论》第 3 卷，中国政法大学出版社 1998 年版，第 269 页。

能力，主要表现在他所掌握的技能水平和他所具备的智力水平。强人所难是违背人性的，因此，应当区别对待。

通过上述论述可以看出，尽管在理论上可以归纳出作为义务程度的判断标准，但无论是“危险的紧迫性和现实性”、“排他性的支配力”还是“履行作为义务的事实上的可能性”等概念，都仍然是相对抽象的，与其说是给出了具体的具有可操作性的判断标准，不如说是提供了判断的基本框架。质言之，作为义务程度的强弱的判断，必须结合个案进行价值判断。

（四）作为义务程度之于先行行为不作为犯的适用

由于对作为义务的界定不清，特别是对作为义务程度理论的重视不够，使得司法实践中对交通肇事逃逸和遗弃罪等相关案件的判决存在差异和较多争议。以下结合判例，验证作为义务程度判断标准的妥当性。

1. 杀人罪

在行为人交通肇事致人重伤后置被害人的生命危险于不顾径直逃逸的情形中，虽然行为人的先前交通肇事行为产生了救助被害人生命的作为义务，而且被害人的生命也处于如果得不到及时救助就可能导致死亡的危险境界，但由于这种危险并不能对死亡结果的发生具有排他的支配力，并不能独立控制死亡结果发生的因果进程，也即还具有第三者的救助的可能性，对该作为义务的违反的态度还不能肯定为存在这种危险，因而在这种场合如果要认定该不作为的态度存在着紧迫的危险，还需要存在剥夺他人的救助可能性的情况。①

具体而言，如果行为人将被害人搬离现场，置于自己的控制之下，然后又抛弃在被他人援助的可能性极小的野外，使被害人丧失

---

① 参见［日］野村稔：《刑法总论》，全理其等译，法律出版社 2001 年版，第 197 页。

抢救机会而死亡的，由于被害人身负重伤，无法实行自我救护，其生命安全完全依赖于交通肇事者的保护和救助，在此情形下，行为人对被害人形成了排他性的支配关系，其移置行为所导致的危险状态能够排他性地支配危害结果发生的因果进程，具有导致危害结果发生的高度的盖然性。当然，只有当被害人重伤，丧失自我救护能力，其生命完全依赖于他人的救助的情况下，肇事人才会产生高度作为义务。相反，如果被害人的生命法益在交通事故中虽然遭到一定的危险（如流血不止），但仍能够实施自我救护，如自行到医院或打电话呼救，则不能形成依赖关系，肇事人的作为义务程度也较低。这种场合，只能构成遗弃罪。日本的立法也持这种观点。日本的道路交通法第 72 条第 1 项前段及第 117 条第 3 项第 1 款，都规定了引起他人人身伤害的交通运输人员负有救护事故被害者的义务，违反此义务者，处 1 年以下有期徒刑及 5 万日元以下罚金。可见，在这里，立法者对于交通肇事后的逃逸行为的处罚，也仅仅是以违反道路交通法上的作为义务予以处罚而已。①

所以，在行为人交通肇事后逃逸致人死亡的情形中，其交通肇事行为所产生的危险状态缺乏排他性，其违反作为义务程度较低，只能构成交通肇事罪的情节加重犯；只有在行为人实施了移置行为后所产生的危险状态具有排他性，其违反作为义务程度较高，才可能成立不纯正不作为的故意杀人罪。

在日本，对交通肇事逃逸既有判决杀人罪、杀人未遂罪的判例，也有否定构成杀人罪、杀人未遂罪的判决。以下列举两个判例予以说明。

判例一：被告人甲在驾驶汽车时过失轧了乙，甲打算将乙送往医院，于是让乙坐在助手席上，但途中担心被发觉，便打消送往医院的念头，企图将乙遗弃于某地，在开车寻找遗弃地点的过程中

① 参见黎宏：《不作为犯研究》，武汉大学出版社 1997 年版，第 169 页。

（行使了 29 公里），乙死在车内。东京裁判所 1965 年 9 月 30 日的判决认定为不作为的杀人罪。（日本《下级裁判所刑事判例集》第 7 卷第 9 号第 1828 页。）①

判例二：被告人丙在某天晚上 8 时左右，因疏忽而撞到了前方过马路的丁（伤势约需要 3 个月的治疗），丙没有采取其他必要措施，而是使丁坐在自己的车内离开了现场，但途中将丁遗弃在马路上，假称叫医生而逃走。日本最高裁判所 1959 年 7 月的判决，认定丙的行为构成保护者遗弃罪。（日本《最高裁判所刑事判例集》第 13 卷第 8 号第 1163 页。）②

平野龙一对这两个判例进行了评析。就第一个判例来说，"在这种场合，虽然存在让乙坐在助手席上而开车的作为，但立即送往医院就能得救，因为行为人没有立即送往医院而导致被害人死亡，而不是因为使乙坐在车上继续开车而死亡，因此，仍可认定为不作为杀人。在这种情况下，过失伤害的先前行为，与打算送往医院的'接受'以及放入车中处于他人不能干涉的'管理下'的状况等竞合在一起，使得能够认定为不作为杀人。因此，如果依照这一先例，只是单纯因车轧人使其重伤而逃走的'先前行为'，还不足以导致认定为不作为杀人"。第二个判例"虽然与前述东京地方裁判所所判决的案件几乎相同，但这种场合，没有认定成立不作为的杀人罪。这不仅是因为没有预见死亡结果，而且因为没有杀人罪成立要件的作为义务。"平野龙一指出，"在保护责任者预见死亡而置之不理的场合，要对遗弃致死的情形进行处罚的话，不作为的杀人与不作为的遗弃致死的区别，不是取决于对死亡有无预见，而是取决于作为义务的程度。换言之，即使在有杀人故意，但没有成立杀

① 参见张明楷：《刑法格言的展开》，法律出版社 2003 年版，第 142 页。

② 参见张明楷：《刑法格言的展开》，法律出版社 2003 年版，第 142 页。

人罪的足够的作为义务的情况下，要以保护责任者遗弃罪从轻处罚。这样，在不作为场合，从重罪逐渐到轻罪的处罚，就分别由作为义务的强弱来决定。"① 根据他的观点，在负有作为义务的情况下，作为义务强的，成立重罪；作为义务弱的，成立轻罪。

大塚仁也表达了同样的观点，认为"为了使驾驶人员的逃离行为能够相当于杀人罪的实行行为，需要其不给保护的不作为中包含着剥夺被害人生命的现实危险性。即，要分析被害人的负伤程度及其所处的状况。例如，在被害人出血甚多，若不立即送医院就不能得救的情况下，放置不管就能够成为杀人的实行行为；所受之伤本身虽然没有达到导致死亡的程度，但是，被害人倒在山路上，或者是在深夜，行人很少，等待很长时间也不会有谁救他，或者是在寒冷的季节有冻死的危险时，放置不管本身就包含着对被害人生命的现实危险性，因此可以说是杀人的实行行为。但是，如果被害人的伤并非致命的，现场是行人过往频繁的场所，时间尚早，警察局和医院就在附近，在被害人由第三者救助的可能性很大的状况下，即使犯人以未必故意逃走了，其不作为通常不能看成杀人行为。"② 这样，为了把不作为与作为同视，就必须考虑其不作为中是否包含着实现某种犯罪的现实危险性。

关于交通肇事逃逸，日本刑法理论有单纯轧逃和转移轧逃的区别。单纯轧逃与转移轧逃两种行为是否构成不作为的杀人罪，在日本刑法理论上存在争论。单纯轧逃是指，在驾驶人员肇事并使被害人受伤后就从现场逃跑的场合。转移轧逃是指，肇事的驾驶者虽然打算救助受伤者并且将其抱到自己的车上后离开了现场，但是，却在中途放弃了救助意思，把受伤者弃于别处。在由先行的交通事故

---

① ［日］平野龙一：《刑法总论（1）》，有斐阁 1972 年版，第 157 页。转引自张明楷：《刑法格言的展开》，法律出版社 2003 年版，第 143 页。

② ［日］大塚仁：《犯罪论的基本问题》，冯军译，中国政法大学出版社 1993 年版，第 86 页。

已经产生了危险、应当予以立即救助的通常的事案中，伴随转移的轧逃恐怕也应当构成不作为犯。其原因是，“在没有实施社会所期待的救助活动（一定的身体运动）的行为（不作为）这一点上，单纯轧逃与伴随着转移的轧逃并没有本质的不同。如果说二者有不同的话，恐怕是体现在对行为人课以的作为义务的程度、有无保护责任以及因此而成立的犯罪类型上的不同”。[①]

上述两个判决都是转移轧逃的案例。可以看出，在日本，将逃逸行为判定为不作为杀人罪的判例均属于转移轧逃的场合，并且这些判例认定被告人的作为义务主要是基于两点：以被告人把被害人放上车而意欲送往医院作为已开始了救护的认定标准；把被害人放在自己的车上而排除了来自第三者的救护的可能性。也就是说，是较强的作为义务程度使然。

2. 交通肇事罪

下面，从作为义务程度的视角，考察一下发生在中国大陆的“倪庆国交通肇事逃逸案”（2003 年《刑事审判参考》第 30 辑第 5 页）。[②]

基本案情：2002 年 6 月 25 日下午 2 时 30 分许，被告人倪庆国酒后驾驶苏 GN4115 正三轮摩托车在江苏省灌南县境内由张店镇向县城新安镇行驶，当行至武障河闸南侧时，因避让车辆采取措施不

---

① ［日］曾根威彦：《交通事犯与不作为犯》，黄河译，载《当代法学》2007 年第 21 卷第 6 期，第 144 页。关于这种伴随转移的轧逃，其行为态样是否属于不作为，原本就存在问题。行为人的转移行为是基于一定的身体运动的，如果着眼于此的话，就能够把行为人的行为看作是作为。此外，学说中也有见解认为，虽然在伴随转移这种作为这一点上，上述情形与不作为并不相同，但是，在转移本身并没有直接地设定死亡的原因这一点上，上述情形也与作为犯中的作为有所不同，因此，上述情形属于既不同于作为，也不同于不作为的第三种类型的行为。

② 参见最高人民法院刑事审判第一庭、第二庭编：《刑事审判参考》（总第 30 辑），法律出版社 2003 年版，第 5 页。

当，致使其所驾摩托车偏离正常行车路线，又因该三轮车制动系统不合格，未能及时刹住车，将人行道上正在行走的被害人严学桂撞倒摔伤。事故发生后，倪庆国当即将严学桂抱到附近大圈乡龙沟村个体卫生室请求救治。医务人员在救治过程中，问被害人是哪里人，严学桂回答自己是本县白皂乡人，语气艰难，之后即不能讲话。经听诊，医务人员发现严学桂的肺部有水泡声，怀疑其伴有内脏出血，认为卫生室不具备抢救条件，即催促倪庆国将严学桂速送灌南县人民医院急救。倪庆国遂将严学桂抱上肇事的三轮摩托车，向县城新安镇继续行驶。在到达新安镇后，倪庆国因害怕承担法律责任将严学桂抛弃在新安镇镇大桥河滩上（距306公路线约200米）。当日下午4时许，严学桂被群众发现时已经死亡。据此，江苏省灌南县人民检察院认为被告人倪庆国的行为构成故意杀人罪，向该县人民法院提起公诉，请求依法判处。

灌南县人民法院经审理认为，被告人倪庆国违反交通管理法规，酒后驾驶制动系统不合格的机动车辆，造成一人死亡的重大交通事故，被告人倪庆国负事故的全部责任，其行为已触犯我国刑法第133条的规定，构成交通肇事罪。被告人倪庆国在肇事后，虽然当场主动救助被害人严学桂，又遵照医生的嘱托将被害人严学桂送往县人民医院抢救。但是，被告人在送被害人到县人民医院抢救途中，为了逃避法律制裁，将被害人严学桂抛弃，其行为符合最高人民法院《关于审理交通肇事刑事案件具体应用法律若干问题的解释》第3条的规定，构成交通肇事后逃逸，但是，公诉机关对被告人倪庆国故意杀人罪的指控，所提供的证据并不足以证实被害人严学桂是在抛弃以后死亡，也不足以证实严学桂被撞后在短时间内不可能死亡，还不足以证明被害人得到及时救助后就必然不会死亡，根据“罪疑从无”原则，应当作出对被告人倪庆国有利的判决。判决被告人倪庆国犯交通肇事罪，判处有期徒刑4年。

应当认为，依照我国现有法律规定，法院的判决是正确的。

的确，在伴随转移的轧逃的场合，不能否定的是，往往由于行为人把被害人转移到了更加难以救助的场所，这就提高了受伤者死亡的危险。但是，客观地看，并非所有的转移行为都产生了只能被评价为杀人行为的高度危险性，要认定杀人罪的成立，把被害人转移至另一场所，并且加以放置的行为必须具有足以被评价为杀人行为的高度危险性。

交通肇事后，在开始实施遗弃行为时致人死亡的危险性并不大的场合，要认定杀人罪的成立，就必须存在转移行为导致受伤者出现冻死、溺死、窒息死亡之类的情形，即转移成为受伤者死亡的决定性原因。也就是说，“在这种场合要成立杀人罪的话，就必须实施了把被害人弃于海里或者远离人烟的山里之类的行为，需要能够把转移行为评价为作为。因此，在对生命的危险并不大的场合，对遗弃行为并不能成为导致死亡的决定性原因的事例，不能认定为是基于不作为形态的杀人”。①

在本案中，倪庆国因害怕承担法律责任将严学桂抛弃在距 306 公路线约 200 米的新安镇镇大桥河滩上，严学桂还存在被他人救助的可能性，不属于“行为人对危险进程处于绝对的排他性支配关系之中，受害者的生命依赖肇事者的保护，排除了他人进行救护的可能性，而行为人又不予救护，导致受害者死亡”的情形。倪庆国的行为符合最高人民法院《关于审理交通肇事刑事案件具体应用法律若干问题的解释》第 3 条的规定，构成交通肇事后逃逸，不符合第 6 条“将被害人带离事故现场后隐藏或者遗弃，致使被害人无法得到救助而死亡”从而构成杀人罪的情形。

该案如果发生在日本，或可成立保护责任者遗弃罪。因为在驾驶人员想要救护受伤者并将其抱入自己的车内、向医院驶去，却在中途放弃救护意思，将受伤者放置在他处这种场合，由于行为人通过接受行为而将受伤者置于自己的管理之下，排除了第三人的介

① ［日］曾根威彦：《交通事犯与不作为犯》，黄河译，载《当代法学》2007 年第 21 卷第 6 期，第 145 页。

入，即存在排他性支配，即便这只是暂时的，也与被害人之间产生了紧密的保护关系，所以，认定成立保护责任者遗弃罪为宜。[①] 依照我国法律规定，交通肇事逃逸或成立交通肇事罪，或成立杀人罪，没有类似保护者责任遗弃罪的规定。但无论如何，交通肇事后，救助伤者的作为义务产生了，且不管这种作为义务的程度如何。

3. 遗弃罪

在实践中，常发生因遗弃行为致人死亡，或抚养义务主体弃置幼儿于荒山野岭，而该幼儿侥幸被路过者偶然救起的案件。对此，是定为遗弃罪还是定为不作为的故意杀人罪，常有分歧。遗弃罪与不作为的故意杀人罪尽管也有主观差异，但区分二者的关键在于作为义务的程度不同。从主观方面看，由于故意杀人罪是实害犯，行为人必须认识到自己的不作为会导致他人死亡的结果；遗弃罪是抽象的危险犯，行为人只需要认识到自己的不作为会使他人的生命、健康处于通常意义的危险状态即可。但是，在实践上，很难判断行为人是认识到他人的死亡、还是认识到他人的生命健康处于危险状态。其结果，仍然要分析作为义务的程度，或者说，需要通过分析作为义务的程度来解决行为人的主观故意内容。[②]

遗弃罪的成立需要行为人负有作为义务，以不作为构成的杀人罪的成立也需要行为人负有作为义务，形式上两种情形都需要行为人负有作为义务，但是两种作为义务在内容上有强弱程度上的差异，不能以行为人负有遗弃罪中的作为义务就认定行为人成立不作为的杀人罪，这一点很容易被忽视。[③] 例如，母亲负有抚养子女的

---

① 参见［日］曾根威彦：《交通事犯与不作为犯》，黄河译，载《当代法学》2007 年第 21 卷第 6 期，第 145 页。

② 参见张明楷：《刑法格言的展开》，法律出版社 2003 年版，第 144 页。

③ 参见冯军：《刑事责任论》，法律出版社 1996 年版，第 46 页。

义务，因此，应该给婴儿喂奶，若不喂奶，就可能违反了应该喂奶的作为义务，从而成立遗弃罪。但是，在母亲不给婴儿喂奶致婴儿饿死的情况下，若认定母亲成立不作为的杀人罪，就不能仅仅说母亲负有抚养婴儿的义务，而应该证明母亲负有不使婴儿饿死的作为义务。父母将婴儿放在家中而不提供任何食物致其死亡的，可以没有争议地认定为不作为的杀人罪。因为该婴儿的生命完全依赖于父母的抚养行为。反之，如果父母将婴儿置于马路边等有行人正在来往之处的，毫无疑问应认定为遗弃罪。因为该婴儿的生命可能由其他人保护。

例如，甲驾车过失将他人撞成重伤，在旁人要求下，拦了一辆出租车，请求出租车司机乙协助将被害人送往医院抢救。在去医院途中，甲谎称买烟送给医生而乘机逃走。乙见甲逃走，在行驶的途中将被害人拖下车，没有送往医院，最终被害人因失血过多而死亡。那么，在刑法上应如何定性乙的行为呢?

有人认为乙的行为构成故意杀人罪。其理由在于，当时情况下，被害人已经重伤，乙在此时负有救助义务，乙明知自己不施救的行为可能导致被害人发生死亡的结果，但仍然放任这种结果发生，因而构成不作为的间接故意杀人罪。也有人认为乙的行为不构成犯罪。其理由在于，乙的确负有救助被害人的义务，但此种义务充其量只是一种道德义务，而非法律义务，乙的行为在道德上是可以谴责的，但在法律上却找不到处罚根据，因而不构成犯罪。

依大陆法系刑法理论，要认定乙的行为构成不作为的故意杀人罪，理由并不充分。因为即使乙负有某种作为义务，也很难认为这种这种作为义务就是不作为杀人罪中的作为义务；而要认定乙的行为无罪，则既违背刑法保护法益的目的，也违背公民的法感情。①可以认为乙的行为是一种遗弃行为，乙将被害人拖下车，便产生了

① 参见张明楷：《刑法格言的展开》，法律出版社2003年版，第147页。

救助其生命的义务，即先行行为的作为义务，但乙一直没有救助，致其失血过多死亡。因为我国刑法规定的遗弃罪似乎限于行为人与被害人属于同一家庭成员，而乙和被害人并非同一家庭成员，也难以认定为遗弃罪。因此，有必要检讨我国刑法中的遗弃罪。

如果该案发生在德国，对乙的行为应认定为遗弃罪。德国刑法将遗弃罪规定在“侵害他人生命的犯罪”一章中，并将遗弃行为分为两种：一是不作为的遗弃；二是作为形式的移置，即将他人移置于无援状态下。具有保护责任的人，其遗弃行为既可以是不作为的遗弃，也可以是作为的移置；没有保护责任的人，只有在实施移置这种作为时，才成立遗弃罪。但不管是哪一种遗弃，都不要求行为人与被害人属于同一家庭成员；之所以不这样要求，是因为德国刑法将遗弃罪视为对生命的犯罪。这种遗弃罪与杀人罪的区别在于，前者是给被害人生命造成危险的犯罪；后者是剥夺被害人生命的行为。①

如果该案发生在日本，对乙的行为应认定为保护责任者遗弃罪。日本刑法中的遗弃罪是使他人生命、身体处于危险状态的犯罪，分为单纯遗弃罪和保护责任者遗弃罪。其中，单纯遗弃罪，是指将因年老、年幼、身体障碍或者疾病而需要扶助的人移置于危险场所。由于行为表现为作为，故不要求行为人负有特定的作为义务，更不要求行为人与被害人之间具有亲属关系。例如，将生活上需要扶助的任何人移置于危险场所的行为，就构成遗弃罪。保护责任者遗弃罪，是指对老年人、幼年人、身体障碍者或者病人负有保护责任的人，遗弃上述人员或者不给予其生存所必要的保护的行为，包括积极移置、消极离去以及单纯不保护的行为。保护者责任

---

① 参见张明楷：《论不作为的杀人罪》，载《刑事法评论》第3卷，中国政法大学出版社1998年版，第272页。

遗弃罪的主体虽为特殊主体，但也不限于具有亲属关系。[①] 易言之，保护责任者的范围，不是根据亲属关系确定的，而是根据不作为犯罪的义务来源确定的。例如，汽车司机撞人后，便成为保护责任者，其逃逸行为可能构成保护责任者遗弃罪。[②]

如果该案发生在美国，对乙的行为应认定为不作为的杀人罪。与大陆法系国家不同，英美法系国家采取自愿承担行为理论。在英美法系刑法理论中，任何达到承担法律责任年龄的人，如果已经承担了照管某个由于年龄或疾病而丧失自理能力的人的义务，不论是否为了报酬，都有责任采取一切适当措施以保证这种照管。对于这种义务的理论根据，有学者提出了机会剥夺理论。这种理论认为，因为被告的救助，使原告丧失了被其他人采取措施对其加以保护救助的机会，所以被告对原告此种机会的丧失应承担过错侵权责任。机会剥夺理论与刑法上实质的作为义务的“事实排他性支配理论”有暗合之处。也就是说，只有在剥夺了其他人救助的可能性的场合，行为人的这种自愿承担而又放弃的不作为才具体地引起刑事作为义务。因为，在这种情况下行为人对被害者处于一种完全的排他

① 参见［日］大塚仁：《刑法概说》（总论），冯军译，中国人民大学出版社 2003 年版，第 73 页。

② 日本有对交通肇事逃逸行为以保护责任者遗弃罪定罪的判例。案由是：被告人夜间驾驶出租车过失撞上因烂醉如泥而横卧马路的被害人，给被害人造成了需治疗大约十天的伤害。被告人把被害人放上自己的车而弃置于人烟稀少的公共墓地的水池边后离开。大阪高裁认为，被害人的受伤程度虽然还不够重，但其时正处于烂醉状态且需要救护，因此可以认定为是刑法第 218 条第 1 款中的“病者”；再者，道路交通管制法第 24 条第 1 款（相当于日本现行的道交法第 72 条第 1 款前段）规定，因驾车而致人受伤时，该车的司乘人员对其均有救护之义务，据此可以认定上述出租车驾驶员为刑法第 218 条第 1 款中的“负有保护责任人员”，因此，维持原判，判处被告人犯有“保护责任者遗弃罪。”参见［日］大阪高判昭 30·11·高刑裁特 2 卷第 22 号第 1152 页。转引自黄明儒：《日本刑法中逃逸行为的判例与理论介评》，载《法学家》2001 年第 6 期，第 97 页。

性支配关系中。就自愿承担引起的作为义务而言，行为人放弃救助行为负刑事责任的实质法理基础，乃在于行为人对受害法益的排他性支配关系。[①] 例如，众行人对路旁一弃婴熟视无睹，但有一行人动恻隐之心将其抱回家中抚养，一段时间过后，该行人不愿再继续抚养弃婴，不给喂食，致其饿死。抚养弃婴，是一种自愿行为，是行为人基于自己的真实意志作出的，因此负有基于自己的收养行为而引起的抚养义务。基于他的收养行为和单纯置婴儿于家中不给食的事实，已经排除了别人收养的可能性，即排除了他人对婴儿生与死的支配性，而独自处于支配婴儿生死的排他性地位。正因如此，这一排他性支配，决定了行为人并不因自己的放弃而不承担抚养义务。所以，该行为人应构成不作为的杀人罪。

我国旧刑法将遗弃罪规定在"妨害婚姻家庭罪"一章中，因此，作为遗弃罪对象的"年老、年幼、患病或者其他没有独立生活能力的人"，显然只能是家庭成员；另一方面，作为遗弃罪主体的"负有抚养义务"的人，也就限于因家庭婚姻关系而负有抚养义务的人。显然，依照旧刑法，不能对乙的行为论以遗弃罪。

新刑法将旧刑法中的妨害婚姻家庭的犯罪全部移至"侵害公民人身权利、民主权利罪"一章中，因而遗弃罪已经归属于"侵犯公民人身权利、民主权利罪"。属于侵犯人身权利的犯罪，就不能像以往那样，仍然认为其属于妨害婚姻家庭的犯罪。肯定了遗弃罪的本质是对生命、健康的犯罪、遗弃行为是对生命、健康造成危险的行为后，就必然肯定遗弃罪的主体不需要是同一家庭成员，只要求是对他人的生命、健康具有扶助、救助义务的人。这样解释，

---

① 除"机会剥夺理论"外，英美学者还提出"情况更糟理论"，即被告在无义务的情况下对原告提供救助，之后又放弃此救助，虽然没有给原告造成任何损害，但是其消极不作为使原告的境况比原告没有被救助之前更糟糕。参见张民安：《过错侵权责任制度研究》，中国政法大学出版社 2002 年版，第 336 页。

就为对乙的行为认定为遗弃罪留下了空间。

需要指出的是，由于德国、日本等国刑法将遗弃罪规定为对生命、健康的犯罪，同时将其规定为危险犯，因此，发生死亡或者伤害结果并不是遗弃罪的成立要件。但是，许多遗弃行为会出现致人伤亡的加重结果，因此，德国、日本刑法都规定了遗弃致死伤罪，即遗弃行为致人死亡或者伤害时，属于遗弃罪的结果加重犯，其法定刑升格。我国刑法第 261 条对遗弃罪只规定了一档法定刑，没有规定遗弃罪的结果加重犯。因此，可能出现这样的情况，在德国、日本被认定为遗弃致死伤罪的，在我国可能被认定为故意杀人罪、故意伤害罪。[①] 因此，除了对遗弃罪的刑法规定进行解释外，更为稳妥的办法是对遗弃罪进行立法上的完善。

① 参见张明楷：《刑法格言的展开》，法律出版社 2003 年版，第 152 页。

第三章　先行行为本体论

第一节　广义上的先行行为范畴

建立在“因自己之行为致发生一定之危险者，负防止其发生之义务”基础上的先行行为，是一个相对广义的概念。其一，在追寻保证人地位实质化依据的过程中，先行行为的概念在逐渐扩大。因为先行行为保证人类型与其他保证人类型在理念上存在着交叉重叠，并且，由于先行行为概念内在的张力，使得先行行为概念的辐射越来越明显地扩大，甚至有涵盖其他保证人类型的趋势。例如，黄荣坚就提出先行行为是各种保证人类型的唯一构成理由的观点。其二，不仅如此，侵权法上也共用着先行行为的概念，因为侵权法上的先行行为的法理也是基于“因自己之行为致发生一定之危险者，负防止其发生之义务”，使先行行为的概念呈现广义性。

一、先行行为保证人类型与其他保证人类型的关系

（一）保证人类型简述

关于保证人地位的建立，早先的学说和实务遵守严格的“法律义务”的概念，所承认的构成保证人地位的范围大致上只包括法令、契约以及先行行为。由于保证人地位实质化的影响，学说上与实务上所承认的构成保证人地位的理由逐渐变得广泛。后来的看

法认为，建立保证人地位的真正理由不应该是一些形式上的因素，例如法令或契约，而应该是实质上的因素。

根据阿明·考夫曼（Armin Kaufmann）的功能说，[①] 这些保证人类型大致可分为两个基本型态，第一个类型是对于特定法益的保护义务；第二个类型是对于特定危险源的监督义务。学说上对于保证人地位的范围，不论是在抽象的概念还是在个案的认定上，说法并不完全一致。大致上而言，保护义务的保证人地位可能包括的项目有自然的家庭关系、密切的生活共同体、危险的共同体、保护义务的自愿承担等。监督义务的保证人地位可能包括的项目有危险前行为、危险物的持有、基于对第三人的监督地位等。

1. 对于特定法益的保护义务

对于特定法益的保护义务是指，不论其危险来自何处，保证人对于特定法益有义务保护其免于受侵害，例如父母亲对于他们的小孩，有保护其生命及身体安全的义务。质言之，这是从保证人与被害人关系的角度所建立起来的保证人地位。[②]

（1）基于自然的家庭关系。在家庭共同生活中，如配偶、父母子女、兄弟姊妹，彼此对于他方的生命与身体法益，相互居于保证人地位。德国实务认为，父母对于共同生活的未成年子女的生命、身体法益，居于保证人地位，但是，未成年子女对于同住的父母不负保证人的照护义务；成年子女对于同住的父母的生命身体则负有保证人义务。未成年人或老年人在本身能力上或社会活动中，防卫力弱，常处于无助状态，需要保证人照顾以补充与调整，使适存于社会。因此，保证人的具体保证义务须视无防卫能力人所需的防卫时间与范围而定。夫妻对于彼此的生命身体法益，居于保证人

---

① 参见［德］汉斯·海因里希·耶赛克、托马斯·魏根特：《德国刑法教科书》（总论），徐久生译，中国法制出版社 2001 年版，第 746 页。

② 黄荣坚：《基础刑法学》（下），元照出版有限公司 2006 年版，第 768 页。

地位。夫妻间的保证义务，是因为彼此间事实上的相互信赖所产生的依赖关系，所以保证义务会因为不再共同生活而中断。[①] 此类保证人义务的产生，主要是系于家庭在社会功能上的角色。家庭建立起事实上的依赖与照顾关系，因为此一关系，行为人对于法益的安危居于一个支配的地位。

德国联邦最高法院有一个值得注意的实例。甲某在一个破碎的婚姻状态下离开了家庭。虽然他知道妻子乙某可能自杀并杀死自己的儿子，但是，他还是这么做了。结果，乙某果然杀死儿子后自杀。对此事件，联邦最高法院认为，甲某并无义务坚持一个破碎的婚姻关系，所以对乙某的自杀没有刑事责任可言。不过对于小孩，甲某仍然居于保证人地位。甲某弃无助的小孩于危险的境地而不顾，致使小孩被杀死，甲某应当构成故意杀人罪。[②]

（2）基于密切的生活共同体 。判断密切的生活共同体，起决定作用的是基于相互之间的信任而产生依赖关系，承担增加了的危险或者中断其他保护措施。[③] 例如，同性恋家庭、类似婚姻的同居关系以及抚养关系等。

（3）基于危险的共同体。危险共同体，是建立在相互帮助扶持基础上的多数人所组合的团体。例如登山或探险队。此类型保证人地位，是基于人与人相互间的信任，而产生的依赖关系。依赖关系阻绝了其他防卫机制发生作用的机会，承担了法益侵害的风险。危险共同体的成员在加入危险共同体时，不管明示或默示，至少必须已经让人明白，他们在危险的时候相互扶助的意愿。实务有认

---

① 参见李昂杰：《保证人地位》（硕士论文），台湾“国立成功大学”研究所 2001 年，第 17 页。

② 参见黄荣坚：《刑罚的极限》，月旦出版社股份有限公司 1998 年版，第 28 页。

③ ［德］汉斯·海因里希·耶赛克、托马斯·魏根特：《德国刑法教科书》（总论），徐久生译，中国法制出版社 2001 年版，748 页。

为，共同吸食毒品，并不是危险共同体[①]。

(4) 保护义务的自愿承担。行为人基于自由意志，而承担防止法益侵害的义务，有保证人地位。透过保护义务的自愿承担，承担人对于被保护人即居于保证人地位，有义务防止危险实现。例如，保姆、救生员、警察、医生等。保护义务的自愿承担，与一定的职业地位没有必然关系，也可以是短时间的一次义务承担，例如，母亲暂托他人照顾婴儿。重点是，保护义务的自愿承担指的是事实上的承担，和契约的存在没有必然的关系。例如，大人愿意以保护者自居，让小孩下水，则虽然不存在法律意义上有效的契约，但因有事实上的义务承担，大人就必须负保证人责任。

自愿承担保护义务，可以存在于一般的私人生活关系，也可以存在于公务关系中。公务关系上的保护义务的自愿承担是指，所担当的公务本身即以一定法益的保护为目的，例如消防队的灭火义务。当然，自愿承担而应尽的保护义务范围，决定于个别的公务关系。事实上，公务员所自愿承担的义务有多广，还没有一个相当清楚的界限。

德国实务上相当广泛地运用自愿的义务承担，来确立保证人地位。例如，饮食店的主人有义务把酒醉的酒客送到热闹的通衢大道上；受顾人基于雇佣契约，对公司财务负防止被窃的义务[②]。实务的运用虽广，但所依循的标准，仍是当事人间基于义务承担行为所引发的依赖关系。

2. 对于特定危险源的监督义务

对于特定危险源的监督义务，是指不论可能的受害者是谁，保证人对于一定的危险源（可能是人，也可能是物），有义务监督使

---

① 参见黄荣坚：《论保证人地位》，载《法令月刊》，第46卷第2期，第8页。

② 参见李昂杰：《保证人地位》（硕士论文），台湾“国立成功大学”研究所2001年，第19页。

其不至于对他人造成侵害。例如饲养动物的主人，必须防止动物伤害别人。质言之，这是从保证人与加害者关系的角度所建立起来的保证人地位。

（1）基于危险的前行为。制造危险的行为人，有防止法益侵害结果发生的义务。制造危险的行为人，对于因前行为而制造的危险，有加以控制或消除的义务。

（2）基于对危险物的持有。在一个人所支配的范围内，如果存在可能造成他人法益侵害的危险物品，就有必要予以控制，防止法益侵害发生。基于对危险范围的支配所形成的保证人地位，典型例子如动物饲养、汽车的持有、存放有毒物品及招牌设置。汽车的持有会造成危险，生活经验上似乎比较不容易理解。德国实务上的说法是，汽车持有者除了必须维持汽车可供行使的安全状态外，还有义务防止他人不被容许或不合理的使用，且不得供给无驾驶能力或欠缺常识的人使用。因此，如果汽车持有人并未告知刹车器失灵而将汽车借予他人使用，对于因此所造成的借用人的伤害，应该负责。①

有学者把场所的持有所形成的保证人地位，归入基于对危险物的管理所形成的保证人类型。场所本身并非危险源，但场所持有人对于该场所里可能发生的侵害，有防止义务。德国实务上的例子是，酒店老板眼见四男性顾客强行剪去一女客的头发，而未加阻止，酒店老板未尽其保证人义务。又如，甲接待乙在家过夜，眼见另一客人丙对乙行抢，却未阻止。判决认为，甲留乙过夜，即负保证人义务。如未尽保证人义务而造成损害，应负刑事责任②。主人留宿客人，就居于保证人地位的理由，判决并未说明。

---

① 参见黄荣坚：《刑罚的极限》，月旦出版社股份有限公司1998年版，第31页。

② 参见黄荣坚：《论保证人地位》，载《法令月刊》第46卷第2期，第17页。

也有学说认为，场所持有人并不是对于其持有场所中的任何法益侵害都有防止义务。基于场所持有而形成保证人地位，需以依赖关系为要件。场所持有人制造第三人的信赖，信赖场所持有人将会排除可能发生的危险，并因此进入或停留在场所内，那么，场所持有人就第三人所信赖的范围，需防止危害的发生。若场所持有人的保证人地位不以信赖关系为前提，那么，一个非法侵入住宅而摔断腿的窃贼，岂不是可对屋主主张保证人责任?①

（3）基于对第三人的监督地位。法律上有义务监督、控制他人的行为的，必须防止被监督人的行为造成第三人的损害。例如，父母对未成年子女，老师对学校里的学生。监督者之所以负保证责任，是因为一般人信赖监督者会管制被监督者的行为，使其不对一般人造成损害。

（二）保证人类型检讨

按照通说，建立保证人地位的事由，除了危险的前行为以外，还有诸多的情况，例如，早先学说所承认的法律与契约，后来所提出的最近亲属、危险共同体、义务的自愿承担以及基于对第三人的监督地位，等等。这些情状本身是不是可以直接作为形成保证人地位的理由，尚是需要进一步检讨的问题。

1. 法律规定

法律明文规定的作为义务，就是作为义务以法律规范的形式存在。以法律规定的义务而言，是否仅限于刑法的明文规定？法律包括民法、行政法等其他法律，是不是，只要法律规定了，不管为什么如此规定，刑法都承认其所规定的义务，是刑法上的保证人义务？例如，民法上规定父母子女之间互负抚养义务，刑法即承认父母子女之间互负防止对方法益受害的保证人义务。但民法上的抚养

---

① 参见黄荣坚：《论保证人地位》，载《法令月刊》第46卷第2期，第9页。

义务为何能直接转换成刑法上的保证人义务，使违反义务的行为人成为犯罪行为人？对刑事不法究竟是否决定于民事不法的怀疑，促成德国学者1930年提出刑法的独立观。

针对前引“台湾陈某驾车肇事案”（台湾“最高法院”1992年度台上字第437号判决），许玉秀评价道，“道路交通管理处罚条例”第62条所规定肇事汽车驾驶人的救护义务，从法律效果是吊销驾驶执照而言，是行政法上的义务，判决却说违反该义务应否负刑事责任，应以有无第15条第2项的防止结果发生的义务为断。如果第15条第1项的法律上防止义务包括“刑法”以外的其他法律，如“民法”、“行政法”上的防止义务，则直接适用“道路交通管理处罚条例”即可；如果第15条第1项的法律上防止义务仅指具有刑法性质的法律义务，则没有引用“道路交通管理处罚条例”的余地。[①] 换言之，如果“道路交通管理处罚条例”第62条所规定的救护义务，不具有刑法层次的义务特质，在论断刑事责任时，根本不应提及该规定。

黄荣坚认为，“事实上，法令（例如民法或交通相关法规）规定一个人为一定的作为，原来根本没有意思要让违背作为规定的人去构成刑法上的不作为犯，甚至往往就是一个简单的训示规定而已。”[②] 例如，台湾“道路交通事故处理办法”第4条规定，道路交通事故有人伤亡的，肇事驾驶人及其同车的人应迅速对受伤者予以救护。同法第5条也规定，发现道路交通事故的过往车辆驾驶人及其他人，应参加援助。如果说法令规定的义务就可以构成保证人地位，那么从以上的交通法规来看，公车或计程车的乘客，甚至是无数的过往行人，只因为眼见车祸而不参加救助，都有可能构成不

---

① 许玉秀：《保证人地位的法理基础》，载《刑事法杂志》第42卷第2期，第38页。

② 黄荣坚：《刑罚的极限》，月旦出版社股份有限公司1998年版，第45页。

作为的故意杀人罪，或是不作为的故意杀人未遂罪。这是无法想象的。黄荣坚进一步指出，“一个法律义务的形式规定，并不能直接作为保证人地位的理由。法律义务的形式规定，如果在结果上可以成为保证人地位的理由，背后一定要有其他的事实基础。”① 这个事实基础就是黄荣坚所倡导的构成保证人地位唯一理由的危险前行为。

陈兴良教授在对宋福祥不作为杀人案的评析中，也认为婚姻法规定的夫妻之间的抚养义务不能直接推论出刑法上的救助义务，认

① 黄荣坚：《论保证人地位》，载《法令月刊》第46卷第2期，第13页。

为该案的定罪在很大程度上是道德战胜法律的结果。①

2. 契约约定

最早把民法上的契约行为作为刑法上的不作为的作为义务来源之一予以考虑的，是德国刑法学家费尔巴哈（Feuerbach）。费尔巴

① 陈兴良：《论不作为犯罪之作为义务》，载陈兴良主编：《刑事法评论》（第3卷），中国政法大学出版社1999年版，第220页。“宋福祥案”的基本案情：1994年6月30日，河南省南阳市的宋福祥酒后回家，因琐事与其妻李霞发生争吵厮打。李说：“三天两头吵，活着还不如死了。”宋说：“那你就死去。”后李在寻找准备自缢用的凳子时，宋喊来邻居叶宛生对李进行规劝。叶走后，二人又发生吵骂厮打。在李寻找自缢用的绳索时，宋采取放任态度不管不问不加劝阻。直到宋听到凳子响声时，才起身过去，但其仍未采取有效措施或呼喊近邻，而是离开现场到一里以外的父母家中去告知自己父母，待其家人赶到时，李已无法挽救，于当晚身亡。这就是曾经引起广泛讨论的“宋福祥案”。该案发生后，公诉机关南阳市卧龙区人民检察院以“故意杀人罪”的罪名对宋福祥提起公诉。河南省南阳市人民法院经审理认为，被告人宋福祥目睹其妻李霞寻找工具准备自缢，应当预见李霞会发生自缢的后果而放任这种后果的发生，在家中只有夫妻二人这样的特定环境中，被告人宋福祥负有特定义务，其放任李霞自缢身亡的行为，已构成故意杀人罪（不作为），但情节较轻。据此，河南省南阳市人民法院以（1994）南刑初字第264号刑事判决书，根据1979年《刑法》第132条判决宋福祥犯故意杀人罪，判处有期徒刑4年。一审判决后，宋福祥不服，向河南省南阳市中级人民法院提出上诉称：没有放任李霞的死亡，根本想不到她这次真的会自杀，一审判决认定事实错误，处理不当，要求依法改判无罪。河南省南阳市中级人民法院认定的事实与一审法院之认定相同，并认为，被告人宋福祥与其妻李霞关系不和，在争吵厮打中用语言刺激李霞，致使其产生自缢轻生的决心。被告人宋福祥是负有特定义务的人，对李霞自缢采取放任态度，致使李在家中这种特定环境下自缢身亡，其行为已构成故意杀人罪（不作为）。原审判决定罪正确、量刑适当、审判程序合法，被告人宋福祥的上诉理由不能成立，不予采纳。故河南省南阳市中级人民法院以1995南刑终字第002号刑事裁定书作出“驳回上诉，维持原判”的裁定。参见《中国审判案例要览（1996）·刑事审判卷》，中国人民大学出版社1998年版，第34页。

哈（Feuerbach）指出，“不作为通常是以规定行为人义务的特别法律根据（法律和契约）为前提的。无论什么人，欠缺这一根据，都不能成为不作为犯的犯罪人”。尽管民法上的契约行为作为刑法上的作为义务来源之一的说法已经司空见惯，但该说法并非无须论证的，而是需要进一步的检讨和厘清。

首先，民法上契约中所规定的义务是否等同于刑法上的作为义务？承认契约行为是作为义务来源，容易将契约上的义务和刑法上的作为义务混同。契约是规定当事人之间权利和义务的法律文件。根据民法的规定，契约一经签订，即产生法律效力。在一般情况下，契约一方当事人不履行契约所规定的一定义务，只产生民法上违约的法律后果，仅负有赔偿损失、返还财产等民法上的责任，并不产生不作为犯罪的作为义务。只有当不履行契约所规定的义务的行为给刑法所保护的合法权益造成了严重危害时，才有可能产生不作为犯罪的作为义务。但这也并不意味着，此时契约上的义务转化为刑法上的不作为犯罪的作为义务。刑法上的作为义务与契约上的义务根本是两回事。不作为犯中的作为义务是刑法性质的义务，从罪刑法定原则的要求来讲，必须以刑法对作为义务有明文规定为前提。具有刑法上的作为义务的人，如果不履行该作为义务，将构成不作为犯罪而必须承担刑事责任。如果将刑法上的作为义务理解为契约规定的义务，也难以回答以下问题，即犯罪行为是否可以被私人之间的契约所约定，例如，是否可以在契约中约定条款对可能产生刑事责任的作为义务予以免责？答案显然是否定的。因此，民法上契约中所规定的义务不等同于、也无从转化为刑法上的作为义务。刑法有自己独立的违法性判断标准。

其次，民法上的契约行为是否必然产生刑法上的作为义务？订定契约的目的，原本在契约的履行，如果不是有其他的因素存在，并不能仅仅因为当事人多了一个履行一定债务的承诺，就把一个原本不是犯罪的行为变成犯罪行为。[①] 申言之，必须有现实上的义务承担，才可能形成刑法上的作为义务，而不是抽象的契约的订定，就可以产生刑法上的作为义务。因为，义务经过现实上的承担之后，才开始会有风险的产生，例如，跳水池的救生员就位，打开跳台上的缆绳，小孩看到救生员已经就位，就会开始跳水。相对地，契约的订定的本身，大致上还不足以制造风险。即使救生员依契约约定，一定时段应该开放跳台并且负责安全，但是只要救生员不就位开放跳台，小孩还是不会跳水，还是不会产生风险。但是，认为契约行为就绝对不能产生刑法上的作为义务的说法也不对，因为契约本身是不是可以制造风险，要看契约是怎么定法。如果保姆和母亲在契约上的约定是，母亲在八点钟可以径行离去，那么这样的约定，不能说没有制造风险。[②] 因此，保证人地位的严谨标准，应该是行为人的行为是否制造风险。

最后，刑法上作为义务的产生是否以契约有效为条件？德国学者耶赛克认为，“对保证人义务起决定性作用的不是订立契约的法有效性，它更多的是因事实上的接受而构成。因此，保证人义务可在意外情况下延伸至契约之外，但在内容上并没有超越契约的界限。”[③] 例如，一个妇女自愿被某人雇佣，当后者小孩的保姆。这样，该妇女就具有看护小孩、防止遭受意外伤害的义务。如果保姆不负责任，不加看护，致使小孩从楼上摔下死亡的，该保姆就负法律责任。基于契约抚养他人的婴儿，而不供给食物致使其死亡的，该事情发生在契约有效期内，追究保姆的刑事责任是没疑问的。如

---

① 黄荣坚：《刑罚的极限》，月旦出版社股份有限公司 1998 年版，第 46 页。

② 参见黄荣坚：《论保证人地位》，载《法令月刊》第 46 卷第 2 期，第 14 页。

③ ［德］汉斯·海因里希·耶赛克、托马斯·魏根特：《德国刑法教科书》（总论），徐久生译，中国法制出版社 2001 年版，749 页。

果该事情发生在合同期限届满后或合同一开始就无效，那么如何确定保姆的法律责任？应该认为，只要婴儿仍然处于行为人的实际控制之下，行为人就应负刑事责任。例如，如果约定保姆受雇照顾婴儿一个月，但一个月过后，其亲人因故未归。这时，保姆若以契约期满为由，丢下婴儿不管，造成婴儿死亡的，就可能构成不作为的故意杀人罪。可以看出，承担义务的事实并不以当事人之间的契约关系的有效为条件，只要在事实上承担保证结果不发生的义务时，就产生刑法上的作为义务。相对地，只有签订契约，或是口头约定承担义务，但在事实上尚未承担保护义务或帮助义务时，则不足以形成刑法上的保证人地位。① 例如，某登山队雇佣 A 担任向导，但因 A 迟到，登山队员就在没有向导的情况下登山，登山队员 B 在途中遇难丧生。A 虽与某登山队订有雇佣合同，但因缺乏事实上的承担，而不具有保证人地位，不负刑法上的作为义务。因为不纯正不作为犯中的作为义务是刑法性质的义务，不可能完全照搬其他一般法律（例如合同法）的规定。所以，即使是从民法的角度来看，属于无效的契约，也不影响刑法基于保护法益的目的而承认作为义务的存在；反之，在民法看来完全是有效成立的契约，以刑法的观点考察，也未必承认其作为义务的成立。简言之，刑法上不纯正不作为犯的作为义务，与民法中根据契约所产生的作为义务，是两种性质不同的义务，不可等同视之。在契约引起的作为义务中，契约有效与否并不重要，重要的是行为人在事实上的承担。

3. 自然的家庭关系、密切的生活共同体、危险的共同体

黄荣坚对通说所认可的基于自然的家庭关系、密切的生活共同体、危险的共同体构成保证人地位的看法提出疑问，认为这些只是

---

① 参见林山田：《刑法通论》（下册）增订九版，台湾大学法学院图书部 2005 年版，第 220 页。

建立保证人地位的一些参考事实而已，不是建立保证人地位的标准。[①]

黄荣坚认为，最近亲属关系的存在往往是当事人所无法支配的，因此要用这样的事实作为刑事责任的关键要素，并不合于公平原则。最近亲属之间可能是保证人，也可能不是保证人。只不过和一般人相互之间的关系比较起来，最近亲属之间比较可能存在保证人地位，因为，最近亲属相互之间，事实上比较有可能有危险前行为的存在。尤其是父母对于子女或是其他尊亲属长期或短期收留年幼的卑亲属的情况，更是如此。例如，父母远行，把小孩寄在亲戚家。当亲戚表示收容小孩的时候，同时也制造了父母的信赖关系。[②] 如果不是因为有制造危险的行为（例如制造信赖关系），那么即使是最近亲属的关系，也不足以建立保证人地位。亲属住在一起，往往是因为自然的事实关系，例如未成年的兄弟姊妹跟着父母，自然住在一起。但是这个住在一起并不就是一种互相扶助与保护的明示或默示的观念通知，所以并不会因此形成保证人地位。至于没有住在一起的最近亲属，除非有其他事由，例如父母亲对于子女，否则更不可能构成保证人地位。相反地，如果制造信赖关系，因此造成危险，那么即使不是最近亲属，也负保证责任。

危险共同体较为容易引起保证人地位，是因为此类性质的活动，由于加入者已经共同认知其特殊的危险性以及相互保护及扶助的必要性，所以通过其加入行为，同时也传达了相互保证的意愿，并因此形成相互信赖的关系以及行动的决定。换句话说，也是一种

① 参见黄荣坚：《刑罚的极限》，月旦出版社股份有限公司 1998 年版，第 47 页。

② 参见黄荣坚：《论保证人地位》，载《法令月刊》第 46 卷第 2 期，第 14 页。

方式的危险的前行为，所以负保证人的责任。①

前引“宋福祥案”中，从一审法院判决“被告人宋福祥目睹其妻李霞寻找工具准备自缢，应当预见李霞会发生自缢的后果而放任这种后果的发生，在家中只有夫妻二人这样的特定环境中，被告人宋福祥负有特定义务”中，看不出该特定义务是什么性质的义务，二审法院判决“被告人宋福祥与其妻李霞关系不和，在争吵厮打中用语言刺激李霞，致使其产生自缢轻生的决心。被告人宋福祥是负有特定义务的人”亦难看出是由于被告人先行行为引起的作为义务。民法上的近亲属之间的抚养义务有其民法上的实质法理依据，但因欠缺刑法的明确规定，而使自然家庭关系成员之间的保证人地位的成立则不无疑问。但是，如果承认基于自然的家庭关系而形成保证人地位的话，则该问题能轻易得到解决。

就民法规定的抚养义务而言，德国判例根据民法规定的目的与精神，逐渐扩大地把握抚养义务的内容，进而将“紧密的生活共同体”也视为作为义务的来源。1935 年德国在联邦法院的判决中指出，“在极为紧密的生活共同体中，对于与外界隔离的人们而言，伦理的义务可能成为法的义务。家庭或者家庭共同体的情况正是如此。”②

类似于“宋福祥案”的案件，紧密共同体的概念有极大的适用性。因而，黄荣坚的危险前行为保证人唯一说在解释自然的家庭关系、密切的生活共同体、危险的共同体的保证人地位时，有舍近求远的疑问。黄荣坚倡导危险前行为保证人地位唯一说，自然希望用危险前行为这一扩大了的广义的概念涵括所有的保证人类型，在否定了自然的家庭关系、密切的生活共同体、危险的共同体成立保

---

① 参见黄荣坚：《刑罚的极限》，月旦出版社股份有限公司 1998 年版，第 48 页。

② 参见张明楷：《论不作为的杀人罪》，载《刑事法评论》（第 3 卷），中国政法大学出版社 1999 年版，第 262 页。

证人地位之后，如果要认定家庭关系成员之间的保证人地位，就要从有没有危险前行为入手。台湾“刑法”第15条第2项明确规定了先行行为的不作为犯，如果有危险前行为，就可以依照该第2项进行处罚。

台湾实务有“刑法”第15条第2项可以援引，德国实务有“紧密的生活共同体”的判例可资利用，而中国大陆刑法实务界既无刑法的明文规定，也无相应判例可以借鉴，因此，就出现了对类似宋福祥案进行处罚的理由正当性上的困惑。对于这样的困惑，张明楷教授引入作为义务程度的概念对宋福祥案进行了解读，认为“宋福祥听到了妻子上吊自杀时的凳子响声，这表明其妻子的生命面临非常紧迫的危险；由于妻子是在自己家里上吊的，而家里又没有其他人，这说明妻子的生命完全依赖于宋福祥的救助行为；宋福祥确实可以轻易地救助妻子。这些都足以说明宋福祥的作为义务程度高，或者说负有不作为的故意杀人罪的成立要件的作为义务。”①

4. 保护义务的自愿承担、危险前行为、危险物的持有、基于对第三人的监督地位

黄荣坚在否定了自然的家庭关系、密切的生活共同体、危险的共同体成立保证人地位之后，对保护义务的自愿承担、危险前行为、危险物的持有、基于对第三人的监督地位阐述了自己的观点，“学说及实务所承认的各种建立保证人地位的情况，有很多都是可以用危险的前行为来理解。至于无法被解释为属于危险前行为概念的部分，那么应该就不是建立保证人地位的事由。例如所谓为他人行为负责或场所持有人的责任，如果行为人没有危险的前行为，也就没有理由要负保证人的责任。”②

---

① 张明楷：《论不作为的杀人罪》，载《刑事法评论》（第3卷），中国政法大学出版社1999年版，第270页。

② 黄荣坚：《刑罚的极限》，月旦出版社股份有限公司1998年版，第50页。

其实，保护义务的自愿承担、危险前行为、危险物的持有、基于对第三人的监督地位与先行行为在概念上存在着交叉重叠的关系，它们背后有着共同的要素，就是“因自己行为致有发生一定结果之危险”，从而需要“负防止结果发生之义务”，因此，扩大了的先行行为概念就成为保护义务的自愿承担、危险前行为、危险物的持有、基于对第三人的监督地位之上的一个上位的概念。

例如，林山田也承认对于危险源的监督义务，认为对于危险源负有监督义务的人，如工厂中对于危险机械设备负有安全维修责任的工人、设置通电防盗设备的设置人、放射性物质或爆破物的持有人、凶猛动物的持有人，在其监督与注意义务范围内，均居于保证人地位。并列举“电网致人死亡案”（台湾“最高法院”1941年度台上字第1148号）判决予以说明。①

该判决指出，“因自己行为致有发生一定结果之危险者，应负防止其发生之义务，‘刑法’第15条第2项定有明文。设置电网既足使人发生触电之危险，不能谓非与该项法条所载之情形相当，上诉人为综理某厂事务之人，就该厂设置之电网，本应随时注意防止其危险之发生，乃于其电门之损坏，漫不注意修理，以致发生触电致死情形，显系于防止危险之义务有所懈怠，自难辞过失致人于死之罪责。”

可以很清楚地看出，对于危险源的持有的保证人是按照先行行为保证人类型来处罚的，充分说明了先行行为保证人类型是一个扩大了的概念，涵盖了危险物的持有的保证人类型。

（三）扩大了的先行行为概念

被判例和学说广为接受的阿明·考夫曼（Armin Kaufmann）的功能说，将保证人类型分为保护义务的保证人和监督义务的保证

① 参见林山田:《刑法通论》（下册）增订九版，台湾大学法学院图书部2005年版，第225页。

人。其中保护义务的保证人是基于对特定法益的保护，使其不受侵害；监督义务的保证人是基于对特定危险来源有监督控制，使该危险源不害及他人。在保护义务的保证人类型之下，包括因自然血亲关系、密切生活体、危险共同体和自愿的义务承担的保证人地位；在监督义务的保证人类型之下，包括因开设公众往来的场所或设施、因持有危险物、因危险前行为和因有指挥监督他人的权力而生的保证人地位。

尽管阿明·考夫曼（Armin Kaufmann）的功能说被质疑只对保证人提出分类，却并没有说明保证人地位的形成依据，但大致看来，前者的义务来源于某种制度上的安排，后者的义务是缘于支配原理。其被质疑的另一个方面，是分类界限不是精确无疑，例如自愿承担夜间巡视病房的义务，对各该病人而言，是承担了保护特定法益的义务，对夜间可能发生的危难，则是承担了监督危险源的义务；又如海水浴场的救生员，对泳客而言，有保护特定法益的义务，但同时也负责监督溺水危险的义务。[①] 另外，将义务的自愿承担归于保护义务的保证人，也有不妥。义务的自愿承担是指行为人基于自由意志，而承担防止法益侵害的义务，有保证人地位。通过保护义务的自愿承担，承担人对于被保护人即居于保证人地位，有义务防止危险实现。可以看出，义务的自愿承担与保护义务的其他保证人类型，如自然血亲、密切生活体、危险共同体的法理依据相差甚远，将其归类于监督义务的保证人类型似为更妥。因为义务的自愿承担与开设公众往来的场所或设施、持有危险物、和因有指挥监督他人的权力而生的保证人地位有共同的要素，就是“因自己行为致有发生一定结果之危险”，从而需要“负防止结果发生之义务”，而形成保证人地位。

于是，雅各布斯（Jakobs）和黄荣坚对保证人类型的重新分类

① 参见许玉秀：《当代刑法思潮》，中国民主法制出版社 2005 年版，第 724 页。

进行了尝试，两位学者的共同之处是，都扩大了先行行为的概念，使其能涵括更多的保证人类型，不过，黄荣坚走得更远。

雅各布斯（Jakobs）提出组织管辖理论，认为无论是作为犯还是不作为犯，基本上都基于两种理由而负责：一是因为对特定的组织领域有一定管辖，即所谓的组织管辖；二是因为制度上身份而有管辖，即制度上的管辖。对于不作为犯而言，如果因组织管辖而应使该组织领域内的法益不受损害，则为支配犯，如监督危险来源的保证人、前行为的保证人、因承担而产生的保证地位以及因有组织管辖而应防止他人自残的保证人；因制度上的管辖而产生的保证人，如亲子关系、收养关系、监护关系、夫妻间的特别信赖关系，为义务犯。[①] 雅各布斯（Jakobs）将因承担而生的保证人归于组织管辖的领域内，而不是归于制度管辖的领域内，比之阿明·考夫曼（Armin Kaufmann）的功能说分类更为合理。

在组织管辖的归责基础之上，雅各布斯（Jakobs）提出了扩大的前行为概念，不但传统上所承认的违反义务的前行为，而且许多被允许的危险，如购买恶犬、铺桥修路、建造公共设施、抱走流浪动物，都被纳入前行为的概念范围之中。这些行为都因为符合组织管辖的归责原理而引起保证人地位。[②] 由于前行为概念的扩大，自然造成前行为不作为类型和其他保证人类型的重叠交错。

黄荣坚提出危险前行为保证人类型唯一说，以危险前行为统摄所有保证人类型，更加引人注目。黄荣坚坦承，学说上普遍有以危险前行为概念不能网罗通说所列全部保证人地位事由为理由，而反

---

① 参见许玉秀：《实质的正犯概念》，载《刑事法杂志》第 41 卷第 6 期，第 40 页。

② 参见许玉秀：《主观与客观之间》，法律出版社 2008 年版，第 298 页。

对刑法规定以危险前行为为保证人地位的事由。[①] “不过在思考方法上必须注意的是，危险前行为概念的目的是在建立一个合理的作为义务的标准，而不是仅仅在技术层面上想要网罗通说所列保证人地位事由。因此有待检讨的是，通说所列保证人地位事由是否应该被列入保证人地位的事由，而不是危险前行为概念能不能网罗通说所列的全部保证人地位事由”。[②]

应当承认，黄荣坚的前行为保证人地位唯一说，除了对基于自然的家庭关系、密切的生活共同体、危险的共同体而形成的保证人地位的解读稍显勉强外，适用于基于保护义务的自愿承担、危险前行为、危险物的持有、基于对第三人的监督地位所形成的保证人地位还是很有说服力的。之所以黄荣坚的前行为保证人地位唯一说难以圆满地解释通说所列的全部保证人地位事由，其关键是通说所列保证人地位事由是基于不同的法理。即，大致看来，基于自然的家庭关系、密切的生活共同体、危险的共同体而形成的保证人地位，其义务来源于某种制度上的安排；基于保护义务的自愿承担、危险前行为、危险物的持有、基于对第三人的监督地位所形成的保证人地位，其义务是缘于支配原理。就此而言，阿明·考夫曼（Armin Kaufmann）的功能说分类和雅各布斯（Jakobs）基于组织管辖理论的保证人分类有其合理性。

二、刑法上的先行行为与侵权法上的先行行为

刑法学界一般认为先行行为的概念肇始于德国学者斯鸠贝尔（Stübel）。1828年，斯鸠贝尔（Stübel）在《论数人共同犯罪》一

---

① 参见林山田:《刑法通论》（下册）增订九版，台湾大学法学院图书部2005年版，第248页。

② 黄荣坚:《基础刑法学》（下），台湾元照出版有限公司2006年版，第785页。

书中，明确提出法义务的想法。① 其实，先行行为的思想可以追溯到更早的罗马法时期。公元前286年制定的《阿奎利亚法》（lex Aquilia）规定，不作为是不承担责任的，② 但积极行为一经开始而事后又行中止，则其消极行为所造成的损害，可适用该法，如医师为奴隶动手术，事后不予护理，致奴隶死亡的则须承担责任。因此，以规定侵权行为法律制度而著称的《阿奎利亚法》（lex Aquilia）成为先行行为最早的渊源。

（一）侵权法上的先行行为简述

德国法是继受罗马法而来的，在普通法时期，德国民法学说就认可有先行行为义务存在时，应对不作为造成的损害提供救济。所以，在作为义务的产生方面，德国法原本也坚持必须是基于“法律规定、合同约定和先前危险行为”。直到社会活动安全义务产生之前，德国学界和实务还坚持这一观点。

社会活动安全义务（Verkehrspflichten），是指开启或持续特定危险的人所应承担的、根据具体情况采取必要的、具期待可能性的防范措施，以保护第三人免受损害的义务。王泽鉴教授认为，“一般社会活动安全义务可以分为：其一，因为自己行为导致发生一定结果的危险，而负有防范的义务，例如驾车撞人，即便没有过失，也应当将伤者送往医院，再如挖掘水沟，应为之加盖或采取其他必要措施；其二，开启或维持某种交通或交往而负有防范危险的义务，如寺庙佛塔楼梯有缺陷，应为必要警告或照明，又如在自家庭院举办选举造势酒会，应当防止腐朽的老树砸伤宾客；其三，因从事一定的职业或者营业而承担防范危险的义务，例如百货公司应当

---

① 参见许玉秀：《主观与客观之间》，法律出版社2008年版，第305页。

② 参见［英］巴里·尼古拉斯：《罗马法概论》，黄风译，法律出版社2004年版，第235页。

采取必要措施防止安全门被堵塞”。[①]

在侵权法领域，先行行为能够引起作为义务的发生，其法理在于，“因致直接介入他人生活资源的变动，从而衍生有使他人生活资源发生良性变动的义务”。[②] 也就是说，一个人的先行行为不论其本身是直接带来危险的行为，还是中止该行为会给他人造成险情的行为，一旦他实施此等行为，他就负有积极防止危险和救助的义务，即对他人的安全保障义务。前一种情形，易于理解，如果一个人实施了一种危险行为，给他人带来了潜在损害的可能性，那么他当然要采取措施防止损害结果的发生。对后一种情形，也就是自愿承担引起的作为义务，例如，甲在路边见到一个受伤倒地的人乙，这时在法律上甲没有救助乙的义务，可以不管不问，即使乙因为没有得到及时的救治而伤残或者死亡，甲的不予救助也不会构成加害行为。但是，甲出于同情和怜悯，也就是如同《圣经·路加福音》所说的“好撒马利亚人”（Good Samaritan），[③] 将乙救助到自己的车上，甲即负有了积极、妥善照顾乙，使乙的生活资源发生良性变动，也即防止或者减少损害发生的义务。因为一旦甲将乙救助到自己的车上，乙就减少甚至丧失了得到其他人的救助的可能，其得到救助的希望在很大程度上便落在了甲的身上。如果不赋予甲积极、妥善照顾的义务，乙的权益无法得到保障。但在这种情况下，甲的义务并不是基于法律的直接规定，也不是基于合同的约定，而是基于自己先前的行为所衍生的义务，因为一旦甲中止了先前的救助行为则会给乙造成更大的损害。甲将乙救助上车的行为就是先行行

---

① 王泽鉴：《侵权行为法》（第1册），中国政法大学出版社2001年版，第94页。

② 曾世雄：《民法总则之现在与未来》，中国政法大学出版社2001年版，第64页。

③ 参见王泽鉴：《侵权行为法》（第1册），中国政法大学出版社2001年版，第92页。

为，对乙妥善照顾的义务就是由先行行为引起的作为义务。如果甲在送乙去医院的半路上将乙抛弃，致使乙得不到及时救治而伤亡，甲应该承担侵权责任，甲的抛弃行为违反了妥善照顾的作为义务。如果甲拿药物给乙服用，但错拿了某种药物，对乙的病情不仅没有治疗的作用，反面导致恶化，或者所用药物没有疗效使乙贻误了治疗的时机，甲都违反了妥善照顾的义务，应该承担侵权责任。①

我国台湾地区“最高法院”在“冥纸烧船案”（“最高法院”2001 年度台上字第 1682 号）的判决中，就明确指出了先行行为的作为义务。② 基本案情如下：1996 年，陈洪某某与其夫陈某某在渔港码头上祭拜燃烧冥纸后，未详看冥纸是否已燃尽，陈某即贸然将仍有火星的冥纸灰烬倒入岸际水域，致引燃水面上的油污，使停靠该处的许某某所有的渔船烧毁，致其受新台币 800 万元损失。其中，4778500 元已由船舶的保险人理赔，并受让损害赔偿请求权，依保险法及债权让与的规定，请求陈洪某某及其夫陈某某连带赔偿 4778500 元，并加付法定迟延利息。

“最高法院”在判决中明示，陈洪某某与其夫焚烧冥纸的行为，系危险前行为，因而产生作为义务，其不作为构成共同侵权，应负担损害赔偿责任。

中国大陆司法实践中也存在类似的判决。沈阳市中级人民法院在“程某借绳子案”的判决中也阐明了先行行为的作为义务。③ 2001 年，家住三楼的程某被锁在家门外，因担心家中不满周岁的

---

① 参见李新天、罗昆：《先行行为引起的作为义务及相关侵权抗辩》，载张新宝主编：《侵权法评论》（2004 年第 1 辑），人民法院出版社 2005 年版，第 165 页。

② 参见陈聪富：《侵权归责原则与损害赔偿》，北京大学出版社 2005 年版，第 1 页。

③ 参见李新天、罗昆：《先行行为引起的作为义务及相关侵权抗辩》，载张新宝主编：《侵权法评论》（2004 年第 1 辑），人民法院出版社 2005 年版，第 165 页。

婴儿，程某到四楼邻居董某家借了一根绳子，一头系在腰上，一头系在四楼的暖气管上，从楼上往下滑。结果绳子当场断裂，程某坠楼死亡。沈阳市中级人民法院认为，董某对婴儿母亲程某的危险行为没有劝阻，反而出借绳子，应当负相应的过错责任，即承担10%的损害赔偿。

对于董某承担作为义务的依据，即是因为董某出借绳子和允许程某从自家的四楼爬下的先行行为，由于这一先行行为，这时候董某就成为了一个“好撒马利亚人”（Good Samaritan），董某由于介入了程某“生活资源的变动”，因而负有使程某的“生活资源发生良性变动”的义务。因此，董某负有采取适当措施防止程某遭受损害的义务。这是董某应该承担侵权责任的原因所在。

（二）刑法上的先行行为与侵权法上的先行行为的比较

首先，刑法上的先行行为与侵权法上的先行行为基于相同的法理。肇始于《阿奎利亚法》的先行行为的理念成为刑法和侵权法上先行行为理论的共同渊源。德国法谚“因自己之行为致发生一定之损害者，负防止其发生之义务”的思想构成两者共同的法理基础。社会活动安全义务的概念，是指开启或持续特定危险的人所应承担的、根据具体情况采取必要的、具期待可能性的防范措施，以保护第三人免受损害的义务，与刑法上先行行为的概念类似。社会活动安全义务思想最初来自刑法的观点，也在德国形成共识。在其后的历史演进过程中，德国刑法上的不作为犯罪理论比其侵权法上的不作为责任走得更远，并对侵权法上的不作为理论起到推进作用。

刑法上作为义务来源实质化，使得不作为的作为义务扩张，促进了侵权法上社会活动安全义务的产生。刑法不作为犯罪中的作为义务理论对民法中作为义务影响深远，最初，形式主义的来源类同于刑法上的作为义务，后来对作为义务的扩张也是与刑法寻求实质作为义务相通的，归根结底是社会生活的需要促使了刑民二学科共同关注作为义务的来源。

具有作为义务，是刑法上的先行行为和侵权法上的先行行为存在的共同前提。不仅如此，其不作为的作为义务必须与导致该行为的积极行为在构成要件上等价时，才分别构成刑法上和侵权法上的先行行为，才具有可归责性。

其次，刑法上的先行行为与侵权法上的先行行为有本质的区别。两者性质不同，目的也有一定差异。史尚宽指出，“侵权行为，为民事责任之原因，以填补被害人损害为目的。犯罪为刑事责任之原因，以科刑而防卫社会为目的。”① 先行行为不作为侵权行为是民事违法行为，而先行行为不作为犯罪则是刑事违法行为，二者由不同的法律调整。作为犯罪行为，刑法中的不作为是依照刑法规定应受刑罚处罚的行为。只有那些触犯刑律具备了犯罪构成要件的不作为，才能认定为犯罪行为。不作为侵权行为是加害于他人的行为，这里的他人仅仅是社会个体，而非社会。如果一项不作为不但加害于他人，而且危害了社会，达到了应受刑罚处罚的程度，则该不作为构成犯罪。先行行为不作为侵权行为是民法规定的违法行为，所违背的是民事法律，不作为侵权行为的受害人依照民法的规定，可要求行为人承担赔偿损失、赔礼道歉等民事责任。

最后，刑法上的先行行为与侵权法上的先行行为也存在竞合的可能。通常情况下，不作为侵权行为与不作为犯罪行为是互相独立的。刑法具有较强的惩罚功能，刑法的犯罪构成要求行为具有更大的危害性和反社会性，因此在一定的不作为行为构成民事侵权之时未必就构成刑法上的不作为犯罪。但是，在一些情况下，同一行为既可以是不作为侵权行为，也可以是不作为犯罪行为，发生不同性质的竞合。虽然在实施中许多方面都有不同，但侵权行为和犯罪行为产生于共同的基础。许多普通法上的犯罪行为，又都是可以对之

---

① 史尚宽：《债法总论》，中国政法大学出版社 2000 年版，第 108 页。

提起诉讼的侵权行为。①

第二节 刑法上先行行为不作为犯的结构

先行行为保证人类型与其他保证人类型存在结构上的不同，这一点容易被忽视。

在先行行为的场合，结果现象产生的契机是先行行为者自身所提供的，即先行行为者与结果的发生是有直接关系的，而其他保证人类型则不存在这样的情况。例如，在甲带乙去游泳，乙因不谙水性而溺死的情况下，甲无论有无抢救行为，都与乙的死亡有条件关系，因为是甲带乙去游泳的，如果没有这一事实，则不会导致乙的死亡。相反地，在消防队员赶赴火灾现场而拒绝救火的情况下，该消防队员的不灭火，并非引起房屋被燃烧的直接原因，因为，在消防队到来之前，便已发生火灾，有烧毁房屋的危险，这便是其他保证人类型与先行行为保证人类型在结构上的不同之处。

质言之，先行行为不作为犯存在一个在前的“先行行为”，亦存在一个先行行为之后的不作为，其结构是“先行行为—引发危险—产生作为义务—不作为”。先行行为不作为犯的处罚，不全然是对之前的“先行行为”，也不全然是对之后的不作为，而是行为人通过对于先前自己所形成的状态的支配，造成了法益的侵害或危险。

一、先行行为不作为犯之“先行行为”

“因自己行为致有发生一定结果之危险者，负防止其发生之义务”，这是关于先行行为的最为一般的规定形式，但就这一规定的

---

① 参见［英］戴维·M. 沃克：《牛津法律大词典》，光明日报出版社 1988 年版，第 886 页。

形式而言，看不出所谓“自己的行为”应该是什么样的行为，应该具备怎样的法律属性。于是，关于先行行为法律性质如何，即是不是包括合法和违法的行为，是不是包括作为和不作为，以及是否包括故意和过失两种行为等，就成为了探究先行行为不作为犯处罚妥当性首先需要解答的问题。

（一）先行行为包括故意行为也包括过失行为

其实先行行为包括故意和过失两种行为本无可置疑，并无再讨论之必要，因为从“制造危险”的性质来看，故意和过失行为皆制造危险。例如，陈朴生认为，“其先行行为，不问系由于故意或过失，亦不计其故意及过失之有无，更不限于有使发生危险之状态，或增高既有危险之状态”,[①] 均可能产生作为义务。下面看一个过失的先行行为形成保证人地位的案例。

2004 年发生在上海的“胡义军过失致人死亡案”［上海市南汇区人民法院（2004）汇刑初字第 199 号］是过失的先行行为引发不作为犯罪的适例。[②] 基本案情：被告人胡义军于 2004 年 3 月上旬看望在外地打工的妻子胡娟，得知胡娟与被害人陈兵武同居在一起，遂劝胡娟回家，胡娟拒绝并在陈兵武的帮助下躲藏。3 月 15 日上午 11 时许，被告人胡义军找到陈进行交涉，两人发生争执，在争执过程中致陈兵武跌入河中，被告人胡义军轻信陈兵武会游泳并能自行爬上岸，即离开现场。被告人胡义军后因不放心，又返回现场，未发现陈兵武，遂于当日 12 时 30 分左右自首。经技术鉴定，陈兵武系生前溺水死亡。

公诉机关认为胡义军没有履行由其先行行为产生的作为义务，致使他人死亡，应当以故意杀人罪追究其刑事责任。辩护人则认为，被害人是在双方推搡的过程中不慎滑入河中的，胡义军的先行

---

① 陈朴生：《不作为犯之构造》，载《刑事法杂志》第 25 卷第 3 期，第 14 页。

② 参见上海市南汇区人民法院（2004）汇刑初字第 199 号。

行为决定了他对被害人具有实施救助的义务，其过错在于应当预见到他的不作为会引起被害人的死亡，却过于自信被害人能够自救而未施与援手，其主观罪过形式是过于自信的过失，应认定为过失致人死亡罪。

上海市南汇区人民法院采纳了辩护人的意见，认为胡义军构成过失致人死亡罪。

（二）先行行为不限于有责行为

先行行为是限于有责行为还是包括无责行为，刑法理论上有争论。一种观点认为，先行行为不限于故意或者过失行为，无责任行为也能够引起作为义务。例如，德国判例认为，“先前的行为必须在客观上是违法的，即使是无责任的”；① 日本学者川端博也指出，“先行行为倘为类型性违法，即为已足，不必具有责任。”② 我国台湾地区学者林山田也认为，“只要足以导致构成要件该当结果发生的危险，即为已足，系有责或无责之行为，在所不问”。③

另一种观点主张先行行为必须是具有故意或者过失的行为，无责任行为不能引起作为义务。例如，我国台湾地区有学者指出，关于因为无责任的行为引起了危险状态后，行为人是否有义务消除危险，“如自构成行为义务之基本在于该行为系属有责之思想为出发点时，则不能课该行为者之法律上的义务；盖无责任之行为，纵令谓为亦可发生义务（道义上之义务），然实际上不能将无责任之行为，作为发生义务之根据故也”。④

---

① ［德］汉斯·海因里希·耶赛克、托马斯·魏根特：《德国刑法教科书》（总论），徐久生译，中国法制出版社 2001 年版，第 752 页。

② ［日］川端博：《刑法总论二十五讲》，余振华译，中国政法大学出版社 2003 年版，第 26 页。

③ 林山田：《刑法通论》，台湾三民书局 1986 年版，第 302 页。

④ 陈朴生、洪福增：《刑法总则》，五南图书出版公司 1982 年版，第 45 页。

先行行为不限于有责行为的观点应当得到肯定，因为“先行行为是否必须有责，只是对先行行为的法律评价问题，如果行为人对先行行为显然无责，但该先行行为引起作为义务，行为人应当履行而不履行，也就是说，行为人对于不作为具有责任。那么，无责之先行行为，完全可以成为不作为的义务来源。”①

先行行为是否必须有责，这种法律上的评价与先行行为能否产生作为义务并无必然性的联系，即先行行为只是刑事义务的发生根据，而非违反刑事义务的行为，因此，先行行为不是刑事归责的对象，或者说，先行行为不必限于有责行为。

（三）先行行为只能是作为但不包括不作为

关于先行行为是否包括不作为，存在争议。否定先行行为包括不作为的观点应予肯定。先行行为的行为方式只能是采用积极的行为来实施，而不可能采用消极的行为方式来实施。先前违反义务的不作为只是一种纯正不作为犯，如果承认这种不作为犯亦可产生保证人地位，则无异将纯正不作为犯变成不纯正不作为犯，则每个纯正不作为犯都可以同时成为另一个不纯正不作为犯，纯正不作为犯和不纯正不作为犯将混淆不清。在这种情况下成立不纯正不作为犯，只有一种可能，即前行违反义务的不作为，已经成立不纯正不作为犯，亦即前行的作为义务，已经是一种保证人义务。②

前行为是否包括不作为起源于德国帝国法院的“税收短少案”的判决。③ 该判决对于因长期违反自动申报义务而未申报所得致财税当局税收短少的案例，认为行为人在法规改变不再要求其自动申报之后，虽然后续的不作为并非违反义务的不作为，但是因为前面

---

① 陈兴良：《刑法哲学》，中国政法大学出版社2004年版，第245页。

② 参见许玉秀：《当代刑法思潮》，中国民主法制出版社2005年版，第671页。

③ 参见许玉秀：《主观与客观之间》，法律出版社2008年版，第298页。

违反义务的不作为，造成财税当局以为行为人无所得，因而未要求其申报所得致使税收短少，行为人有防止这种因自己前行违反义务的不作为造成税收短少结果发生的义务，因此行为人继续未自动申报所得的不作为，是违反义务的不作为，而不是不违反义务的不作为。

这个判决被许多学者当做先行行为包括不作为的适例来援引。其实，该案例中，前行的不作为逃税已违反法律上的义务，可以成立逃税的不纯正不作为犯，没有必要再因其前面的不作为产生作为义务而形成一个新的先行行为的不作为犯。

林山田列举“土造手枪走火案”（台湾“最高法院”1940 年台上字第 2975 号）判决，[①] 认为先行行为可以包括不作为。该判决指出，“原审判决以被告前往某甲拟邀其外出同看电影，某甲见被告衣袋内带有土造小手枪，取出弄看，失机枪响毙命，认某甲之死，非由被告的行为所致，论知被告无罪，惟被告所带手枪，如果装有子弹，则取出弄看，不免失机人命之危险，按刑法第 15 条第二项规定，被告即有阻止某甲弄看，或瞩其注意的义务，倘当时情形，被告仅有阻止或瞩其注意的时间，因不注意而不为之，以致某甲因失机弹发毙命，依同条第一项规定，即不得不负过失致人于死的责任。”

该案例中，被告只有一个未阻止他人玩枪的不作为，并没有一个先行的不作为。先行的带枪行为，如果依照扩张的先行行为概念，是前行作为并非不作为，被告其实是因拥有危险物而对危险物居于监督义务的保证人地位。

值得注意的是，容忍的先行行为有成立不作为犯的判例。发生

---

① 参见林山田：《刑法通论》（下册）增订九版，台湾大学法学院图书部 2005 年版，第 223 页。

在德国的“礼物狗案”（德国不来梅州高级法院 NJW1957/72）判决，[1] 从一个容忍行为中看到了危害结果。被告人的妻子作为礼物收到一只狗，并在共同的住房内收养。后来这条狗咬伤了很多人。其丈夫因无视他人的身体伤害被起诉，因为他没有把狗关起来。对此义务，不来梅高级法院作出说明，“根据下级法院法官的观点，被告人开始是容忍在他的家中养狗，后来就赞同了，通过此行为引起违法行为的危害结果。他对于危害结果采取容忍态度而不是有所作为是不重要的。容忍行为不是真正的不作为，从原则上说他和与之相应的积极行为是一样的”。其实，这个判例仍然是肯定对危险物的持有而居于保证人地位。

（四）先行行为不限于违法行为

在德国，关于先行行为是否限于违法行为的争论，始终不曾稍歇。整整一个世纪以来，两种理解在学说中不可避免地对峙着。[2]

1. 先行行为是否限于违法行为的两种观点

按照德国以往的通说，先行行为是“一个危险的行为，须具导致结果发生的紧密、相当而直接的危险，这种造成法益受害的危险，必须是在行为当中已是客观上可辨识的，且违法的。”[3] 这里的危险前行为，是一个构成要件合致而违法的行为，换言之，是一个对法益至少有威胁的不法行为。其中“违法的”用语已被后来的“违反义务”所取代，为的是扩大前行为的范围。这种先行行

---

① Vgl. Klaus Pileiderer, Die Garantenstellung aus vorangegangenem Tun. , 1968 Duncker & Humblot, Berlin, S. 32.

② Vgl. Klaus F Kugler, Ingerenz und Selbstverantwortung. , Rechtsanwalt in Bonn 1972, S. 186.

③ 参见许玉秀：《保证人地位的法理基础》，载《刑事法杂志》第42卷第2期，第56页。

为的定义被称为限制说。[①] 自20世纪80年代以来，在德国文献上逐渐出现扩大前行为范围的观点，不但不需要是违反义务的前行为，连对结果的发生的紧密、相当而直接的危险都不需要了。1980年代以后新出版的一些教科书多持不限制说的观点。“如果造成了损害他人的危险（先期行为），必须负责确保此等危险变为构成要件该当的结果”。[②] 例如阿兹（Artzt）将买卖恶犬的行为，认定为会产生保证人地位的危险前行为；麦瓦德（Maiwald）将在建筑工地设置机器设备的行为，当作会形成保证人地位的危险前行为；而对雅各布斯（Jakobs）来说，造桥铺路、买房子或公共设施、垄断某种市场的行为、抱走流浪动物等，都属于会制造在自己组织活动势力范围内的危险的前行为。[③] 这些逐渐增多的见解，扩大了前行为保证人类型的范围，根本原因是在于他们扩大了前行为保证人类型的法理基础。

德国以往的通说，即限制说，可以称之为违背义务的危险前行为理论；新近的观点，即不限制说，可以称之为因果的危险行为理论。前者认为危险前行为如果不违背义务，就不负保证责任，只有

① 德国联邦法院刑事判决17，321；19，152；23，327；25，218；26，35（38）；34，82。学说方面，一些重要的学者皆主张限制说，如冯希佩尔（v. Hippel）:《德国刑法》第2集，第166页；科尔劳斯（Kohlrausch）:《刑法典及其注释》Ⅱ3d；麦茨格（Mezger）:《德国刑法教科书》，第147页，等等。参见［德］汉斯·海因里希·耶赛克、托马斯·魏根特：《德国刑法教科书》（总论），徐久生译，中国法制出版社2001年版，第752页。

② 德国帝国法院刑事判决24，339；64，273（276），联邦法院刑事判决4，20（22）；26，35（37）；106（115）。持不限制说观点的学者有，鲍曼（Baumann）、韦贝尔（Weber）：《刑法总论》，第248页；伯克曼、福尔克：《刑法总论》，第141页，等等。参见［德］汉斯·海因里希·耶赛克、托马斯·魏根特：《德国刑法教科书》（总论），徐久生译，中国法制出版社2001年版，第752页。

③ 参见许玉秀：《当代刑法思潮》，中国民主法制出版社2005年版，第670页。

当危险前行为违背义务，才要负保证责任，所以，形成保证人地位必须是违背义务的危险前行为；后者认为只要是有预见可能性的危险前行为，行为人就必须控制风险，即使合法的危险前行为，也足以形成保证人地位。[①] 例如，某甲因为正当防卫把某乙杀成重伤，眼见某乙伤重流血却不予送医救治，某乙因此死亡。依违背义务的危险前行为理论，由于某甲的行为是正当防卫，并非违背义务，所以不负保证人地位的保证责任，对于所造成的某乙的死亡，也不构成不作为的故意杀人。但是，如果依照因果的危险前行为理论，虽然某甲的正当防卫行为并非违背义务，但是，无论如何，某甲的前行为制造了某乙死亡的危险，因此形成保证义务，对于不作为所造成某乙的死亡，仍然构成不作为的故意杀人罪。再如，电力公司某工程师因为工作需要，在巷道里挖了一个大凹洞，却未设置警示灯，某甲晚上骑摩托车，驶经凹洞而跌成重伤。相同的道理，如果依照违背义务的危险前行为理论，电力公司的工作人员不负过失重伤罪。

可以看出，根据违背义务的危险前行为理论，对于保证人地位的认定可能失之过严。对此说的批评是，如果制造风险的人可以不负责防止结果的发生，那么还有谁是应该负责防止结果发生的？反之，根据因果的危险行为理论，对于保证人地位的认定可能又失之过宽。因为危险行为本身有时是法律上容许的风险，对于这样的行为，法律上不能加以禁止和处罚。德国学者赫伯格（Herzberg）批评扩大前行为范围的学说会让凶手的母亲变成有危险前行为的保证人。事实上两个理论都做了一些修正。采因果的危险行为理论，一般都否定正当防卫行为人的保证人类型；采违背义务的危险前行为理论，一般也承认例外情形的存在。例如因紧急避险而造成第三者法益危险的情况，应负保证责任。无辜第三者的利益还是必须被保

① 参见黄荣坚：《论保证人地位》，载《法令月刊》第46卷第2期，第53页。

护的，因为第三者的利益并不是本来当然的就可以被牺牲。

在日本，根据日高义博的考察，“日本的判例限定处罚不纯正不作为犯，看不出像德国那样的扩张倾向”。[①] 在《不作为犯的理论》一书中，日高义博列举了20个判例，其中12个判例是根据先行行为找到作为义务根据的。日高义博教授对这些判例的评议，主要关注的是客观上的作为义务和行为的可能性以及主观上先行行为的故意和过失，而没有涉及先行行为是否限于违法的讨论。在学说上，大塚仁认为，“先行行为是限于违法行为，还是也包括合法行为，难以抽象地、一概地论定，应该按照具体的事态、根据信义诚实的原则乃至公序良俗来判定”。[②] 除此以外，日本文献上记载的关于先行行为是否限于违法行为的讨论，亦不多见。

我国刑法学者在关于先行行为是否以违法行为为限的问题上，也存在不同观点。陈朴生认为，“其危险，系由于自己的正当行为所导致的，并无作为义务”。[③] 洪福增从前行为制造的危险是否为法所不许着眼，认为先行行为所造成的危险如为法所容许，则应无作为义务；[④] 林山田则直接将此种保证人类型称为“违背义务的危险前行为”；[⑤] 因此，上述几位学者的观点都可以归入违背义务的危险前行为理论，即限制说。

陈兴良持因果的危险前行为说。他认为，“先行行为只要足以

---

① ［日］日高义博：《不作为犯罪的理论》，王树平译，中国人民公安大学出版社1992年版，第74页。

② ［日］大塚仁：《刑法概说》（总论），冯军译，中国人民大学出版社2003年版，第140页。

③ 陈朴生：《不作为犯之构造》，载《刑事法杂志》第25卷第3期，第14页。

④ 洪福增：《刑法理论之基础》，刑事法杂志社印行1977年版，第184页。

⑤ 林山田：《刑法通论》（下册）增订九版，台湾大学法学院图书部2005年版，第221页。

产生某种危险，就可以成为不作为的义务来源，而不必要求先行行为必须具有违法的性质。因此，无论是合法行为还是违法行为，都可以成为先行行为”。[1] 黄荣坚则走得更远，认为“制造危险的行为人，有防止结果发生的义务”。他所说的危险前行为“基本上指的是因果的危险前行为”，“范围已经相当宽泛，例如筑路、造桥、盖房子或饲养动物，也都可以属于此处所谓的危险的前行为”。不仅如此，在他看来，“学说及实务所承认的各种保证人地位的情况，有很多都是可以用危险的前行为来理解的”，[2] 即危险前行为是保证人地位的唯一理由。

黄荣坚为违背义务的危险前行为理论和因果的危险前行为理论提供了一个折中的标准。他主张，“先行行为不限于违法行为，但是，如果危险应由被害人自我负责，则危险前行为人不负作为义务。黄荣坚认为，基于法益保护的需求，制造风险的人，不管有没有违背义务，都必须控制风险。不过，如果风险应由被害人自我负责，风险制造人则不负保证责任。风险应由被害人自我负责的情况主要有两种：其一，是风险的制造可归责于被害人，例如正当防卫中的不法侵害人；其二，是合理风险的部分应由潜在的被害人来吸收”。[3]

张明楷认为，“一般来说，只要制造了危险，不问是否正当，都会成为作为义务的来源”，但同时指出，“正当防卫行为并不成为作为义务的来源”，“不过，紧急避险人，对于遭受损害的无辜第三者具有作为义务”。[4]

---

① 陈兴良：《刑法哲学》，中国政法大学出版社 2004 年版，第 245 页。

② 参见黄荣坚：《论保证人地位》，载《法令月刊》第 46 卷第 2 期，第 54 页。

③ 黄荣坚：《刑罚的极限》，台湾月旦出版社股份有限公司 1998 年版，第 41 页。

④ 张明楷：《刑法学》（第三版），法律出版社 2007 年版，第 144 页。

2. 先行行为是否限于违法行为争论的法哲学背景

（1）实质的违法性理论。

不纯正不作为犯可罚性理论发展及成熟之期间，正值传统的犯罪理论迭受新说冲击而发生变动之时。行为概念方面，如有名的目的行为论；因果关系方面，如危险升高理论；构成要件方面，如不法的构成要件以及开发的构成要件等概念的提出；违法性方面，以实质的违法性理论为著。按下其他内容不表，这里单说实质的违法性理论。

骚尔（Sauer）和基辛（Kissin）所代表的实质的违法观，旨在以一般的公平正义原则弥补实定法的漏洞，以矫正法定构成要件有失公平之处。认为行为的构成要件符合性，仅仅表征形式的违法性，真正违法的行为，应系抵触一般的公平正义原则，而依该原则的实质内涵系违法者。[①] 两位学者认为，符合构成要件的不作为也仅具有形式的违法性，其是否实质上违法，应考虑该不作为是否"对于国家及其成员害多于利"。根据实质违法观，骚尔（Sauer）和基辛（Kissin）将作为义务分为两类：一是基于不作为者自己的危险前行为引起发生一定不法结果的危险时，不作为者有防止结果发生的作为义务；二是不作为者基于其法的社会地位而负担的作为义务。前者，不作为者先行的危险行为已具有实质违法性，不作为者如任危险继续，自然发生对国家及其成员害多于利的结果；后者，例如有教育权之人、医生及救火员等，都有存在于整体法秩序中的法的社会地位。至于契约义务因不具有强制性，无法在整体法秩序中据以建立任何作为义务。

其中，基于不作为者先行危险行为而生的作为义务，骚尔（Sauer）和基辛（Kissin）认为其违法性在于先行危险行为本身已具备实质违法性，则违法性显然存在于先行的作为而非后来的不作

---

① 参见许玉秀：《当代刑法思潮》，中国民主法制出版社 2005 年版，第 633 页。

为，对于违反防止义务的不作为加以处罚，所罚者应非后行违反义务的不作为，乃是先行的作为。如果先行的作为依其基本见解“构成要件符合仅表征形式的违法性”，尚不具备实质的违法性的话，岂不是会出现虽然先行行为提高或导致结果发生的危险却没有作为义务的情形？

但两位学者所提出以“法的社会地位”作为作为义务的依据，其唯一理由就是由共同法秩序所产生。这种立论未免过于笼统。再者，基于所谓的“对国家及其成员利多于害”的原则，凡是未阻止一定侵害法益的结果，而致结果发生的情形，都存在“害多于利”，如此一来，又当如何限制不作为的成立范围？因此，其所提出的“对国家及其成员利多于害”的原则，对于解释和判定不作为犯的作为义务来说，并无具体的操作标准，仅仅提示一种实质的违法观念而已。

（2）基尔学派的整体考察法。

实质违法性说经夏夫史坦（Schaffstein）和丹姆（Dahm）的继续提倡，在上世纪三四十年代盛极一时，基尔学派[①]与骚尔（Sauer）和基辛（Kissin）仅仅提出一个实质违法性观念不同，他们以哲学及方法论上的整体考察观点为其学说奠定了理论根基。

所谓整体考察法，是针对当时以拉德布鲁赫（Radbruch）为首的西南德意志学派所提倡的“方法二元论”而提出的对立观点。[②] 所谓方法二元论，是指价值体系和存在体系是各自独立，互不牵混的两个体系，一价值体系必演绎自另一价值体系，不可能由存在体系归纳而成。基尔学派则认为法律素材绝非毫无规则、毫无定性的集合体，而是包含着可以提炼出各种规则、法规的生活规

---

① 夏夫史坦（Schaffstein）和丹姆（Dahm）当时同时任教于德国北部基尔大学，其学说因而被称为基尔学派。

② 参见许玉秀：《当代刑法思潮》，中国民主法制出版社 2005 年版，第 636 页。

范，各种形成法律之前提事实本身即具有存在论的、伦理的及社会的规则性和价值，并非是完全价值中立。基尔学派这种对法的素材及法的概念形成的观点，导致其舍形式法概念而于法素材中寻求实质的法律概念，因而提出本质而具体的考察方法。这就是整体考察法的由来。整体考察方法论的目的就是要寻找其他的实质违法根据，来取代"利多于害"这一空泛的标准。而基尔学派所寻找的这个实质标准就是"健全的国民情感"。

根据这个标准，在社会内部具体秩序之下，基尔学派所据以确立作为义务的社会团体关系，有共同生活团体、血缘团体、特别职业、公务关系，甚至同学关系、同党关系等社会团体关系。至于先行危险行为无论有责无责、还是违法与否，均可因国民的情感因时制宜地成为作为义务的法理依据。夏夫史坦（Schaffstein）指出，不作为的刑事责任，取决于两个要素，即不作为的违法义务和不作为者依健全的国民感情显然为特定犯罪的行为人。因此，"健全的国民情感"概念，是基尔学派赖以决定不纯正不作为犯是否具有实质违法性的具体标准之一。

但是，与"利多于害"的标准一样，"健全的国民情感"也是一个相当空泛的概念，如何根据这一标准来寻求不纯正不作为犯的实质处罚根据，整体考察方法并没有给予合理、充分的说明。①

（3）刑法的自觉或刑法的独立化。

刑法独立化问题，由基尔学派的夏夫史坦（Schaffstein）提出，是基尔学派实质违法性说的孪生原则。②

根据当时学说及实务界通行的形式义务来源说，作为义务的类型，不外乎法令、契约、先行行为三种。而法令的内容多半出自民

---

① 参见许玉秀：《实质的正犯概念》，载《刑事法杂志》1997 年，第 6 期。

② 参见许玉秀：《当代刑法思潮》，中国民主法制出版社 2005 年版，第 638 页。

法的规定。这种刑法上不作为犯的作为义务受制于民法规定的现象，夏夫史坦（Schaffstein）称之为“刑法的民事化”，认为此种刑法依赖民法的现象，是形式义务来源说的严重缺失之一。另外，由于不作为犯的作为义务取决于民法的规定，致使刑法违法性的概念产生双重标准的现象：就作为而言，刑法有其独立的违法概念，就不作为而言，刑法却依赖民法上的违法概念。基于此，夏夫史坦（Schaffstein）极力倡导刑法的独立观。

夏夫史坦（Schaffstein）认为，将违法却可罚的不作为解释为违反义务，原本极为正确，却导致法义务被错误地限于实定法上的义务，将实定法和国民的风俗规范予以区分，比如导致道德义务与法义务分界错误的结果。既然法义务的概念是规范的、实定的概念，在应用之际会产生流于形式以及将民法上的概念和思考形式不当地运用于刑法上的弊端。

所谓刑法的自觉或刑法的独立化，在中国的法制体系下比较难以想象，因为中华法律传统，是以刑法为中心的法制，居首要地位的是刑法，其他法律领域则居于附庸的地位。大陆法系的法制经验并非如此，民事法自罗马法以来都是法制的重心，刑法被认为具有片断的、零星的特质，是一个从属的法律领域，因为刑法原则上只处罚那些其他法律领域认为违法的行为，只有在个别的情形，才会将其他法律领域未处理的情况，纳入自己的“禁区”。对犯罪行为实质违法性的反省，因而促成了所谓刑法的解放，也就是从其他法律领域解放。刑法的独立观促成了德国刑法第13条“法律上的保证义务”指的是刑法性质的义务，不可以是民法、行政法等其他法律领域所规定的义务，并且是“法律上”（rechtlich）的义务，而不是“法规上”（gesetzlich）的义务，也就是说不只是法律明文规定的义务，而是刑法法秩序实质上所认定的作为义务。

尽管就刑法体系的形成而言，基尔学派的实质违法性理论虽然随纳粹垮台而式微，然而其就不纯正不作为犯所提倡的实质法义务说却不无收获。例如其以共同生活团体为作为义务法理依据之一，以及以信赖和忠诚关系诠释依契约而定的作为义务，借以摆脱民法的拘束，都被学术界和实务界所接受，即便是成为通说的保证人说也局部地接受了实质法义务的观点。[①]

3. 先行行为是否限于违法行为的分析

正确的立场应当是，先行行为是否是故意或过失，是否是违法、合法或是犯罪，都不影响成立保证人地位。[②] 简言之，只要制造了危险，不问是否正当，都会成为作为义务的来源。但是，正当防卫行为并不成为作为义务的来源。不过，紧急避险人，对于遭受损害的无辜第三者具有作为义务。

第一，先行行为是否限于违法中的"违法"，是一个内涵丰富的概念。以是否违法来界定先行行为的范围，使问题变得异常复杂，不对违法性的概念进行深入挖掘，轻率地对先行行为是否限于违法行为给出一个非此即彼的答案是没有说服力的。

在刑法学中，存在违法性的概念是要在所有的法领域中统一进行理解，还是要根据各个法领域个别地加以理解的问题。认为违法性判断在法秩序整体上是一元性判断的"违法一元论"，基本上主张违法的统一性；主张刑法上的违法性以是否值得处罚的判断为前提，和民法等中的违法性不同的"违法多元论"，试图从正面认可违法的相对性论。[③] 违法性的概念，并不为刑法所独有，所有的法领域都有违法的概念。某个行为是否违法，本来应从国家的整体法秩序的观点进行考察，而不单纯是刑罚法规范围的问题。但是，刑法上的违法性，是在量上达到了一定的严重程度，在质上值得科处

---

① 参见许玉秀：《当代刑法思潮》，中国民主法制出版社 2005 年版，第 639 页。

② Klaus F Kugler, Ingerenz und Selbstverantwortung., Rechtsanwalt in Bonn 1972, S. 222.

③ 参见［日］曾根威彦：《刑法学基础》，黎宏译，法律出版社 2005 年版，第 213 页。

刑罚的违法性。这就是违法相对论，违法相对论在日本居于通说地位。[①] 但在德国，违法一元论属主流理论。违法一元论认为，违法是指对整体法规范、整体法秩序的违反，即任何违法行为都将破坏整体法秩序。其中，严格的违法一元论认为，在一个法领域中被认定为违法的行为，绝对不可能在其他法领域被认定为合法行为。因此，民法及其他法律上的违法行为，符合刑法上的构成要件时，在刑法上就必然是违法的。[②] 基于此，我们可以理解为什么在德国关于先行行为是否限于违法行为的争论是那么的激烈，而在日本则显得比较平静。这是学界对违法性概念的不同认识所导致的必然结果。

以违法性限定先行行为范围，在理论上探讨似无不可，但在司法实践中却难以界定。对先行行为不作为犯处罚的最大问题之一，就是先行行为不作为犯的立法化不足。如果违法指的是违反民法、行政法等法律规范，则民法、行政法规范的内容何以成为刑法的处罚依据成为问题，而刑法也将失去独立的品格。如果违法指的是违反刑法实定法规范，虽然符合从严掌握不纯正不作为犯成立条件从而符合罪刑法定原则，但会遇到先行行为不作为犯立法化不足而不当缩小了先行行为处罚范围的问题。如果坚持实质的违法观，则又回到与罪刑法定原则相冲突的窘境而不能自圆其说。

第二，在德国，用“违反义务”代替早期所常用的“违法”，旨在扩大先行行为不作为犯的处罚范围，但以“违反义务”来代

---

① 日本大多数的违法一元论，一方面主张违法性在根本上，在法秩序的整体当中是统一的，另一方面，又认为其发现形式具有各种各样的类别和轻重阶段。也就是说，违法一元论，在承认按照各个法律所固有目的的不同，其所要求的违法性的质和量也有差别这一点上，也认可了违法的相对性。这就是所谓的“缓和的违法一元论”。参见［日］曾根威彦：《刑法学基础》，黎宏译，法律出版社2005年版，第214页。

② 参见张明楷：《外国刑法纲要》，清华大学出版社2007年版，第148页。

替“违法”同样面临前文所述的理论困境。义务是行为人在一定社会生活环境中承担某种责任的标志。换句话说，就是期待行为人实施社会所期待的行为。然而这种期待，既为道德规范所要求，也为其他法律规范所要求，因此，从广义上讲，作为义务不为刑法所独有，其他的法律与道德上均有此种要求，作为义务应包括刑法、民法、行政法等法律上的作为义务和道德上的作为义务。但是在刑法语境下，作为义务专指刑法法律上的特定义务。也就是说，有了作为义务的刑法实定性，才有处罚先行行为不作为犯的妥当性。姑且不论在刑法中根本没有明确规定先行行为作为义务的情形，即使在刑法典中明确规定了先行行为的作为义务，也不是就不存在问题了。

例如，我国台湾地区“刑法”第15条规定，“对于一定结果之发生，法律上有防止之义务，能防止而不防止者，与因积极行为发生结果者同。因自己行为致有发生一定结果之危险者，负防止其发生之义务。”台湾“最高法院”刑庭会议对“防止义务”作出解释：第1项“法律上有防止之义务”一语，以法律明文规定或其精神有防止之义务者为标准。其中，“根据法律精神有防止之义务”的解释给予学说、理论极大的发展空间。既然“法律上的防止义务”都有了“法律精神”的空间，更何况先行行为所产生的作为义务呢？洪福增就认为先行行为所产生的义务，并不一定基于法律规定而来。① 申言之，先行行为的保证人类型，原本是一种实质的，而非形式的保证人类型，已经被包含在法律精神之内了。

第三，事实上，从行为可能导致法益处于危险状态这一点来看，无论是违法行为，还是合法行为，均有可能造成法益的某种危险。制造危险的人应当有义务防止结果的发生，不管行为系违法行为，还是合法行为，这是天经地义的事情。但正当防卫是例外。正

① 洪福增：《刑法理论之基础》，刑事法杂志社印行1977年版，第185页。

当防卫者的保证人地位，应当是否定的。不法侵害他人权利，必须预估遭到反击的后果，并自行承担此项后果。韦尔策尔（Welzel）指出，“被攻击者将攻击者以合法的自卫手段打倒在地，不用为其可能的受伤结果的防止提出保证，先前行为并不是被攻击者而是攻击者本人造成的，攻击者将被攻击者置于一个无可选择的境地，因此是自己受伤害。”①

承认正当防卫保证人地位的例外，并非必然否定所有合法行为可以成为先行行为。合法的先行行为成立保证人地位，在德国有多个判例得到承认。例如，在“德国马肠案”（RGSt. 46/337）的判决中，两名被告人的先行行为没有违法。基本案情：被告人与一家外国公司约定加工动物肠。该公司应向他们提供当年产的所有动物肠产品。在合约建立的几个月后，马肠的进口被禁止。因为被告人没有通知外国公司，该公司在向他们提供其他动物肠的同时仍然提供马肠。被告人因故意违反进口禁令被定罪。德国帝国法院判决认定，被告人有义务防止因其行为带来的违法结果，“如果通过行为人的某些行为发生一种违背法律的情况或者在已有的案例中相应的情况，在其继续发展中引起违法结果，行为人有能力防止结果的发生，因此从他的一系列原因招致的行为中也可以产生义务。”②

承认正当防卫不具有保证人地位，因为正当防卫是合法行为，所以认为合法行为都不可以成为先行行为的观点，违反了基本的逻辑。而且，依此逻辑，认为所有合法行为都不可以成为先行行为的话，还会遇到紧急避险的问题。紧急避险是合法行为，但紧急避险人，对于遭受损害的无辜者应具有作为义务。因为在这种情况下，第三者的利益并不是本来当然的就可以被牺牲，而是基于利益平衡

① Vgl. Klaus F Kugler, Ingerenz und Selbstverantwortung. , Rechtsanwalt in Bonn 1972, S. 199.

② Klaus Pileiderer, Die Garantenstellung aus vorangegangenem Tun. , 1968 Duncker & Humblot, Berlin, S. 29.

的考虑，为了保护避险者更大的利益，不得已才被牺牲。因此，在紧急避险之后，享受利益的避险人应该设法控制牺牲者的法益的风险。这一点也为法院的判决所确认。①

第四，主张以具体的事态，根据信义诚实的原则乃至公序良俗来认定先行行为是否限于违法行为的观点，实际上并没有提供任何可供操作的具体标准，而且，将先行行为的表现形式归结于信义诚实原则和公序良俗来判定，其法律依据的确如此并无疑问，但在实践中是难以认定的。那么如何来界定先行行为的范围呢？

黄荣坚为违背义务的危险前行为理论和因果的危险前行为理论

① “王仁兴案”的基本案情：位于重庆市江北区五宝镇段长江红花碛水域的“红花碛2号”航标船，标示出该处的水下深度和暗碛的概貌及船只航行的侧面界限，系国家交通部门为保障过往船只的航行安全而设置的交通设施。2003年7月28日16时许，被告人王仁兴驾驶机动渔船至该航标船附近时，见本村渔民王云等人从渔船上撒网致使“网爬子”（浮于水面的网上浮标）挂住了固定该航标船的钢缆绳，即驾船前往帮助摘取。当王仁兴驾驶的渔船靠近航标船时，其渔船的螺旋桨被该航标船的钢缆绳缠住。王仁兴为使渔船及本人摆脱困境，持刀砍钢缆绳未果，又登上该航标船将钢缆绳解开后驾船驶离现场，致使脱离钢缆绳的“红花碛2号”航标船顺江漂流至下游两公里的锦滩回水沱。重庆市江北区人民法院认为：被告人王仁兴为自身利益，竟不顾公共航行安全，故意破坏交通设施航标船，致其漂离原定位置，其行为已构成破坏交通设施罪。王仁兴不服，以其行为属紧急避险，不负刑事责任为由，提出上诉。重庆市第一中级人民法院经审理查明：上诉人王仁兴驾驶的机动渔船上除王外还有王的妻子胡美及帮工王仁书，王仁兴是在渔船存在翻沉危险的情况下，才解开航标船的钢缆绳。上诉人王仁兴在其渔船存在翻沉的现实危险下，不得已解开航标船钢缆绳来保护其与他人人身及渔船财产的行为，虽系紧急避险，但在危险消除后，明知航标船漂离会造成船舶倾覆、毁坏危险，应负有采取相应积极救济措施消除危险状态的义务，王仁兴能够履行该义务而未履行，属不作为，其行为构成了破坏交通设施罪，应负刑事责任。参见最高人民法院刑一庭、刑二庭编：《刑事审判参考》（第38集），法律出版社2004年版，第82页。

提供一个折中的标准是有启发意义的。[①] 如前文所述，违背义务的危险前行为理论和因果的危险前行为理论都应该有所修正，而且事实上，两个理论也都各自作了一些修正。因此两个理论的差距并不像表面所显现的那么大。黄荣坚主张先行行为不限于违法行为，但是，如果危险应由被害人自我负责，则危险前行为人不负作为义务。他认为，基于法益保护的需求，制造风险的人，不管有没有违背义务，都必须控制风险。不过，如果风险应由被害人自我负责，风险制造人则不负保证责任。风险应由被害人自我负责的情况主要有两种：其一，是风险的制造可归责于被害人，例如正当防卫中的不法侵害人；其二，是合理风险的部分应由潜在的被害人来吸收。关于合理风险的部分有多大，即“应该由潜在被害人自行吸收的风险范围有多大，学说上以所谓特别风险与日常一般风险来区分：就特别风险的部分，应由风险制造人负责；就日常一般风险的部分，应由潜在的被害人自行吸收”。[②]

关于先行行为的风险和归责，将在下一章进行详细论述。

（五）先行行为可以包括犯罪行为

1. 先行行为可否为犯罪行为的争论

先行行为能否为犯罪行为，大致可以分为“肯定说”与“否定说”两种主张。否定说认为，先行行为原则上不应包括犯罪行为。主要理由是，如果肯定犯罪行为是先行行为，则任何作为犯都可以成立一个不纯正不作为犯，任何结果加重犯也都可以成立一个不纯正不作为犯，从而使一个犯罪受到双重处罚，违反了禁止重复评价的原则。如蔡墩铭所指出的，“无论是故意犯还是过失犯，行为人因其犯罪行为而引起一危害结果危险的，行为人并无防止其危

---

① 参见黄荣坚：《刑罚的极限》，台湾月旦出版社股份有限公司 1998 年版，第 41 页。

② 黄荣坚：《论保证人地位》，载《法令月刊》第 46 卷第 2 期，第 12 页。

险结果发生的义务，对行为人只能按其原作为犯罪承担责任”。[①]即无论是故意犯罪还是过失犯罪，皆不另负防止结果发生的义务。张明楷教授也曾主张，“先行行为原则上不应包括犯罪行为。行为人实施犯罪行为后，有义务承担刑事责任，而没有义务防止危害结果发生。如果行为人自动防止危害结果发生，则是减免刑罚的理由；如果行为人没有防止结果发生，则负既遂罪的刑事责任；如果行为人没有防止更严重的结果发生，则负结果加重犯的刑事责任。如果认为先前行为包括犯罪行为，则会使绝大多数一罪变为数罪，这是不合适的。”[②]

肯定说主张先行行为可以包括犯罪行为，但其理由则因人而异。例如，高铭暄教授认为，“既然违法行为都可以是先行行为，否定犯罪行为是先行行为，于情理不合，也不利于司法实践。”[③]陈兴良教授主张，先行行为可以是一般违法行为和犯罪行为，“在先行行为是犯罪行为的情况下，先行行为与不作为之间具有牵连关系，构成牵连犯。例如，汽车司机违章行车肇事将人撞成重伤，置被害人生命危险于不顾而仓皇逃逸，致使被害人延误抢救时间而死亡。在本案中，先行行为构成交通肇事罪，此后的不作为行为构成间接故意杀人罪，两者之间具有牵连关系。”[④] 曾经对此问题持否定意见的张明楷教授在其修订的《刑法学》一书中，提出了新的观点，“其一，在刑法就某种犯罪行为规定了结果加重犯或因发生严重结果而成立重罪时，由于可以将加重结果评价在相应的结果加重犯或另一重罪中，先前的犯罪行为并不导致行为人具有防止严重

① 蔡墩铭:《刑法总则争议问题研究》，台湾五南图书出版公司 1988 年版，第 60 页。

② 张明楷:《刑法学》，法律出版社 1997 年版，第 133 页。

③ 高铭暄:《新编中国刑法学》，中国人民大学出版社 1998 年版，第 119 页。

④ 陈兴良:《刑法哲学》，中国政法大学出版社 1997 年版，第 233 页。

结果发生的义务；其二，在刑法没有就某种犯罪行为规定结果加重犯，也没有规定发生某种严重结果而成立其他严重犯罪的情况下，若先前犯罪行为导致另一法益处于危险状态，则宜认定为该犯罪行为导致行为人具有防止另一法益侵害的义务”。①

2. 先行行为可以为犯罪行为的论证

首先需要肯定的是，犯罪行为人可以因其犯罪行为成立先行行为保证人地位。因为，制造危险的人应当有义务防止结果的发生，不管行为系违法行为、合法行为或是犯罪行为。

过失犯罪行为成立保证人地位比较容易理解。“基本上，要求一个过失行为人在事后防止结果的发生，应该完全符合期待可能性的原则”。②“所谓期待可能性，指在行为时具体情况之下，能够期待行为人避免实施犯罪行为而实施合法行为。在行为人没有期待可能性的时候，即便其对犯罪事实具有认识，也具有违法性的意识的可能性，也不承担故意责任或过失责任的学说，称为期待可能性的理论。”③ 在过失犯罪中，行为人对其行为造成的危害结果是自以为能够避免而未避免，或应当预见，因疏忽大意而没有预见而致发生的，他并非追求或放任其行为所造成的危害结果的发生。对该危害结果，从主观上说，行为人是否定和排斥的。刑法对过失犯罪追究刑事责任，就是因为他们的行为已造成了一定程度的危害结果，他们承担的刑事责任之所以比故意犯罪小，是因为他们主观上不是希望、放任而是否认排斥危害结果的发生。因此，在行为已经发生危害结果，并且有向更为严重的结果发展的危险时，行为人对此存在预见性的情况下，他对更严重的结果应是排斥的。社会有期待其

---

① 张明楷：《刑法学》，法律出版社2003年版，第154页。

② 黄荣坚：《基础刑法学》（下），元照出版有限公司2006年版，第774页。

③ ［日］大谷实：《刑法总论》，黎宏译，法律出版社2003年版，第266页。

做出防止结果发生的积极行为的要求。这种法理上的要求并不过分，并非强人所难。在危害结果发生以后，行为人通常会采取积极措施，以防止更严重的结果发生，从而减轻自己的罪责。正是由于过失犯罪的行为人有这种心理，所以期待行为人防止更严重危害结果发生存在可能性。当行为人没有采取有效措施，以防止更严重的危害结果发生时，行为人对其先行的过失犯罪行为造成的更加严重的危害结果，当然应承担不作为犯罪的刑事责任。

但故意犯罪行为能否成立保证人地位，则是一个值得研究的问题。否定故意犯罪行为可以成立保证人地位的观点认为，故意的危险行为之后的不作为之所以不构成犯罪，理由是无期待可能性。在故意犯罪的前提下，犯罪结果是行为人追求或放任的。因此，我们无法期待行为人防止自己的犯罪行为产生加重结果。

下面以"红信水银案"（台湾"最高法院"1940 年台上字第 1689 号）判决为例进行分析。该判决指出，上诉人将红信水银投入饭锅内，如其犯意仅在毒杀其夫某甲一人，而于乙、丙先后食吃此饭时，虽在场知悉，因恐被人发觉不敢加以防止，即系另一犯意，以消极行为构成连续杀人罪，应与毒杀某甲之行为并合处罚。①

该案例中，上诉人毒杀其夫构成故意犯罪当无疑问，自无防止其夫死亡的期待可能性。但在犯罪过程中，其犯罪行为引发了乙、丙死亡的危险，上诉人应负防止乙、丙死亡的作为义务却没有防止，因此，上诉人构成不作为的杀人罪，其先行行为就是毒杀其夫的故意犯罪行为。

通过判例可以看出，故意犯罪行为人对其所实施的故意犯罪所可能产生的结果没有期待可能性，但对其犯罪行为所引发的超出其所欲犯罪的结果以外的危险，是有防止该危险的结果发生的作为义

---

① 参见林山田：《刑法通论》（下册）增订九版，台湾大学法学院图书部 2005 年版，第 224 页。

务的。质言之，故意犯罪行为可以成立先行行为保证人地位。

接下来，还要解释一下禁止重复评价的问题。禁止重复性评价是指，在定罪量刑时，禁止对同一犯罪构成事实予以二次或二次以上的法律评价。即对同一犯罪构成事实才有重复评价可言；并且指不得对同一行为在同一诉讼程序过程中重复定罪量刑。该原则体现在定罪中是指，一个行为只能定一个罪名或者说一个行为只能在构成要件中使用一次，不得在定罪中重复使用。体现在量刑中主要指，定罪情节不得在量刑时再次使用。定罪情节在确定某一行为是否构成犯罪的时候，已经使用过一次，如果在量刑时再次使用，就是重复评价，应当禁止。① 刑法评价的对象是违反义务的行为，在不作为犯罪中评价的对象是违反作为义务的不作为行为，而不是先行行为。故犯罪行为构成先行行为不违背禁止重复评价原则。法律对作为先行行为的犯罪行为的评价与对其后的不作为的评价是两个彼此独立的评价。在产生作为义务的根据层面，犯罪行为仅被作为一种导致刑法所保护的法益处于危险状态的事实行为来看待而已。

因此，先行行为构成犯罪应当处罚，先行犯罪行为如果引发危险，产生作为义务，构成不作为犯罪应当并罚，不存在重复评价的问题。日本东京的“交通肇事数罪并罚案”（东京高等法院的判决1971 年 3 月 4 日高刑集第 24 卷第 1 号第 168 页）明确了这一点。②

基本案情：被告人驾车过失将人行横道上一路人撞飞，致其重伤。被告人意欲把被害人送往有熟人的医院，而将被害人扶上副驾驶席后继续行驶。途中因害怕事情暴露而决意弃被害人于一无人之处，最后把被害人遗弃在离事发地点大约 2900 米处的路边田中的坑里后逃离。一审认定被告人有未必故意，而判其杀人未遂罪。

---

① 参见陈兴良：《禁止重复性评价研究》，载《现代法学》1994 年第 1 期。

② 参见［日］日高义博：《不作为犯的理论》，王树平译，中国人民公安大学出版社 1992 年版第 68 页。

东京高等法院认为，原判决针对本案的具体情况，基于违法类型适用于未必的故意而判处杀人未遂罪是妥当的，进而维持原判。判决指出，考虑到被害人受伤程度是重伤，当时的气温又很低，弃置被害人的那个地方直到早晨都很少有人来往。被告犯的违反道路交通法罪和不作为的杀人未遂罪是数罪关系，不存在吸收的问题，“原判决将两者分别定罪，判定一个行为触犯两个罪名是正确的，没有误用法令的适用解释”。

二、先行行为之后的“不作为”

所谓“不作为”，并非意味着“什么也不为”，而是“没有为一定的行为”。[①] 论及先行行为之后的“不作为”，关涉下列内容：符合构成要件结果的发生；不为期待应为的行为；防止结果发生的事实可能性；不作为与结果之间具有因果关系与客观可归责性；不作为必须与作为等价等问题。[②] 其中，不作为与作为的等价性问题前一章已经论述，不作为与结果之间的因果关系和客观归责问题将在下一章述及，在此，仅就符合构成要件的发生、不为期待应为的行为和防止结果发生的事实可能性，结合判例进行讨论。

（一）符合构成要件结果的发生

先行行为之后的不作为造成或可能造成结果的，才可能成立不作为犯罪。就不纯正不作为犯的既遂而言，必须发生该当构成要件的结果。[③] 不作为之所以能成为与作为等价的行为，在于它造成或可能造成结果。对造成结果的不作为论及不作为犯罪容易理解，但

---

① ［德］汉斯·海因里希·耶赛克、托马斯·魏根特：《德国刑法教科书》（总论），徐久生译，中国法制出版社 2001 年版，第 737 页。

② 参见林山田：《刑法通论》（下册）增订九版，台湾大学法学院图书部 2005 年版，第 210 页。

③ 参见［德］汉斯·海因里希·耶赛克、托马斯·魏根特：《德国刑法教科书》（总论），徐久生译，中国法制出版社 2001 年版，740 页。

还没有造成结果，只是造成了发生结果的危险是否可以论处不作为犯罪容易被误解。构成不作为犯罪，关键是不作为符合具体的犯罪构成要件。由于不作为也可能成立未遂犯，所以，认为只有不作为已经造成了侵害结果时才构成犯罪的观点是不正确的。

发生在日本前桥的“弃置他人杀人未遂案”（前桥地方法院高崎分院 1971 年 9 月 17 日判例时报第 646 号第 105 页）说明了这个问题。①

基本案情：被告甲想把丙骗出家中，抢夺他身上带的钱。丙是因患小儿麻痹不能行走的残疾人（当时 69 岁）。甲让不知情的被告乙开车一起去丙家。甲谎说“在安中能买佛像不一起去吗?”欺骗丙，让丙坐上车后，甲自己开车把丙带到无人的山道上，停下车。在此，甲向乙讲明内情，强迫乙答应按他的要求做。碰巧，这时丙要小便，下了车。甲迅速离开汽车，并让乙坐在驾驶席上做好开车的准备。甲抢了丙的现金（2 万日元），立即跳进汽车后席，将丙扔下，由乙开车离开那里。丙在这附近爬了一晚上，第二天早上七点左右被人救下。扔下丙的附近，东面是山，西面是悬崖，悬崖下是深谷，并有积雪，是远离人烟的山里。甲明知在寒冷的深夜，如将不能行走的老年残疾人扔在这里，不是冻死，就是掉下悬崖摔伤，但因害怕被人发现抢钱的犯罪行为，最终下决心将丙丢在那里。

前桥地方法院高崎分院认为，虽然杀人（未遂）罪的构成要件是以“为杀人”这一作为的形式规定的，但自己把被害人带到有生命危险的地方，而将其扔在那里不管这一不作为的行为，既然可能不扔下被告履行行为义务，那么，该不作为的行为就与作为杀人（未遂）的行为在构成要件上具有相等的价值，所以，认定该被告的不作为具备杀人（未遂）的实行行为的定型性。

---

① 参见［日］日高义博：《不作为犯的理论》，王树平译，中国人民公安大学出版社 1992 年版，第 69 页。

本案中，如被害人死亡，应认定为故意杀人罪，然被害人幸免于死，则应认定为故意杀人未遂罪。不能因为被告人的不作为没有造成被害人死亡的结果，就否定成立不作为的杀人罪。

（二）防止结果发生的事实可能性

行为人必须具有作为能力，而对于防止构成要件该当结果的发生，具有事实可能性的，其不作为始具有不法品质，而有构成不纯正不作为的可能。这源自于“任何人均无义务为不可能之事”的法谚。[①] 不作为构成要件的该当性问题，必须仅涉及具体案件里可能的不作为行为人，因为，只有他没有为可能的行为，才具有不法的性质。因此，属于不作为构成要件的是“个人的行为能力”，如果行为人能够利用适当的辅助力量，就应当认为该行为人具有此等行为能力。这里的前提条件是，行为人能够以有意义的方式为所要求的行为。[②] 进而言之，行为人需具备作为的外在要件，例如作为所及的空间或拥有救助所必要的手段等，并且拥有作为必要的能力，例如体力、知识等，则该行为人对于构成要件该当结果的发生，始具有事实可能性。换句话说，至于行为人能否履行义务，应从行为人履行义务的主观能力与客观条件两方面进行判断。

从主观方面看，如果行为人因昏迷、麻痹、抽搐或其他身体残障等，可以认为不具有防止结果发生的事实可能性；如果欠缺救助所必要的能力、经验或知识，例如不会游泳、不会做人工呼吸等，也可以认为不具有防止结果发生的事实可能性。行为人本身虽不具备履行作为义务的能力，但附近若有防止结果发生能力的第三人，例如医生，可资求助的，则行为人只要具有促使或请求该第三人从事防止结果发生的能力的，就可以认定为具有防止结果发生的事实

① 参见林山田：《刑法通论》（下册）增订九版，台湾大学法学院图书部 2005 年版，第 213 页。

② 参见［德］汉斯·海因里希·耶赛克、托马斯·魏根特：《德国刑法教科书》（总论），徐久生译，中国法制出版社 2001 年版，第 739 页。

可能性。

从客观方面看，只有当行为人履行作为义务可以避免结果发生时，其不作为才可能成立犯罪。例如，司机过失造成了交通事故致被害人重伤，即使立即送往医院也不能挽救生命，或者被害人将立即死亡时，即使司机没有履行救助义务，也仅成立交通肇事罪，而不成立不作为的故意杀人罪。

最高人民法院在《中国刑事审判指导案例》中以“韩正连故意杀人案”,[①] 对此类问题给出了指导性意见。

基本案情：2005 年 10 月 26 日晚 21 时许，被告人韩正连酒后驾车将在路边行走的妇女徐寿花撞到。韩正连发现撞伤人后，为逃避法律追究，将徐寿花转移到某住宅小区楼道口藏匿，致使徐寿花无法得到救助而死亡。当夜，韩正连将徐寿花尸体运出，并将之捆绑在水泥板上沉入河中。

连云港市中级人民法院认为，被告人韩正连驾车撞伤人，又将被害人隐匿导致其死亡，其行为构成故意杀人罪。被告韩正连以被害人是被当场撞死的，其没有杀人的主观故意为由上诉。江苏省高级人民法院认为，韩正连交通肇事撞人后，本应积极施救，但其不抢救被害人，反而将被害人转移藏匿，致使被害人死亡，具有放任被害人死亡的主观故意，其行为构成故意杀人罪。维持原判。

本案中，如被告人韩正连的辩解属实，则因为在转移被害人之前被害人已经死亡，故只能构成交通肇事罪，不发生转化故意杀人的问题。因为在这种情况下，被告人没有防止结果发生的事实可能性。法院认为，当时被害人是否已经死亡，应当从本案的客观情况出发得出结论。从现场痕迹和鉴定结论来分析，在撞人现场的地面上没有大量血迹，而在隐藏地点楼道口前发现大量血迹，表明被害

---

① 参见最高人民法院刑事审判第一、二、三、四、五庭主编：《中国刑事审判指导案例》（侵犯公民人身权利、民主权利罪），法律出版社 2009 年版，第 147 页。

人当时还有生命反映，可以认定被害人在被转移隐藏时还活着，同时结合被害人腹腔多处脏器损伤后失血性休克，不会在受伤后立即死亡的鉴定结论，也证实韩正连是在被害人尚未死亡的情况下将被害人转移藏匿的。

（三）不为期待应为的行为

“缺乏基于构成要件该当的状况所要求的行为，当然属于不作为的构成要件”。[①] 行为人不为刑法规范期待应为的行为，或不着手实行被期待的特定行为，始有可能构成不纯正不作为犯。如果行为人已经为被期待应为的行为，但结果仍旧发生的，则不成立不纯正不作为犯。如果行为人因为过失而为不足够的应为行为，致发生构成要件该当结果，则有可能成立过失的不纯正不作为犯。

不为期待应为的行为，表现为客观上的“不为”，实则反映了行为人主观上的“不想为”。

1. 客观上的“不为”

首先，法律所期待的行为是指能够尽可能迅速而确实地防止构成要件该当结果发生的行为。这种应为的结果防止行为，必须就具体情形而认定，特别是发生结果的危险方式与危险程度，例如小孩为开水所烫，则烫伤的方式与程度、小孩的年龄与其身体状态、事故发生的时间与地点等具体情形，均应全盘加以考量，以决定期待应为的救助行为是否仅仅涂抹消炎药膏，即为已足，或者送普通诊所治疗即可，抑或必须立即送至大型医院急救。

其次，期待应为的特定行为必须是能够迅速防止结果的发生的，才是期待的应为行为；否则，如果在客观事实上，并不足以迅速防止结果的，则不是期待应为的特定行为。例如，负有救生义务的救生员，遇有游客罹难，其被期待的行为，乃立即跃入水中，将

---

① ［德］汉斯·海因里希·耶赛克、托马斯·魏根特：《德国刑法教科书》（总论），徐久生译，中国法制出版社 2001 年版，第 738 页。

罹难者从水中救起，并进行人工呼吸。如果救生员将游泳池中的水放掉，固然也有可能防止罹难者溺毙结果的发生，但因放水需时太久，并不是迅速的结果防止行为，救生员虽然从事这种效果缓慢的结果防止行为，仍属不为期待的应为行为，如果罹难者溺毙，则成立不纯正不作为犯。

第三，可能迅速而确实防止构成要件该当结果发生的行为，往往会同时存有几个。行为人只要在这些数个同等价值的防果可能性中，选择其中一个而为，即为已足。行为人只有对这些防果行为均不作为的，才有可能构成不纯正不作为犯。例如救生员可以跃入水中，将罹难者自水中救起，也可以站在游泳池边，用拖网将罹难者自水中捞起。①

2. 主观上的“不想为”

行为人不为期待应为的行为，其主观上的心理是怎样的一种态度，有两种观点。其一认为，“利用已出现危险意志”是构成不纯正不作为犯的必要条件；其二认为，不纯正不作为犯的故意是未必故意就足够了。藤木英雄支持前者，指出，“缺少利用意志，只不过有未必的故意就认定成立不纯正不作为犯，是扩展了处罚不纯正不作为犯的范围”；日高义博支持后者，认为，“应把利用意志从犯罪成立要件中排除，不纯正不作为犯的故意是未必的故意就足够了。这是因为，既然不纯正不作为犯可用作为犯的犯罪构成要件来同等评价，那么，不纯正不作为犯和作为犯在故意的内容上也应是一样的，只在不纯正不作为犯的场合认为未必的故意不充分是没有道理的。”②

日本有关先行行为不作为犯的判例，对于行为人不为期待行为

① 参见林山田：《刑法通论》（下册）增订九版，台湾大学法学院图书部2005年版，第212页。

② 参见［日］日高义博：《不作为犯的理论》，王树平译，中国人民公安大学出版社1992年版，第51页。

的主观心理态度的认定，也是这样两种观点。既有因缺少利用意志而只有未必故意而否定不纯正不作为犯的判例，也有以未必故意为已足肯定不纯正不作为犯成立的判例。总体而言，从1958年日本最高法院的“营业员放火案”（1958年9月9日刑集第12卷第2882页）的判决开始，以未必故意肯定不纯正不作为犯的判例成为多数，说明这种观点已为司法实践所接受。以下列举两个判例予以说明。

日本福冈高等法院“刨花子着火案”（1954年11月30日高等法院刑事裁判特报第1卷第11号第509页）判决，[①] 表明利用意志是成立不纯正不作为所必须的要件。

基本案情：被告吸烟时，将点烟的火柴扔到甲的房檐下库房处的竹笼中，火柴棍的余火点着了竹笼中的刨花子，燃起了火苗。被告非常害怕，虽认识到火势增大会延烧到房子，但也没有采取补救措施就逃走了。最终火势增大，烧毁了房子的一部分。原审判不作为放火罪。福冈高等法院撤销原判决，判失火罪。

判决理由称，被告看到刨花子燃起火来，应立即扑灭，而且也能够扑灭，但被告看到是由火柴棍的余火把刨花子点着的，因而故意放任不管，由于不能判定该不作为是基于要烧毁房子的意思而不实施救火，所以上述被告所为，只有以失火罪讨论的余地。作为不纯正不作为犯的成立要件之一，必须有利用已出现危险的意志，本案缺少利用意志，所以否定成立不作为的放火罪。就是说，被告虽对延烧房子有认识，但因看着起火苗，非常害怕而逃走了，说明他没有利用已出现危险的意志。

与上述判决不同，日本广岛高等法院冈山分院在“拣硬币致

① 参见［日］日高义博：《不作为犯的理论》，王树平译，中国人民公安大学出版社1992年版，第52页。

着火案”（1973 年 9 月 6 日判例时报第 743 号第 112 页）的判决中,[①] 以未必故意成立不纯正不作为犯为已足。

基本案情：被告寻找售票处桌子的抽屉，在要把其中的现金往口袋里装的时候，硬币掉到了地板上。被告就把桌子上的纸片团成一长团，用火柴将其点着，用它照明拣地上的硬币，但这时，火把书、纸屑给点着了，火苗在桌上有 20 厘米高。被告虽认识到可能要烧毁该售票处，但因害怕自己的犯罪行为被发觉，不敢灭火，逃离了现场。

原判决认定成立放火罪。广岛高等法院冈山分院驳回了上诉，维持原判。“被告害怕被人发觉自己的犯罪行为而不敢救火，从这一点来看，被告的心理意图应解释为放任燃烧结果的发生，被告不履行救火义务，其不作为导致火灾发生，应负放火罪的刑事责任。”即不纯正不作为犯的故意只要是放任结果发生就足够了，不必存在利用意志。

上述两个判例，从过失的先行行为的观点来看，具有类似性，但因对不为期待行为的主观心态的不同认定而作出了不同的判决。

我国最高人民法院《中国刑事审判指导案例》在对前引“韩正连故意杀人案”的裁判理由中，对先行行为之后的不为期待行为的主观心态的认定上，认为有直接故意和间接故意两种可能。具体到个案，认为韩正连故意杀人案中被告人主观上系间接故意。现将其论述部分摘要如下。

行为人由于过失交通肇事的行为到故意杀人的行为，存在一个主观心理转变的过程。行为人交通肇事造成他人伤害主观上是出于过失，在因交通肇事已经致被害人伤害结果而使其陷于死亡的现实危险状态情况下，被害人的生命安全依赖肇事行为人的及时救护，而行为人为了逃避法律追究，不采取措施防止死亡结果的发生，而

---

① 参见［日］日高义博：《不作为犯的理论》，王树平译，中国人民公安大学出版社 1992 年版，第 58 页。

是将被害人带离事故现场后隐藏或者遗弃，致使被害人因得不到及时的救护而死亡，其承担的责任不再是交通肇事的结果加重犯的责任，而是因其先行行为造成他人死亡威胁状态构成的不作为的刑事责任。

《道路交通事故处理办法》第 7 条规定，“发生交通事故的车辆必须立即停车，当事人必须保护现场，抢救伤者和财产”，同时，由于肇事者自己先前的交通肇事行为才使被害人的生命处于现实危险状态，因此，从法律明文规定和行为人先行行为来看，肇事行为人负有防止死亡危险结果发生的特定义务，如果能够履行而故意不履行，造成被害人死亡结果的，就构成刑法上的不作为故意杀人罪。这种情况下，行为人对于造成被害人死亡的主观心态既可能是希望被害人死亡，也可能是放任被害人死亡。因为行为人对被害人处于急需救助、生命安全处于危险状态是明知的，此时，再将被害人带离事故现场后隐藏或遗弃，如果明知自己的行为必然发生被害人死亡的结果，则属于直接故意杀人；如果仅明知自己的行为可能会发生被害人死亡的结果，而放任这种结果的发生，则属于不作为的间接故意杀人。至于个案中被告人的主观心理状态的认定，一般可以从其实施的客观行为、肇事后被害人的伤害情况、当时的特定环境以及社会一般人的通常认识程度等方面进行综合分析判断。

具体到韩正连个案，最高人民法院《中国刑事审判指导案例》认为韩正连交通肇事将被害人撞伤后，有义务送被害人去医院抢救，但为逃避法律追究，将被害人带离事故现场藏匿，主观上具有放任被害人死亡的犯罪故意，客观上导致被害人因无法得到救助而死亡的结果，其行为构成不作为的故意杀人罪。①

值得注意的是，在另一个先行行为不作为犯的“颜克于案”

---

① 参见最高人民法院刑事审判第一、二、三、四、五庭主编：《中国刑事审判指导案例》（侵犯公民人身权利、民主权利罪），法律出版社 2009 年版，第 147 页。

[最高人民法院《中国刑事审判指导案例》（侵犯公民人身权利、民主权利罪），第166页]的裁判理由中,[①] 最高人民法院《中国刑事审判指导案例》明确指出，不为期待行为的主观上只能是间接故意，而不能是直接故意。其指出“我们认为，在不作为犯罪中，不作为者对危害结果的过错形式只能是间接故意。如果过错形式是直接故意，就不存在不作为的问题，而是一种作为犯罪了，即行为人明知自己的不履行特定义务可能或必然发生危害社会的结果，并且希望该结果的发生，而利用客观上存在的自然力或其他人为因素，实现危害结果发生的目的。”

“颜克于案”基本案情：2007年5月25日11时许，颜克于、廖红军、韩应龙等发现年仅17岁的周家龙有盗窃颜克于自行车的嫌疑，尾随追赶周至码头后将周抓住。随后，廖等对周拳打脚踢，并手持石块、扳手击打周头部，导致周某头皮裂创流血。周挣脱逃跑后，颜等继续追赶。周逃上货船，颜等将周堵在船尾，周被迫跳入河中。当时，颜等在船上看着周向前游了数米后又往回游，体力渐渐不支而沉入水中。其间，货船上的人看到有人沉下去了，就对颜等说：“你们快报警，不然要出人命了。”但是，颜等均未对周实施任何救助行为。等他人报警，公安人员赶来将周打捞上来时，周已溺水死亡。

浙江省湖州市南浔区人民法院一审认为，被告人颜克于等因周家龙偷窃自行车而殴打、追赶周家龙，从而迫使其逃上货船并跳入河中，三被告人目睹周家龙在水中挣扎，明知此时周家龙有生命危险，却不采取救助措施，最终发生了周家龙溺水死亡结果，其行为构成故意杀人罪。

关于颜克于等的故意杀人罪的“故意”是直接故意还是间接

① 参见最高人民法院刑事审判第一、二、三、四、五庭主编：《中国刑事审判指导案例》（侵犯公民人身权利、民主权利罪），法律出版社2009年版，第166页。

故意，裁判理由指出，颜克于等明知周家龙跳河后，因体力不支而在河中挣扎，并渐渐沉入河中，可能会发生周家龙溺水死亡的结果，却没有采取任何救助措施，而是目睹周家龙沉入河中后，才离开现场。颜克于等被告人没有利用溺水这一客观条件而致周家龙死亡的直接故意，其对周家龙的死亡，仅仅是放任态度。如果周家龙跳水后，要往岸上爬，颜克于等却实施了阻拦周家龙上岸的行为，迫使其溺水死亡，就是直接利用溺水这一客观条件致周家龙死亡，属于直接故意杀人的范畴。

三、先行行为不作为犯的可能态样

根据许玉秀的考察，如果先行行为限于违反义务的故意或过失作为，则先行行为保证人类型可能出现的态样，或者说是先行行为与其后的不作为可能出现的组合形式有八种，[①] 即（故意＋故意）侵犯同一法益；（故意＋故意）侵犯不同法益；（故意＋过失）侵犯同一法益；（故意＋过失）侵犯不同法益；（过失＋故意）侵犯同一法益；（过失＋故意）侵犯不同法益；（过失＋过失）侵犯同一法益；（过失＋过失）侵犯不同法益。其中，究竟何种组合形式可以归类于先行行为保证人类型而以先行行为不作为犯进行处罚，需要进一步研讨。

（一）先行行为不作为犯的典型组合

理论上，“鲁登（Lund）将前行为保证人类型限定于非故意前行为＋故意不作为的类型”。[②] 认为除了（过失＋故意）的类型外，其余类型或者为单一行为，或者为结果加重犯，只有（过失＋故意）在传统解决方法中找不到出路，从而将这种类型划归先行行

① 参见许玉秀：《主观与客观之间》，法律出版社 2008 年版，第 300 页。

② 参见许玉秀：《当代刑法思潮》，中国民主法制出版社 2005 年版，第 693 页。

为保证人类型，并且只限于这种情形。许玉秀也承认，（过失+故意）侵犯同一法益和（过失+故意）侵犯不同法益是最典型的前行为保证人类型，“至今学术上和实务上都没有承认这种组合可以成立结果加重犯，因为有前行为保证人类型存在，并没有因而造成处罚漏洞。”①

仔细观察前引先行行为不作为犯的判例，很容易发现，（过失+故意）是先行行为不作为犯的典型或最常见的组合。进一步而言，这种（过失+故意）组合中的故意应是间接故意而不是直接故意，才是典型的先行行为不作为犯。如果不作为的故意是直接的故意，或者说有利用危险的意志，则可能直接成立故意犯罪，而不是不作为犯罪。例如，前引颜克于案，如果颜克于等实施了阻拦周家龙上岸的行为，迫使其溺水死亡，就是直接利用溺水这一客观条件致周家龙死亡，属于直接故意杀人的范畴。

许玉秀所列举的（过失+故意）侵犯不同法益的例子，“甲抽完烟蒂丢在厨房垃圾桶，突然燃烧起来，甲正想提水灭火，见智障幼儿乙正走向垃圾桶，乃转身离开屋子，火势后经邻居扑灭，但厨房全毁，乙亦被烧死，”构成先行行为不作为犯没有问题。但其（过失+故意）侵犯同一法益的例子，“图书馆管理员误将甲锁在馆内，虽然后来发现甲，但为教训甲乃决定多关半天，”则不无疑问。该案中，管理员利用了将甲锁在馆内的客观条件教训甲，已是直接故意。

（二）先行行为不作为犯的非典型组合

由于故意的一般违法行为或故意的犯罪行为都可以形成保证人地位，因此，不能排除（故意+故意）组合成立先行行为不作为的可能。前引“红信水银案”（台湾“最高法院”1940年台上字第1689号）是适例。上诉人将红信水银投入饭锅内，毒杀其夫构

① 许玉秀：《主观与客观之间》，法律出版社2008年版，第325页。

成故意杀人罪，其不阻止乙、丙吃饭系间接故意，构成不作为故意杀人。（故意+故意）成立先行行为不作为犯须是其先行的犯罪行为引发造成另一个危害结果的危险，从而产生防止另一个危害结果的作为义务。

许玉秀所列举的（故意+故意）侵犯不同法益的例子，“放火烧他人的房子，起火之后发现原以为已经外出的房子所有人竟然在家并大喊救命，为怕暴露行迹，眼睁睁看着被害人被大火吞噬，”① 对此，前行放火行为构成放火罪，引起他人被烧死结果危险，有防止他人死亡结果发生的作为义务，却不履行，主观上是间接故意，构成不作为故意杀人罪，与前放火罪并罚。

但其（故意+故意）侵犯同一法益的例子，“甲举刀欲杀乙，乙躲闪摔入水池中，甲明知乙不会游泳，心想天助我也，扬长而去，乙因而溺毙，”② 则不成立不纯正不作为犯。该案中，甲欲杀乙，造成乙死亡，无论是刀砍死还是水溺死，应认为因果关系没有中断，甲不存在救助摔入水中的乙的期待可能性，不存在救助乙的作为义务。对甲应直接论以故意杀人罪。

（三）其他组合形式的分析

（1）（故意+过失）是典型的结果加重犯的组合，关于结果加重犯后文论述，先按下不表。在此只分析一下许玉秀给出的举例。

（故意+过失）侵犯不同法益的情形，如“甲以迷药将妻乙迷倒，以避免乙知悉甲会见秘密访客，原拟于访客走后叫醒乙，惟与访客畅谈投机相约出外饮酒而忘记妻乙尚在昏迷中，因为甲逾时未叫醒乙，乙因而一命呜呼，”③ 该案中，甲迷倒乙的行为，难以成立独立的犯罪，发生了乙死亡的结果，甲对乙的死亡持过失的心态，应认定为过失致人死亡罪，而不是结果加重犯。

---

① 许玉秀：《主观与客观之间》，法律出版社 2008 年版，第 300 页。
② 许玉秀：《主观与客观之间》，法律出版社 2008 年版，第 300 页。
③ 许玉秀：《主观与客观之间》，法律出版社 2008 年版，第 300 页。

（故意 + 过失）侵犯同一法益的情形，如“甲经常等在实验室工作甚久的乙而不能关门提早休息，某日心情烦闷不想守门，乃将乙锁在实验室中，乙恰因甲有急事欲提前离去，见状推门，甲不予理会，打算出去逛两个小时后再回来开门，谁知在路上遇到老朋友，相约上朋友处聊天，竟忘了时间，见东方微白才想起乙而赶回来开门，”① 该案中，究竟给乙造成了怎样的伤害没有表述，如可能，或可构成非法拘禁罪。

（2）（过失 + 过失）的组合，许玉秀认为“在前行为保证人类型犯中是没有意义的，在结果加重犯类型中也是极具争议，被当做非真正的甚至是多余的结果加重犯。”② 但其所举的（过失 + 过失）侵犯同一法益的例子却是一个构成前行为保证人地位的案例。

许玉秀列举的（过失 + 过失）侵犯不同法益的例子，“甲抽完烟蒂丢在厨房垃圾桶，突然燃烧起来，如果甲见有烟自垃圾桶冒出来，以为即将消逝，因此亦未阻止幼儿走向垃圾桶，但当幼儿靠近时，火舌突然冒出来，火势猛烈，甲欲出手相救已来不及，乙受严重灼伤，脸部变形，”③ 直接论以过失致人伤害罪。

（过失 + 过失）侵犯同一法益的例子，“甲跑步不小心撞倒乙，乙掉落水池，甲误以为乙乃其所熟识的丙，丙善泳，因此继续慢跑，未救助落水的乙，乙因而溺毙，”④ 甲撞到乙，乙掉入水池，甲负有救助乙防止乙溺毙的义务，是由其撞到乙的先行行为所引起，不存疑问。甲不履行该义务，造成乙死亡，应当成立不作为杀人罪。只不过，甲不履行义务，是出于过失，误以乙为善泳的丙。所以，这是一个典型的过失不纯正不作为犯的例子。“愿意执行命

① 许玉秀：《主观与客观之间》，法律出版社 2008 年版，第 300 页。

② 许玉秀：《当代刑法思潮》，中国民主法制出版社 2005 年版，第 677 页。

③ 许玉秀：《主观与客观之间》，法律出版社 2008 年版，第 300 页。

④ 许玉秀：《主观与客观之间》，法律出版社 2008 年版，第 300 页。

令但错误行为者，或无意识地仅做了很少的行为者，只能作为过失的不作为犯加以处罚。”①

综上，对于先行行为不作为犯而言，其典型的组合形式是（过失+故意），例外的有（故意+故意）的情形，在（过失+过失）情况下，则有成立过失的先行行为不作为犯的可能。

第三节　先行行为不作为犯与结果加重犯

实务上对于结果加重犯的认定，往往由于结果加重犯与先行行为不作为犯犯罪类型的混淆不清而有困难。例如，在交通事件中，车祸发生后，肇事者未将伤者立即送医，而发生伤者致死的情形，此时究竟依交通肇事罪的升格法定刑处罚，还是成立先行行为不作为故意杀人的不纯正不作为犯，颇生困扰，实有进一步研讨之必要。

一、结果加重犯简述

结果加重犯是指行为人实施基本犯罪，却发生超出基本犯罪结果范围的较重结果，刑法对较重的结果规定了加重处罚的犯罪型态。由于行为本身所具有的危险性，行为本身就应当受处罚，如果与行为相关的典型的危险以侵害结果的方式被实现，其处罚要远重于一般行为本身。德国于1953年在其刑法总则第53条（即现行德国刑法第18条）设立了结果加重犯的一般规定，即如果行为人对结果的发生至少有过失时，始可对行为人加重处罚。②

受德国立法的影响，奥地利刑法、韩国刑法、日本改正刑法草

---

① ［德］汉斯·海因里希·耶赛克、托马斯·魏根特：《德国刑法教科书》（总论），徐久生译，中国法制出版社2001年版，第739页。

② 参见［德］汉斯·海因里希·耶赛克、托马斯·魏根特：《德国刑法教科书》（总论），徐久生译，中国法制出版社2001年版，第319页。

案以及我国台湾地区“刑法”、澳门地区刑法均在总则设立结果加重犯的一般规定，要求行为人对加重结果“至少过失”或“能够预见”。

（一）结果加重犯的组合形式

在德国，数量很大的结果加重犯都是这样一种故意和过失相结合的组合（故意+过失），但是，故意和故意相结合甚至也能够作为结果加重犯而出现（故意+故意）。[①] 前者如德国刑法第227条伤害致死罪，后者如德国刑法第226条伤害致重伤罪。例外情况下，过失和过失相结合也可以成立结果加重犯（过失+过失）。[②] 如德国刑法第309条失火致死罪。

日本刑法在总则中未设立结果加重犯的一般规定。理论上有认为基本犯罪中不仅有故意犯罪，还包括过失犯。对于加重结果不仅是过失，而且具有故意的场合也成立结果加重犯。但判例的立场是，符合构成要件的基本行为和加重结果只要有因果关系就足够了，对于重结果，即便是没有过失的场合，也成立结果加重犯。[③]

我国台湾刑法受日本改正刑法立法的影响，在其“刑法”总则第17条第2款作了明文规定，“因犯罪致发生一定结果，而有加重其刑之规定者，如行为人不能预见其发生时，不适用之”。就此以观，行为人对于加重结果的发生有预见可能时，结果加重犯方可成立，倘无预见可能，则不能论以结果加重犯，只能论以普通的结

---

① 参见［德］罗克辛（Roxin）：《德国刑法学总论》（第1卷），王世洲译，法律出版社2005年版，第218页。

② 参见［德］汉斯·海因里希·耶赛克、托马斯·魏根特：《德国刑法教科书》（总论），徐久生译，中国法制出版社2001年版，第321页。

③ 参见［日］大谷实：《刑法总论》，黎宏译，法律出版社2003年版，第157页。

果犯，即原来依行为人的认识而实施的犯罪。[①] 一般而言，台湾刑法仅有（故意 + 过失）型结果加重犯。也有认为，单就理论而言，过失基本行为与过失加重结果之间亦有可能存在特别的危险关系（过失 + 过失），例如犯失火罪而竟导致被害人死亡的结果。但是，台湾现行刑法并未将上述情形列为结果加重犯，因此，在罪刑法定原则之下，只能成立失火罪与过失致死罪的想象竞合犯。此外，台湾现行刑法理论和实务多数否认故意基本行为与未必故意加重结果之间的结果加重犯，但少数说有条件肯认之。[②]

我国大陆刑法在总则亦未设立结果加重犯的一般规定。张明楷教授指出，对基本犯罪一般持故意，但持过失时，也可能成立结果加重犯，如我国刑法第 132 条规定的铁路运营安全事故罪。对加重结果至少是过失（预见可能性）。从我国刑法规定来看，部分结果加重犯对加重结果只能持过失，如故意伤害致死；部分结果加重犯对加重结果既可以持过失也可以持故意，如抢劫致人重伤、死亡。同时认为，不应存在对基本犯罪持过失，而对加重结果持故意的结果加重犯，否则会造成罪刑不均衡。[③]

（二）基本犯罪行为与加重结果之间的直接性

“直接性”要件是德国联邦法院 1971 年在“被害人避难逃跑案”中解释适用德国旧刑法第 226 条（现为第 227 条）伤害致死罪时所创立出来，已为德国多数判例支持。

“被害人避难逃跑案”的基本案情：行为人以暴力攻击被害

---

① 参见蔡墩铭：《刑法精义》，翰芦图书出版有限公司 2005 年版，第 129 页。

② 例如，许玉秀认为，对遗弃无自救能力人所生加重结果，有未必故意的情形，极为平常，也应该承认故意 + 故意的加重形态，并且，现行台湾“刑法”第 17 条解释上应可包括“对加重结果有未必故意的情形。”参见林钰雄：《新刑法总则》，元照出版有限公司 2006 年版，第 90 页。

③ 参见张明楷：《刑法学》，法律出版社 2007 年版，第 156 页。

人，造成上臂有深入性伤口与鼻梁断裂的伤害后，处在害怕状态下的被害人为避免行为人继续攻击，而试图越过二楼窗户逃到阳台。未料跌倒而死亡。联邦法院认为，伤害致死罪加重处罚的立法目的在于，立法者要对抗伤害行为同时伴随着发生死亡结果的“特有危险”。在通常情况下，死亡结果只能由行为人所造成，才能认定伤害行为与死亡结果间具有“直接性”。如果死亡过程是由第三人的攻击行为，或者，被害人行为所造成，那么，就不是属于基本构成要件本身所“固有的内在危险”的实现，因此，不具备“直接性”。在本例中，联邦法院认为，最终是被害人自己的行为造成死亡，伤害行为与死亡结果不具备上述的“直接性”，不能论以当时德国刑法第226条（现第227条）伤害致死罪，只构成故意伤害罪与过失致死罪的想象竞合。

基本上，此后大多数的讨论都是从联邦法院在1971年“被害人避难逃跑案”案的见解出发。亦即，如果死亡结果不是属于基本构成要件本身所伴随“特有危险”或“固有的内在危险”的实现，便不具备“直接性”。①

罗克辛（Roxin）认为，实务上关于结果加重犯的判决十分不一致，有的强调“直接性”要件而限缩结果加重犯的成立，但有

① 参见蔡惠芳：《德国法上结果加重犯归责理论之研究：以伤害致死罪为例》，载《刑事法学新趋势——Lothar Philipps教授七十大寿祝贺论文集》，第19页。另外值得一提的是雅各布斯（Jakobs）的“风险同一性理论”。雅各布斯（Jakobs）认为，对结果加重犯科以较重的刑罚，并非因为它是基本犯罪与加重结果间的单纯累积关系，而是以下应该加重处罚的情况：基本犯罪行为所带来的风险，由于经常无法控制量之实施，以至于成为一个具有重要性之危险。因此，结果加重犯之前提是基本犯罪之结果与加重结果均产生自同一风险，此风险是由基本犯罪行为所制造，只不过行为人在“同一风险上产生量的误判”。所谓“风险同一性”是指，加重结果之产生必须来自行为人因实施基本犯罪行为所制造之风险。如果加重结果之产生是来自与基本犯罪行为实施无关之风险，则不能构成结果加重犯。

的判决却忽略，甚至拒绝“直接性”要件。[1] 不过，联邦法院限制责任的方向，在趋势上是值得赞同的。“因为各种犯罪（如窃盗罪）都能够导致反常的严重后果（如在追赶过程中摔死了）。但是立法者仅仅在确定的犯罪中，根据它们造成严重结果的一般趋势来规定一些结果加重的情节，因此，只有在从基本犯罪的典型危险中产生结果时，才适用这种行为构成，这是符合立法目的的。只有这种结果，才能为结果加重犯的保护目的所包括”。[2]

个别结果加重犯的规范目的不能抽象得出，而必须针对个别犯罪的构成要件通过个别解释而加以确定，所以不可能发展一般性的解决方法。在伤害致死罪的适用上，罗克辛（Roxin）教授认为，在为了避免行为人或第三人攻击的案例中，被害人在逃走过程中死亡，虽然不违反生活上的经验法则，但不在结果加重犯加重刑法的规范目的之内，因此，不属于基本犯罪构成要件特有者，而不能被

---

① 例如，联邦法院判决 BGH 3StR711/93 就涉及了被害人的行为。在本例中，酒精成瘾之被害人严重受伤后被送进医院，尽管受到医生警告已处在危险状态，但仍不接受住院治疗之建议，而返回家中继续饮酒，三天后被害人死亡。虽然此案例中之被害人最后是因为拒绝医治行为导致死亡，但联邦法院认为可构成伤害致死罪，理由是，由于伤害行为已包含死亡的风险，此死亡风险最后也实现。被害人轻忽自己状态之严重性而拒绝治疗之行为，不中断行为人与死亡结果之归责关系，毕竟本案中被害人死亡的因果历程仍在日常生活经验之可能性范围内。对此判决，有学者表示，在上述酒精成瘾案例中，法院之见解只有在以下前提下才可受到支持，亦即，能够排除被害人行为可被承认为自我应负责行为之情形。换言之，一旦被害人行为被认为具备自我应负责性，便可中断基本行为之危险实现关系。最后，行为人不能被论以伤害致死罪。参见蔡惠芳：《德国法上结果加重犯归责理论之研究：以伤害致死罪为例》，载《刑事法学新趋势——Lothar Philipps 教授七十大寿祝贺论文集》，第 24 页。

② ［德］罗克辛（Roxin）：《德国刑法学总论》（第 1 卷），王世洲译，法律出版社 2005 年版，第 219 页。

刑法第227条所涵盖。①

概言之，“由于行为本身所具有的危险性，行为本身就应当受处罚，如果与行为相关的典型的危险以侵害结果的方式实现，其处罚要远重于一般行为本身”。② 刑法设立结果加重犯，即缘于此。

(三) 结果加重犯的犯罪构成

一般认为，结果加重犯的成立需具备以下条件：基本犯罪的实现，且法律对此基本犯罪实现有独立的处罚规定；出现加重结果，且法律对此加重结果亦有独立处罚的明文规定；该项加重结果对于基本犯罪而言，是一种特殊危险的实现，而此危险原本就附着于基本犯罪中；行为人对于加重结果至少要有过失。

结果加重犯的构成，实际上行为人仅是为一个行为，但却出现了在法律评价上两个以上不同的结果，亦即，一个是在行为人想象范围内的基本犯罪的结果，另一个则是基于基本犯罪而衍生出的加重结果。如果没有加重结果的出现，就没有论及结果加重犯的必要。但出现了加重结果是否就一定可以论以结果加重犯呢？答案是否定的。加重结果的出现，是基本犯罪行为所惹起，但也可能有第三人或被害人自身的因素。因此，结果加重犯是对基本犯罪行为和加重结果的综合评价，但是，结果加重犯的评价重点仍然是基本犯罪行为。

(四) 想象竞合犯取代结果加重犯？

由于结果加重犯处罚过重，理论上有以想象竞合犯取代结果加重犯的争论。

想象竞合犯意味着，“通过一个行为实现数个犯罪构成要件，

---

① [德] 罗克辛 (Roxin)：《德国刑法学总论》(第1卷)，王世洲译，法律出版社2005年版，第220页。

② [德] 汉斯·海因里希·耶赛克、托马斯·魏根特：《德国刑法教科书》(总论)，徐久生译，中国法制出版社2001年版，第319页。

被想象为一个行为的不同部分均能够满足一个犯罪构成要件”。[①] 结果加重犯是由基本犯罪行为、基本犯罪结果与基本犯罪行为所产生的加重结果所组成。以此观察，结果加重犯似乎与想象竞合的情形并无不同。以伤害致死罪为例，除伤害罪的基本行为与伤害结果外，此基本行为又造成另一更重的死亡结果，那么，是否可以将伤害致死罪理解成在本质上仍属于故意伤害罪与过失致死罪之想象竞合呢？

事实上，结果加重犯不仅在科刑上与想象竞合不同，而且由于结果加重犯的结构不是单纯的故意犯与过失犯的累积，它的内在结构与想象竞合犯罪类型有所不同。虽然就一行为数罪名来看，二者类似，但在想象竞合下，两项罪名的出现是偶然地同时出现竞合，哪些罪名间产生竞合取决于个案，不同的案件事实状况会有不同罪名的同时出现。但在结果加重犯的情形，基本犯罪的罪名与加重结果罪名间必然存在关联。

依据目前德国实务见解，要使结果加重犯的加重处罚效果正当化，并借以与想象竞合相区别，必须基本犯罪与加重结果间具有直接关系，因此，“直接性”是适用加重结果犯所必须附加的第三要件。“就已具备上述要件的结果加重犯的不法内涵而论，如依据想象竞合理论处罚，是与事物本质不合的处罚方式，唯有以结果加重犯的加重处罚，才能正确掌握此类行为的不法内涵”。[②]

例如，故意杀人罪是行为人对死亡的实害有实际上预见，或出于积极追求或是消极容忍此一结果，而被认定具备杀人故意，非仅仅具备伤害故意。倘使某个案件是涉及一个故意伤害而单纯过失造

---

① ［德］汉斯·海因里希·耶赛克、托马斯·魏根特：《德国刑法教科书》（总论），徐久生译，中国法制出版社 2001 年版，第 875 页。

② 参见蔡惠芳：《德国法上结果加重犯归责理论之研究：以伤害致死罪为例》，载《刑事法学新趋势——Lothar Philipps 教授七十大寿祝贺论文集》，第 11 页。

成死亡结果，应以想象竞合论之。当行为人所实施的故意伤害行为伴随着产生死亡结果的特有或固有的内在危险，此种情况无法被想象竞合所涵盖，此即为伤害致死罪的适用对象。进而言之，一个伤害行为偶然与过失致死同时发生（想象竞合）和一个伤害行为本质上与过失致死有关联（结果加重犯），这两种事实情况，就事物本质而言，绝对有所不同。在前一种情形，伤害行为仍以普通伤害罪来评价，在后一种情形，由于是具有内在死亡危险的故意伤害行为，伤害罪的罪质已产生变化，即，原来对身体法益的侵害行为，由于内含的危险性而提升到一定程度，而上升为生命法益受到侵害，以至于不能仅以普通伤害罪论处，而必须用加重处罚的伤害致死罪才能完全反映出其不法与罪责内涵。①

另外，从是否对行为充分评价的角度，也可体会结果加重犯的意蕴。以一般所谓真正的结果加重犯，即典型的（故意 + 过失）的组合为例，例如甲故意放火，因不知乙在屋中而烧死乙。如果依想象竞合犯从一重处断，认定故意放火烧毁有人居住之建筑物之罪，是否乙生命法益受侵害的情形已能完全被吸收？是否属于过低评价？如果论以故意放火 + 过失致人死亡两罪，则又有对放火行为作双重评价造成过度评价的问题。倒是结果加重犯将主观的过失和客观的加重结果和故意基本犯罪一起作综合评价，反而能切实顾及评价上的平衡。②

（五）结果加重犯的历史演进趋势

从历史上说，“结果加重犯来源于在卡洛琳娜法中发展起来的所谓 Versari re illicita 的理论。根据这种理论，每个人在没有罪责

---

① 参见蔡惠芳：《德国法上结果加重犯归责理论之研究：以伤害致死罪为例》，载《刑事法学新趋势——Lothar Philipps 教授七十大寿祝贺论文集》，第 70 页。

② 参见许玉秀：《主观与客观之间》，法律出版社 2008 年版，第 325 页。

时，也要为其被禁止的行为所产生的结果负责”。[①] 也就是说，行为人对其不法行为所产生的一切结果，无条件地承担责任。在1871 年的德意志《帝国刑法典》中，加重处罚只适用于发生犯罪结果，行为人是否预见该结果的发生无关紧要。后来，在结果加重犯中适用罪责原则，导致了刑法典第 18 条的规定，即如果行为人对结果的发生至少有过失时，始可对行为人加重处罚。“在结果加重犯情况下，过失归结为对结果的可预见性，因为所有其他过失特征早在实施基本的犯罪过程中就已经具备”。[②]

总体而言，对结果加重犯的处罚是限制的趋势。犯罪行为与加重结果之间的“直接性”的考量为多数判例所采纳，即结果加重犯不是单纯的基本犯罪加上加重结果，而是加重结果必须是基本犯罪行为本身“特有危险”的实现。在适用结果加重犯构成要件时，必须在基本犯罪行为实施中，依据该行为的实施方式而筛选出某些行为。唯有符合标准而被选出的基本犯罪行为才有可能与后来发生的加重结果建立起归责关系。换言之，基本犯罪行为本身必须伴随或蕴含加重结果实现的危险，而此项危险在行为当时业已显现出来。也就是说，危险已经具体呈现出来。

另一方面，在结果加重犯情况下，“立法者越来越要求将轻率作为过失的一种加重形式”。[③] 1962 年德国刑法草案曾经尝试过一种定义性规定，“严重过失地行为，就是轻率地行为。”因此，今天的文献中，“轻率一般也被称为严重的过失”。[④] 或者说，轻率是

---

① ［德］罗克辛（Roxin）：《德国刑法学总论》（第 1 卷），王世洲译，法律出版社 2005 年版，第 221 页。

② ［德］汉斯·海因里希·耶赛克、托马斯·魏根特：《德国刑法教科书》（总论），徐久生译，中国法制出版社 2001 年版，第 319 页。

③ ［德］汉斯·海因里希·耶赛克、托马斯·魏根特：《德国刑法教科书》（总论），徐久生译，中国法制出版社 2001 年版，第 320 页。

④ ［德］罗克辛（Roxin）：《德国刑法学总论》（第 1 卷），王世洲译，法律出版社 2005 年版，第 731 页。

过失的提高形式。这是从主观上对结果加重犯进行限制的体现。

二、先行行为不作为犯与结果加重犯的区别

先行行为不作为犯与结果加重犯在本质上是不作为犯与作为犯的区别。

麦茨格（Mezger）认为，不能单从行为的外观来区别作为或不作为。作为与不作为的区别不是事实认定的问题，而是价值判断的问题。或者说，是以法的非难重点来认定的。① 以下以德国的“山羊毛案”（RGST 63，211）为例进行分析。②

基本案情：毛笔工厂主人进口一批中国山羊毛，按当时的规定，必须先经消毒杀菌才可加工。工厂主人未按此规定，将未经消毒的中国山羊毛交给工厂工人加工。不料因该批羊毛带有炭疽杆菌，致使四名从事羊毛笔加工的女工因感染该病菌而死亡。根据专家的鉴定报告，对于这种当时在欧洲尚不多见的炭疽杆菌，纵使使用法律所允许的消毒方法进行消毒，也无法保证完全杀菌。因此，纵使事先经过消毒，这些女工仍然可能因感染炭疽杆菌致死。

麦茨格（Mezger）认为，该案中，如果法的非难重点在于行为的作为面，即交付未经消毒的山羊毛，则属于作为犯；如果非难重点在于行为的不作为面，即不消毒，则属于不作为犯。对于这类案例，如果认定为不作为犯，必须是履行被要求的作为义务，结果有几近确定的可能性可以避免时，不作为与结果之间才具有因果关系。如果认定是作为犯，则只要行为人的行为不存在，结果有可能不发生时，就否定了作为与结果之间的因果关系。麦茨格（Mezger）表示，山羊毛案必须以不作为犯的观点审查因果关系，

---

① 参见郑铭仁：《危险升高理论之研究》（硕士论文），台湾“国立政治大学”研究所 1995 年，第 79 页。

② 参见郑铭仁：《危险升高理论之研究》（硕士论文），台湾“国立政治大学”研究所 1995 年，第 68 页。

因为对工厂主人的非难重点在于其不为消毒而将山羊毛交付给工人加工。

对此，施彭德（Spendel）有不同的处理方式。施彭德（Spendel）认为，从法秩序主要是以不为不法行为的禁令（Verbot）所表现，唯有在例外的情形下才有适当行为的命令（Gebot）来证明，法秩序主要是处罚危害社会的作为，而不是危害社会的不作为。因此，对于无法明确判断出行为人的行为是作为或不作为的案例，施彭德（Spendel）认为应认定是作为犯。①

传统上将违反注意义务当成过失犯的中心概念，确实是容易将过失行为与不作为混淆，因而误认过失行为的不法普遍存在于不作为。事实上，过失犯是因疏于注意而引起法律所禁止的结果，其重点在于引起法律所禁止的结果；不作为犯则是不为法律所要求的行为或不避免法律所不欲发生的结果，其重点在于不为法律所要求的行为或不避免法律所不欲发生的结果。因此，过失犯与不作为犯是两种不同的类型。罗克辛（Roxin）持相同的见解，并举例予以说明。如果某人因使用火柴不小心引起火灾，其过失行为是积极的行为。也就是说，其过失行为是制造一个不被容许危险的行为，而不是没有采取注意措施。雅各布斯（Jabos）也表示，“在作为的领域内，并未要求须小心地使用火柴，而是禁止轻率地使用火柴，因此，并不存在使用火柴的义务”。② 因此，就山羊毛案而言，应在作为犯的观点下检讨其因果关系的有无。

先行行为不作为犯与加重结果犯，皆可区分为两个阶段观察，第一阶段为作为，第二阶段为不作为。至于如何评价，则应以被害人的情况，客观环境中第三人救助可能性等要件，全盘考虑。

---

① 参见郑铭仁：《危险升高理论之研究》（硕士论文），台湾“国立政治大学”研究所 1995 年，第 68 页。

② 参见郑铭仁：《危险升高理论之研究》（硕士论文），台湾“国立政治大学”研究所 1995 年，第 82 页。

在结果加重犯的行为构造上，行为人只是为第一阶段的行为，即基本犯罪行为，而对于加重结果的出现，行为人实际上根本没有任何新的“作为”介入，导致加重结果的产生，只是单纯的“不作为”。客观上加重结果的出现，是属于基本构成要件本身所伴随“特有危险”或“固有的内在危险”的实现，如果基本犯罪行为与加重结果之间不存在“特殊危险的直接关联性”，则不成立结果加重犯。换句话说，结果加重犯的处罚，考察的重点是基本犯罪行为。

在先行行为不作为犯的行为构造上，必须是行为人因其第一阶段的作为，产生保证人地位，却又不作为，而抵触了刑法的法规范，因而处罚该行为人。先行行为不作为犯的成立，不以第一阶段的作为与结果之间存在“固有的内在危险”的直接性为必要，只要存在符合条件理论的因果关系就可以了，其考察重点是第二阶段的不作为。而对不作为的处罚，是因行为人的先行行为制造了不被容许的危险而产生的保证人责任，认为其不作为具有与作为的等价性，其违反义务的不作为，才具有可处罚性。

三、先行行为不作为犯与结果加重犯的法律适用

尽管也例外地承认（故意+故意）的组合以及（过失+过失）的组合，学理和实务均承认（故意+过失）是结果加重犯的典型的、或者说是最常见的组合。同样，尽管也例外地承认（故意+故意）的组合以及（过失+过失）的组合，学理和实务均承认（过失+故意）是先行行为不作为犯的典型的、或者说是最常见的组合。就典型的组合形式而言，结果加重犯是（故意+过失），而先行行为不作为犯是（过失+故意），其区别还是显而易见的。

在先行行为仅为合法行为或者违法行为的场合，径行针对不作为予以刑法评价即可。成问题的是，如果先行行为是犯罪行为如何处置。前文已经论述，无论是故意犯罪行为，还是过失犯罪行为，都可以因为犯罪行为有引发另一个危险的可能而使其作为一个先行

行为具有保证人地位，产生消除危险、防止危害结果发生的义务，如果不履行该作为义务，则成立不纯正不作为犯罪。正是因为犯罪行为可能成为不纯正不作为犯的作为义务来源之一的先行行为，从而产生了在具体个案中先行犯罪行为产生了另一个加重的结果，究竟是按照先行行为不作为犯还是按照结果加重犯处罚的问题。

张明楷教授对此问题提出了建设性的思路，将犯罪行为分为故意犯罪行为和过失犯罪行为，又将故意犯罪行为分为刑法上规定了结果加重犯和刑法上没有规定结果加重犯的情形，并分别给出了处置，在实务上具有可操作性。[①] 以下以此为基础展开论述。

（一）有结果加重犯的明文规定

在刑法就某种犯罪行为规定了结果加重犯，或者因发生严重结果而成立重罪时，由于可以将加重结果评价在相应的结果加重犯或者另一重罪中，先前的犯罪行为并不导致行为人具有防止严重结果发生的义务。例如，行为人故意重伤他人，在具有死亡危险的情况下，行为人不予救助，导致发生死亡结果的，成立故意伤害致死罪。再如，行为人非法拘禁他人，并对他人使用暴力，在具有死亡危险的情况下，行为人不予救助，造成被害人死亡的，认定为故意杀人罪。在上述情况下，如果认为先前行为包括犯罪行为，则会使绝大多数一罪变为数罪，并不合适。

应当承认，由于刑法规定了结果加重犯，这种处置思路简便明了适宜实务操作。但是，是否此时的犯罪行为就一定不能作为先行行为而成立先行行为不作为犯，尚是值得研究的问题。类似情形，德国和我国台湾有判例认为犯罪行为可以成立先行行为不作为犯。

发生在德国的“面团机器案”（OGHSt. 1/357）。[②] 基本案情：作为面包房帮工的被告人于1946年6月28号早晨，在面包房与一

---

① 参见张明楷：《刑法学》，法律出版社2007年版，第145页。

② Vgl. Klaus F Kugler, Ingerenz und Selbstverantwortung., Rechtsanwalt in Bonn 1972, S. 164.

名工友 N 争吵起来。他重击对方的腰部，使其站立不稳，上半身跌进正在运行的面粉搅拌机的充满面粉的圆桶中，被搅拌机把手卷了进去，被塞进面粉中窒息而死。被告人有意殴打对方，对其身体进行虐待。之后，在对方被埋进面团之后，他才对致使对方死亡感到后悔。他没有采取任何措施营救对方，当他意识到对方可能会窒息而死时，也没有采取营救行为。

联邦法院除身体伤害罪以外，还肯定了过失致人死亡罪。故意伤害他人身体的犯罪行为的完成同时也给他人造成危险，也就是更严重的他人死亡的后果，即除了主动伤害他人身体以外，还出现了进一步的违法行为，即不作为的致人死亡。这样，犯罪分子整个行为的不合法和负法律责任的内涵，才得到充分的体现。

发生在我国台湾地区的"罗某拘禁致他人死亡案"（台湾"最高法院"2003 年台上字第 3745 号）。[①] 该判决指出，"原判决认定罗某等人私行拘禁何某长达八天之久，导致何某虚脱，陷于奄奄一息并呈失禁现象，其对于因自己之拘禁行为，本负有送医治疗，防止其发生死亡结果的义务，为避免案情曝光，不敢将何女送医，反而驾驶小客车搭载何女往南投县国姓乡山区沿路寻找合适地点弃置，车行途中为免何女在后车厢内闷死，将其抬回后座，然终因未送医救治，而在小客车内死亡，足以认定罗某等有致何女于死之杀人犯意，自应共负杀人罪责。"

从上述两个判决可以看出，在刑法就某种行为规定了结果加重犯的情形下，故意犯罪行为产生了防止死亡结果发生的义务，行为人不履行该义务，也可以成立先行行为的不纯正不作为犯。

发生在中国河南的"于保岗强奸未遂案"（2005 焦刑一初字第

---

① 参见林山田：《刑法通论》（下册）增订九版，台湾大学法学院图书部 2005 年版，第 224 页。

26 号）。[①]

基本案情：2004 年 12 月 30 日晚 10 时许，被告人于保岗请被害人王某到一家饭店吃饭。其间，于保岗向不会饮酒的被害人王某劝酒。二人共喝了一斤半左右 50 度的四川老窖。尔后，于保岗搂着王某离开饭店。在返回沁阳市宾馆的途中，于保岗产生了强奸王某的歹念。将王某拽进沁阳市红十字医院东一胡同内，将酒醉的王某弄倒在地，强行扒掉其衣裤进行猥亵。欲行奸淫时因酒力发作，而未能得逞。被告人于保岗将赤身裸体的王某留在案发现场，自己返回沁阳宾馆睡觉。12 月 31 日 8 时许，王某被人发现送往医院，经医生临床诊断王某已经死亡。经法医鉴定，王某系酒醉后冻死。被告人于保岗当庭对上述犯罪事实供认不讳。沁阳市气象局证明，2004 年 12 月 30 日 20 时至 31 日早 8 时，气温最低值为零下七度。

河南省焦作市中级人民法院认为，被告人于保岗将王某灌醉后，对其实施强奸，其行为已构成强奸罪，由于意志以外的原因未得逞，系未遂，但造成被害人死亡的后果，社会危害性大，且影响很坏，应从重处罚。判决被告人于保岗犯强奸罪（未遂），判处无期徒刑，剥夺政治权利终身。

本案中，有两个问题需要讨论，一个是基本犯罪未遂出现加重结果，是成立结果加重犯既遂还是成立结果加重犯未遂；另一个是本案适用强奸罪的结果加重犯是否适当。

关于第一个问题，刑法学界存在争议，但一般认为基本犯罪未遂出现加重结果时，成立结果加重犯既遂。例如，马克昌教授指出，“由于结果加重犯的立法，重视的是重结果的发生，所以作为犯罪构成要件的重结果发生了，自然构成既遂”。[②] 关于第二个问

① 参见河南焦作市中级人民法院刑事附带民事判决书（2005）焦刑一初字第 26 号。

② 马克昌：《结果加重犯比较研究》，载《武汉大学学报》（社会科学版）1993 年第 6 期，第 122 页。

题，依据张明楷教授的见解可以得出正确结论。“结果加重犯的加重结果必须由基本行为造成，所以，并非只要发生了所谓加重结果就必然成立结果加重犯。首先，加重结果必须由基本行为造成；其次，造成加重结果的基本行为本身必须具有发生加重结果的特别危险性。如果基本行为没有发生加重结果的特别危险，只是由于偶然原因导致所谓加重结果时，不应认定为结果加重犯。或者说，只有当内在于基本犯中的潜在的、类型的、高度的危险性现实化为加重结果时，才成立结果加重犯。所以，基本行为偶然导致所谓加重结果发生时，不宜认定为结果加重犯”。[①]

强奸罪的加重结果，既可能由暴力、胁迫等手段行为造成，也可能由奸淫的目的行为造成。本案中，灌醉王某是手段行为，导致王某不能自救，成立结果加重犯。

（二）没有结果加重犯的明文规定

在刑法里没有就某种故意犯罪行为规定结果加重犯，也没有规定发生某种严重后果而成立其他严重犯罪的情况下，如果先前的犯罪行为导致另一法益处于危险状态，则宜认为该犯罪行为导致行为人具有防止另一法益受侵害的义务。例如，行为人违反森林法的规定，非法采伐珍贵树木，树木倒下时砸着他人头部，行为人明知或者应知不立即救助他人就会导致死亡结果，但未予救助。非法采伐珍贵树木的行为是刑法第344条规定的犯罪，但该条未就该罪规定死亡结果，造成死亡的行为与死亡结果不能评价在非法采伐珍贵树木罪中。此时，应将非法采伐行为视为导致行为人负有作为义务的先前行为，从而视案情认定为不作为的故意杀人罪或过失致人死亡罪，与非法采伐珍贵树木罪并罚。

① 张明楷：《严格限制结果加重犯的范围与刑罚》，载《法学研究》2005年第1期，第91页。

从实务看，刑法没有规定某犯罪行为的结果加重犯，因此成立不纯正不作为犯与前犯罪行为并罚，应当没有问题。

但问题是，刑法就某种犯罪行为规定结果加重犯是因为该种基本犯罪行为内在地导致加重结果的发生，或者说发生加重结果的可能性更大，才有了结果加重犯的规定，如果在此种情形下只成立结果加重犯而不成立先行行为不作为犯，只按一罪处罚，而刑法没有规定结果加重犯的情形却可以既成立基本犯罪又成立先行行为不作为犯罪，可能会造成处罚的不公。

因此，如果刑法规定了结果加重犯应该也有成立不纯正不作为犯的可能，这要视具体情况而定。如上述“罗某拘禁致他人死亡案”，罗某不仅不履行防止他人死亡的结果，还欲弃置被害人，理应成立不作为的杀人罪。

又如，“郭林不作为杀人案”［河北省大厂回族自治县人民法院刑事判决书（2003）大刑初字第 38 号］,[①] 虽然刑法规定了故意伤害（致死）罪，判决也是以不作为故意杀人罪来认定的。

基本案情：被告人郭林于 2003 年 6 月 24 日 13 时许，与于广凡发生口角，后郭林便打电话叫人，于便逃跑躲避。被告人郭林找来被告人郭兵、郭建峰等人追赶欲殴打于。追至河边，见于已在离河岸约两米远的河内挣扎，并掏出人民币向三人呼救，三人并未施救，于刚沉入水中时，郭兵问郭林“救他不?”郭林说“咱们走吧”，郭林等遂返回家中。于溺水死亡。

河北省大厂回族自治县人民法院判决指出，“被告人郭林指使被告人郭建峰、郭兵等人追赶他人并欲对其进行殴打，致使他人在逃避过程中溺水，因此对被害人所产生的生命危险有救助义务。且三被告人均会游泳而并未施救，放任死亡结果的发生，使被害人溺水而死。三被告人的行为均已构成故意杀人罪。”

---

① 参见河北省大厂回族自治县人民法院刑事判决书（2003）大刑初字第 38 号。

该案中，被害人的死亡非是被告人追赶殴打所直接导致，而是介入了被害人跳入水中的因素，不符合“直接性”法则，难以认定故意伤害（致死）罪的结果加重犯，但是，正是被告人的追赶的先行行为才导致死亡结果发生的危险，行为人未履行防止结果发生的义务，理应构成不作为故意杀人罪。其故意为间接故意。

1982 年德国联邦法院的“高椅坠落案”（BGH 2 StR226/82）[①]。基本案情：行为人推倒被害人所坐的离地三公尺半的高椅，被害人因此从高处跌落地面，发生右脚踝骨骨折。经过开刀装置钢钉固定后，被害人出院休养。回到家后，被害人便开始长期卧床。在家卧床之时，被害人出现呼吸困难症状而被送入医院治疗。不久，被害人便死亡。经过解剖得知，被害人死于因长期卧床不活动而产生的肺血管栓塞与肺炎。

联邦法院认为，由于伤害行为与死亡结果彼此相连，本案中的死亡过程并不是在生活经验上的可能性之外。亦即，就生活经验判断，被害人被故意伤害造成右脚踝骨骨折后，由于此伤害造成长期卧床与缺乏足够的医疗照顾而产生致命的肺血管栓塞而死亡是可能的，并没有违反经验上通常的事态发展过程，因果关系并未中断。本案中，威胁生命的伤害行为最先造成伤害结果，在此阶段，伤害行为并无法完成死亡结果，而被害人的死亡是直到此情况继续恶化才产生，此足以认定被害人的死亡是来自于伤害行为所附带的“固有的内在危险”的实现。本案法院更指出，过去联邦最高法院所采取限制解释的立场，不符合伤害致死罪立法目的，而且从德国刑法第 226 条（现为第 227 条）的法条文字也找不到理由支持这项主张。基于以上所述，法院认为，在本案中，故意伤害行为与死亡结果间具有“直接性”，而且，就死亡因果关系而言是具

① 参见蔡惠芳：《德国法上结果加重犯归责理论之研究：以伤害致死罪为例》，载《刑事法学新趋势——Lothar Philipps 教授七十大寿祝贺论文集》，第 26 页。

备可预见性，符合过失的要件，因此，行为人的行为构成伤害致死罪。

但是，该判决引起许多讨论，基本上，批评的观点都认为联邦法院在死亡结果归责问题上所采取的标准只有死亡因果关系的预见可能性一项，诚如学者们指出的，虽然老年人长期卧床不活动引发血管栓塞而死的风险并不是社会或生活经验上不相当的死亡风险，但被伤害者的死亡并不是来自行为实施时伤害行为的特有危险，而是由于可归责于医院的医疗疏失行为所造成的危险。换言之，如果医生遵照通常处理规则而给予稀释血液的解凝药剂，就可以阻止这项通常可能会进行的死亡过程，所以，在此种情形下，应当排除第一个损害造成者（伤害行为人）的结果归责性，不能论以伤害致死罪。

因此，本案中，由于缺乏“直接性”，论以伤害行为人伤害致死罪的结果加重犯并不妥当。同时，本案中，亦不能论以伤害行为的先行行为不作为犯。因为伤害行为并没有导致死亡的紧迫的现实的危险，从而没有防止死亡结果发生的作为义务。

（三）过失犯罪的情形

过失犯罪行为可以成为作为义务的发生根据，因此，过失犯罪行为可以成立不纯正不作为犯，没有疑问。但是，过失犯罪行为是否有结果加重犯的情形，如果有，与先行行为不作为犯的关系如何处理，成为问题。交通肇事逃逸如何认定的问题，是其典型情形。

在日本，交通肇事逃逸在判例上更多的是作为“业务行为过失致死罪”和“道路交通法违反罪”来处理，也有判处“保护责任者遗弃罪”或“保护责任者遗弃致死罪”，以及判处“杀人罪”、“杀人未遂罪”的判例。逃逸行为，在刑法中有单纯轧逃和转移轧逃之分。单纯轧逃和转移轧逃是否构成不作为杀人罪，均存在争议。

在单纯轧逃的场合，并不是行为人从现场逃跑的“作为”，而是不救助被害人的“不作为”，才没有避免被害人的生命、身体所遭受的危险，或者说使其所受的这种危险增加了。因此，驾驶人员的行为态样属于不作为，这一点并无疑问。有见解认为，即使是单纯的轧逃，在逃跑之时，如果行为人认识到被害人死亡的话，就应成立不作为杀人（未遂）罪。还有见解认为，由过失的先行行为设定了被害人死亡的因果流程时，就与作为存在构成要件上的等价值性。因此，只要具备了杀人的未必故意，那么，就成立不作为的杀人罪。也有见解认为，单纯轧逃与扑杀、刺杀、射杀之类的“作为”情况下的危险性不同，从不救助（不避免死亡的危险）这种不作为本身所具有的危险性的程度来看，在形式上由先行行为中导出作为义务，再以具备杀人故意为前提，直接认定成立不作为的杀人，是有疑问的。[①] 多数说认为，即使是单纯的轧逃，也成立基于不作为的保护责任者遗弃罪。

关于转移轧逃，首先要说明的是转移轧逃行为是作为还是不作为。行为人的转移行为是基于一定的身体运动的，如果着眼于此的话，就能够把行为人的行为看做是作为。此外，学说中也有见解认为，虽然在伴随转移这一点上，上述情形与不作为并不相同，但是，在转移本身并没有直接地设定死亡的原因这一点上，上述情形也与作为犯中的作为有所不同。曾根威彦认为，“在没有实施社会所期待的救助活动（一定的身体运动）的行为（不作为）这一点上，单纯轧逃与伴随着转移的轧逃并没有本质的不同。如果说二者有不同的话，恐怕是体现在对行为人课以的作为义务的程度、有无保护责任以及因此而成立的犯罪类型上的不同”。[②] 正是由于转移行为才使法益侵害的危险现实化了，或者使最初的危险飞跃升高，因此，在由先行的交通事故已经产生了危险、应当予以立即救助的

---

① 参见［日］曾根威彦：《交通事犯与不作为犯》，黄河译，载《当代法学》2007 年第 21 卷第 6 期，第 143 页。

② ［日］曾根威彦：《交通事犯与不作为犯》，黄河译，载《当代法学》2007 年第 21 卷第 6 期，第 144 页。

通常的案件中，伴随转移的轧逃恐怕也应当构成不作为犯。

认为单纯轧逃也可能成立杀人罪的观点，自然一般也认为伴随转移的轧逃具有成立基于不作为的杀人的余地。的确，在伴随转移的轧逃的场合，不能否定的是，往往由于行为人把被害人转移到了更加难以救助的场所，这就提高了受伤者死亡的危险。但是，客观地看，并非所有的转移行为都产生了能够被评价为杀人行为的高度危险性，因此，仅仅以接受受伤者的行为（转移行为）以及存在杀人故意，还难以给杀人（未遂）罪的成立奠定基础。要认定杀人罪的成立，把被害人转移至另一场所，并且加以放置的行为，必须具有足以被评价为杀人行为的高度危险性。

因此，"在生命的危险并不大的场合，对遗弃行为并不能成为导致死亡的决定性原因的案件中，不能认定为基于不作为形态的杀人。但是，在事故发生时已经产生了被害人死亡的高度盖然性的场合，以存在杀人故意为前提，可以认为能够成立基于不作为的杀人。理由是，在肇事当时，如果属于不立即把被害人送进医院就来不及抢救这种存在对被害人生命的高度危险性的情形，那么，行为人就通过转移行为而形成了对被害人的排他性支配，就积极地剥夺了第三人救助被害人的最后机会"。①

日本判例对肇事逃逸行为的认定存在不同的情形。

1967 年日本岐阜的"汽车撞自行车案"（日本岐阜地方裁判所大恒支部的判决 1967 年 10 月 3 日下级刑集第 9 卷第 10 号第 1303 页)。② 基本案情：被告人无证驾车，因过失撞倒一骑车人，致该骑车人连人带车跌入距桥面 2.2 米的河中，造成需五个月才能痊愈的右臀部、腰部挫伤及右骨损伤。而被告人不予救护就逃离了现

① ［日］曾根威彦：《交通事犯与不作为犯》，黄河译，载《当代法学》2007 年第 21 卷第 6 期，第 145 页。

② 参见［日］日高义博：《不作为犯的理论》，王树平译，中国人民公安大学出版社 1992 年版，第 64 页。

场。幸有他人救助，被害人才免于一死。

岐阜地裁大恒支部以难以认定被告人有“未必故意的杀人犯意”为由，否定成立杀人未遂罪。判决指出，“对结果发生必须抱积极的意志还是未必故意就足够了，这是法律解释上的一个问题，但即使未必故意就够了，而放置并离弃现场这个不作为（逃逸）本身还不能认为就是杀人故意的表现，所以，由未必故意来认定杀人故意必须充分探讨具体情况，对以未必故意认定犯罪要慎重。”从这一点来看，根据本案的各个具体情况，难以认定结果发生有高度的盖然性，也难以判断被告对其有认识。因此，不能认定被告有未必故意的杀人意志。

在这里，提出要认定杀害的故意，要考虑被害人负伤的程度，由于不救助而导致死亡的盖然性、被告的认识程度，以此判断被告是否有未必故意。也就是说，未必故意的判断也是基于客观方面的具体情形。

1962年日本横滨的“肇事逃逸杀人未遂案”（日本横滨地方法院的判决1962年5月30日下级刑集第4卷第5、6号第499页）。[①]基本案情：被告人驾车过失致人受伤后，把被害人扶上副驾驶席便离开现场。途中因害怕肇事行为被发现，欲将被害人放下车后逃离。于是，将被害人弃置于离最近人家50米至300米左右的田中土路上，不采取任何救护措施就逃走了。不久，被害人苏醒过来，向离他300米的行人呼救，被害人才免于一死。“被害人因受伤而面部出血，意识不清，一看便知已身负重伤。案发时时值黎明之前天色昏暗、且严寒落霜，如长时期弃被害人于难以被人发现的地方，可能会导致被害人的死亡。被告人虽已认识到这一点，仍然决意将被害人遗弃，认为即便死亡也无可奈何。”

本判例以未必故意认定成立杀人未遂罪。把因过失造成重伤的

① 参见［日］日高义博：《不作为犯的理论》，王树平译，中国人民公安大学出版社1992年版，第62页。

被害人遗弃在很难被发现的场所的行为，从表面来看是作为，但在刑法意义上，重要的是将被害人遗弃在路上不采取任何救护措施，而且预见并放任被害人的死亡，因此，上述行为所构成的犯罪，就是不纯正不作为犯。如被害人死亡，应认定为故意杀人罪，若被害人幸免于死，则应认定为故意杀人未遂罪。

值得注意的是，横滨地方法院认定被告人有杀人的未必的故意，除认定成立违反道路交通法罪外，还认定成立杀人未遂罪。也就是说，交通肇事成立过失犯罪，同时，过失犯罪行为又产生作为义务，成立先行行为不作为犯，并罚。

前引日本东京的“交通肇事数罪并罚案”（东京高等法院的判决 1971 年 3 月 4 日高刑集第 24 卷第 1 号第 168 页）在判决中明确指出，被告犯了违法道路交通法罪和不作为的杀人未遂罪是数罪关系，不存在吸收的问题，“原判决将两者分别定罪，判定一个行为触犯两个罪名是正确的，没有误用法令的适用解释”。①

在上述判例中，由于个案具体情形的不同，交通肇事逃逸可以构成“业务行为过失致死罪”、“道路交通法违反罪”、“保护责任者遗弃罪”、“保护责任者遗弃致死罪”、“杀人罪”以及“杀人未遂罪”，不一而足。也有除构成交通肇事基本犯罪外，还构成不作为的故意杀人罪，可以并罚的情形。可以看出，交通肇事逃逸构成不作为故意杀人罪，须主观上具备未必故意，客观上对于被害人形成一种事实上的排他性支配关系，而这些内容需要从被害人的受伤程度、地点、环境等多方面情形综合评价。

那么，如何看待我国刑法关于交通肇事罪的规定呢？我国刑法第 133 条规定，“犯交通肇事罪的，处 3 年以下有期徒刑或者拘役；交通肇事后逃逸或者有其他特别恶劣情节的，处 3 年以上 7 年以下有期徒刑；因逃逸致人死亡的，处 7 年以上有期徒刑。”

---

① 参见［日］日高义博：《不作为犯的理论》，王树平译，中国人民公安大学出版社 1992 年版，第 68 页。

从理论上讲，（故意 + 过失）是结果加重犯的典型组合，因此，先行的犯罪行为如果是故意犯罪，造成加重结果，首先需要考虑的是能否形成结果加重犯。（过失 + 故意）是先行行为不作为犯的典型组合，因此，如果先行的犯罪行为是过失犯罪，那么，成立先行行为不作为犯的可能性就更大一些。

刑法承认过失的犯罪行为可以构成结果加重犯，也是例外情形，如德国刑法第 309 条失火致死罪，也是限于（过失 + 过失），即失火过失导致他人死亡。而（过失 + 故意）根本不可能成立结果加重犯，假设一个过失的行为造成了加重结果，行为人对加重结果持故意，哪怕是间接故意，对此情形刑法规定了结果加重犯的处罚，也是难以被人理解和接受的。因此，如果承认交通肇事罪是过失犯罪，而逃逸致人死亡是间接故意的话，则这种（过失 + 故意）组合的交通肇事逃逸致人重伤或死亡，根本不可能成立结果加重犯。因为刑法规定了交通肇事逃逸致人死亡的加重法定刑，也只能作为情节加重犯而存在。

在交通肇事逃逸致人死亡情形下，如果成立不纯正不作为犯的故意杀人罪，须是行为人对逃逸致人死亡持间接故意。这为日本多数判决所采纳，也为我国最高人民法院在《中国刑事审判指导案例》中所肯定。因此，应当承认行为人对逃逸致人死亡包括间接故意的情形。当然，是否成立间接故意，要根据个案的具体情况，如被害人的受伤程度，当时的地点、环境等进行综合判断。也并非任何逃逸致人死亡的情形，行为人均持间接故意，这从前引日本的判例中可以看出。然而，认为逃逸致人死亡仅限于过失，完全否定可能存在间接故意的观点，是不妥当的。例如，交通肇事后，将被害人转移至人迹罕至的荒山，或者将被害人弃置于河里，造成被害人死亡的情形，如果认为此时行为人没有杀人的间接故意，仅仅是过失，是难以理解的。

因此，过失的交通肇事罪之后间接故意的逃逸致人死亡，符合（过失 + 故意）的先行行为不作为犯的典型组合形式，构成先行行为的不作为故意杀人，在理论上应该没有障碍。根据具体个案情形，可以按照基本的交通肇事罪处罚，也可以按照法定刑升格的标准处罚，如果先行的交通肇事罪之后的逃逸致人死亡的不作为构成间接故意的杀人罪，依不作为的故意杀人罪定罪，实行并罚。

第四章　先行行为归责论

刑法的问题，归根到底是归责的问题。

要使行为人对结果负责任，须其行为与结果之间具有因果关系。行为和结果之间存在因果关系，是归责的基础。晚近的理论发展表明，即使事实上存在行为与结果之间的因果关系，也不必然就将结果归责于行为人。要将结果归责于行为人，除存在行为与结果之间的事实上的因果关系外，还要具备客观归责性。行为与结果之间存在因果关系，固然是既遂结果犯的成立要件，但德国刑法、我国台湾刑地区刑法、我国大陆刑法均未就因果关系问题作出任何立法定义，其判断标准只有留待学说与实务去解决。

另外，在作为犯场合，行为与结果之间引起与被引起的关系比较直观，也容易理解。但在不作为犯场合，由于行为人没有外部的身体动作，其不作为与结果之间是否存在因果关系，则不无疑问。不作为的原因力是不防止结果发生，而作为的原因力是导致结果发生。“不纯正不作为犯理论构成的困惑，也就在于这一因果结构的差异上”。[1] 特别是，在先行行为不作为犯的场合，由于先行行为保证人类型与其他保证人类型存在结构上的不同，使得先行行为保证人类型的因果关系，既存在一般不作为犯因果关系的共性问题，

---

① ［日］日高义博：《不作为犯的理论》，王树平译，中国人民公安大学出版社 1992 年版，第 16 页。

也有其独特之处。

第一节　先行行为不作为犯与因果关系理论

先行行为又被称为危险前行为、先前行为或先期行为（Vorhandhung；Vorausgegangenes Tun；Ingerenz），各国学者对其描述有所不同。刑法理论和司法判例赋予先行行为的内涵随着时代的发展而变化，先行行为内涵的愈加丰富，使得形式的先行行为的概念无法承受其重。例如，在德国，关于先行行为是否客观上违反义务，就存在用“违反义务”代替早期所常用的“违法”，旨在使范围稍微扩大一些，也可能包括一些违反秩序法所规定的违反义务的行为的情况。20 世纪 80 年代以来，德国文献上逐渐出现扩大先行行为范围的观点，不但不需要是违反义务的前行为，连对结果的发生的紧密、相当而直接的危险都不需要了。[①] 所以，如果抛开具体的时空背景，泛泛地评论先行行为的概念，是没有意义的。

以下列举中外刑法学者关于先行行为概念的描述。列举概念的目的，是为了抓住先行行为概念的核心要素，并不着重于诸先行行为概念之间差异的论说与评析。

德国学者耶赛克、魏根特认为，“先前实施的行为必须造成了损害发生的紧迫的（相当的）危险，先前的行为必须在客观上是违法的（即使是无责的），违反义务性还必须存在于对恰恰是为了保护相关法益的规范的违反之中”。[②]

德国学者冈特·施特拉腾韦特、洛塔尔·库伦认为，“先前行为被称为保证人义务的第三种传统成因。19 世纪前 30 年，这一种

---

① 参见许玉秀：《当地刑法思潮》，中国民主法制出版社 2005 年版，第 739 页。

② ［德］汉斯·海因里希·耶赛克、托马斯·魏根特：《德国刑法教科书》（总论），徐久生译，中国法制出版社 2001 年版，第 752 页。

类的保证人义务首先出现在个别案例中，且很长时间以来是为了填补因为法律和合同都没有规定行为义务，而不作为却应受处罚时出现的漏洞。今天这却成为一条基本原则，实施危险行为者有义务消除自己造成的危险。”①

日本学者大塚仁认为，“由于自己实施的先行行为产生了发生结果的急迫危险的人，必须承担防止该结果发生的义务。”②

日本学者大谷实认为，“所谓先行行为，是先行于成为问题的侵害法益的行为。先行行为成为作为义务的根据在于，由于自己的行为而导致发生结果的危险的人，处于能够防止发生结果的地位，并且，社会也期待其防止该种结果的发生，因此，其处于能够支配构成要件结果发生的危险的地位”。③

我国台湾学者林山田认为，“任何人若因其客观的义务违反行为，而造成对于他人的法益构成危险的，即负有防止发生构成要件该当结果的义务，故为此等违背义务的危险前行为之人，亦居于保证人地位”。④

我国台湾学者洪福增认为，“由于自己（不作为者）所惹起侵害他人的法益的危险的，负有防止其因果发展的义务”。⑤

我国台湾学者林钰雄认为，“危险前行为构成保证人地位的基本道理，在于禁止侵害他人法益的一般性要求。即因为自己行为

---

① ［德］冈特·施特拉腾韦特、洛塔尔·库伦：《刑法总论Ⅰ——犯罪论》，杨萌译，法律出版社2004年版，第366页。

② ［日］大塚仁：《刑法概说》（总论），冯军译，中国人民大学出版社2003年版，第140页。

③ ［日］大谷实《刑法总论》，黎宏译，法律出版社2003年版，第114页。

④ 林山田：《刑法通论》（下册）增订九版，台湾大学法学院图书部2006年版，第222页。

⑤ 洪福增：《刑法理论之基础》，刑事法杂志社印行1977年版，第183页。

（含作为、不作为）而对他人法益造成危险的，负有再以自己行为来排除该危险以避免结果发生的义务”。[①]

我国台湾学者张丽卿认为，“危险的前行为，即制造危险的人，有防止危险发生的义务”。[②]

我国大陆学者高铭暄、马克昌认为，“先行行为引起的义务，是指由于行为人的行为而使刑法所保护的社会关系处于危险状态时，行为人负有采取有效措施排除危险或防止结果发生的特定义务”。[③]

我国大陆学者张明楷认为，“由于行为人的某种行为而使刑法所保护的法益处于危险状态时，行为人负有排除危险或防止危害结果发生的特定积极义务”。[④]

我国大陆学者陈兴良认为，“由于行为人先前实施的行为（简称先行行为），使某种合法权益处于遭受严重损害的危险状态，该行为人产生采取积极行为阻止损害结果发生的义务，就是先行行为引起的作为义务”。[⑤]

通过考察中外学者关于先行行为的概念可以发现，虽然关于先行行为概念的描述形式上各不相同，但是，在本质上存在于先行行为概念之中的共同因素却是惊人的一致，即，因为行为人制造了危险，所以负有防止危险发生的作为义务；如果不履行义务而致结果发生，则需对行为人归责。

其中，关于先行行为的作为义务，前文已经阐述；关于先行行为创设的危险，后文述及；在此对先行行为不作为犯的因果关系进

---

① 林钰雄：《新刑法总则》，元照出版有限公司 2006 年版，第 513 页。

② 张丽卿：《刑法总则理论与运用》，台湾一品文化出版社 2005 年版，第 393 页。

③ 高铭暄、马克昌：《刑法学》，北京大学出版社、高等教育出版社 2000 年版，第 73 页。

④ 张明楷：《刑法学》，法律出版社 2007 年版，第 144 页。

⑤ 陈兴良：《刑法哲学》，中国政法大学出版社 2004 年版，第 244 页。

行讨论。

一、不作为犯的因果关系

19世纪初，刑法学受自然科学分析方法的影响，在不作为犯中出现了不作为没有原因力的问题。在结果犯中，行为和结果之间必须存在因果关系，但在不作为犯的情形中，认为不作为是"无"，不能产生结果这一"有"，于是，需要对不作为犯是否存在因果关系作出解释。德国学者卢登（Luden）提出"他行为说"，认为不作为本身对结果虽然没有独立的原因力，但在不作为时所为的其他行为，对结果的发生具有原因力；德国学者克卢克（Krug）、格拉泽（Glaser）、麦克尔（Merkel）提出"先行行为说"，认为先于不作为的行为对于结果的发生是有原因力的；德国学者宾丁（Binding）等提出的"干涉说"，认为在不作为人的心理状态上认定原因力；德国学者巴尔（V·Bar）等提出的"准因果关系说"，认为从法律上看，因为不作为人违反作为义务，没有防止结果发生，所以按照作为的因果关系就可以认定不作为的因果关系，等等。① 现在，"认为不作为犯的不作为与结果之间存在因果

① 参见［德］汉斯·海因里希·耶赛克、托马斯·魏根特：《德国刑法教科书》（总论），徐久生译，中国法制出版社2001年版，第741页；［日］日高义博：《不作为犯的理论》，王树平译，中国人民公安大学出版社1992年版，第13页；洪福增：《刑法理论之基础》，刑事法杂志社印行1997年版，第132页。

关系，已是各国学理和实务上的通说”。[①]

（一）不作为犯的因果关系简述

在德国，“结果的现实效果意义上的不作为因果关系，已经为大多数人所否定。在法律规定的不纯正不作为犯中，不作为和结果之间是以存在因果关系为前提条件的。这里所指的，不是力学意义上的因果关系，而是取决于不作为人的可能的行为是否能够避免结果的发生。即，如果实施被要求的行为能够避免结果发生，不作为与已经发生的结果之间，就存在法律上的联系，这种联系在积极的作为情况下形成因果关系”。[②]

德国帝国法院 1924 年 3 月 28 日在“出口脚踏车案”的判决中肯定了这种观点。[③] 基本案情：被告 A 为一家脚踏车公司职员，负责从事输出工作。该公司拥有 a 牌脚踏车输往瑞士 25 辆的输出许

① 值得注意的是，雅各布斯（Jakobs）否定不作为具有对结果的原因力，认为不作为并不具有如同作为一样的力的表现，不能成为结果的原因。只有“事件”才能引起结果，事件的不存在，即不作为，对于结果不具有因果作用，只能在实行行为的假设之下，对于“结果的不发生”具有因果作用，也就是所谓不作为假设的因果关系。雅各布斯（Jakobs）表示，中断一个救助行为虽然是结果的条件，但并不意味着，不为救助行为也是结果的条件。不存在（Fehlen）不是一个事件，而是一个事件的不发生，虽然在逻辑上可能具有一些后果，但是，在刑法上的结果所依附的现实上，却是什么事也没有，亦即没有刑法意义的结果。不防止结果的发生是结果条件这个陈述中，包括了其他的要素。换言之，事实上在充分的结果条件之外，不会再有其他的条件或某个事实的不存在，若不附加上其他的假设的话，对于结果而言是没有意义的。因为未发生的事件，是没有办法成为引起结果的事实，毕竟正如拉丁法谚所说的“无中不能生有”。参见郑铭仁：《危险升高理论之研究》（硕士论文），台湾“国立政治大学”研究所 1995 年，第 168 页。

② ［德］汉斯·海因里希·耶赛克、托马斯·魏根特：《德国刑法教科书》（总论），徐久生译，中国法制出版社 2001 年版，第 742 页。

③ 参见郑铭仁：《危险升高理论之研究》（硕士论文），台湾“国立政治大学”研究所 1995 年，第 161 页。

可。该批脚踏车因工厂交货单的缘故，暂存在运送人b公司位于海关的仓库。A因出差不在，遂授权他所信赖的职员B，委托运送人将10辆脚踏车运送到瑞士。运送人b依约将脚踏车发出，并在运送单上注明，依前述的输出许可输出。但是，职员B所寄交的脚踏车并非获有输出许可的脚踏车，因而该批脚踏车被没收充公。前审法院认定，被告A虽然没有直接促成非法输出，但他仍应为此非法输出负责，因为他在出发前没有给予全体员工必要的工作指示，因此判他有罪。帝国法院表示，如果想象此一不作为不存在，则结果不发生时，不作为与结果间即有因果关系的存在。相反，如果履行了防果行为，结果仍会发生，则不具有因果关系。根据刑事庭的观点，本案中已存在几近确定的可能，通过被告的工作指示可以防止非法输出。

在日本，通说和实务的观点也是如此。例如，大塚仁认为，“不作为不是无。它不是什么也不做，而是没有做什么，即不作为是没有做法所期待的一定作为，它在法律上当然包含一种规范意义。因而，也必须从这种观点理解其行为。既然刑法中的因果关系本来应该根据刑法的目的来处理，那么，论述不作为的因果关系，就不存在什么困难。在可以认为如果行为人按照作为义务实施被预期的行为，其犯罪结果就不会发生时，就不妨承认存在因果关系”。①

“少女觉醒剂死亡案”（日本刑集第43卷第13号第879页）的判决肯定了这种观点。② 基本案情：被告人是暴力团成员，某日11时10分左右，在旅馆内给其同行的少女（13岁）注射了觉醒剂，该女变得很痛苦，在第二天凌晨0时30分左右陷入了错乱状

---

① ［日］大塚仁：《刑法概说》（总论），冯军译，中国人民大学出版社2003年版，第176页。

② ［日］大塚仁：《刑法概说》（总论），冯军译，中国人民大学出版社2003年版，第177页。

态，被告人因为害怕使用了觉醒剂一事被发觉，而将该女放在旅馆的客房里自己走了，该女由于觉醒剂引起急性心律不全，在凌晨2时15分左右至4时左右之间死亡。对此，判决指出，“根据原判决的认定，在女性被害人由于被告人注射了觉醒剂而陷入错乱状态的凌晨0时30分左右的时点，如果被告人马上请求急救治疗的话，因为该女还年轻（当时13岁）、生命力旺盛，又没有特别的疾病等，十有八九能够救活该女的生命。这样，可以认为救活该女的生命具有超过合理怀疑程度的确定性，在被告人没有采取这种措施、不经意地把该女放在旅馆客房的行为与凌晨2时15分左右至凌晨4时左右间该女在该客房由于觉醒剂引起的急性心律不全而死亡的结果之间，认为存在刑法上的因果关系是相当的，”认定被告人成立保护责任者遗弃致死罪。

在我国台湾地区，不作为犯的因果关系也得到通说和实务的肯定。例如，林山田认为，“不作为的原因性在于行为人不为期待应为的特定行为，合乎自然法则地导致具体结果的发生。亦即对于具体结果的发生，不作为系其不可想象其不存在的条件，因为该想象中的特定救助行为或防果行为的出现，将会有效地排除结果的发生，则行为人的不作为，始有可能具有不纯正不作为犯的构成要件该当性”。①

台湾“最高法院”“设置防盗设备致人死亡案”（1936年台上字第1238号判决）的判决指出，上诉人于房门外设皮线铜丝，直达大门外的门框旁，通以电流为防盗之具，适有某甲寄宿其家，于夜间启门小解，误触电丝，登时身死。此种设备，既足以危及生命，乃对于寄宿的外客，并不明白指示，致肇祸端，其应负过失致

---

① 林山田：《刑法通论》（下册）增订九版，台湾大学法学院图书部2005年版，第215页。

人死亡的罪责，殊无可辞。[①]

考察理论和判例，对于不作为犯的因果关系，可作如下归纳。

其一，肯定不作为的原因力，并以不作为与结果之间因果关系的存在，为不作为犯结果归责的前提。其二，尝试将适用作为犯的因果关系公式——不可想象其不存在的结果条件，倘可想象其不存在，结果仍会发生的，即与结果不具有因果关系，运用到不作为的因果关系。即，不可想象其存在，倘其存在，结果即不发生的，则肯定不作为与结果之间的因果关系。其三，关于因果关系的证明，一贯的见解是要求有几近于确定的可能性，亦即不作为的行为人若做了被期待的行为，结果有几近于确定的可能性被避免时，则可证明不作为与结果间的因果关系。[②]

（二）假设的因果关系

在刑法理论上一般性的论述中，假设的因果关系（hypothetische Kausalität）遭到原则上的否定，只是在例外情形下给予肯定。但在论述不作为犯的因果关系的时候，假设的因果关系（hypothetische Kausalität）却得到了较为一致的肯定。假设的因果关系（hypothetische Kausalität）概念为作为犯的因果关系所使用，也为不作为犯的因果关系所使用，但得到的评价却不完全相同，有必要予以澄清。

1. 假设的因果关系的肯定

在不作为犯场合，由于不作为是"没有作为"，也就是没有造成结果的任何条件是由行为人所制造的，既然行为人对于结果什么都没有做，如果行为人真有所行动，究竟会产生什么后果，谁也不知道。因此，如果有作为义务的行为人履行义务，防止犯罪结果发

---

① 参见林山田：《刑法通论》（下册）增订九版，台湾大学法学院图书部2005年版，第230页。

② 参见郑铭仁：《危险升高理论之研究》（硕士论文），台湾"国立政治大学"研究所1995年，第164页。

生，是不是结果就不会发生，也只能处在无限大的可能性当中，无论如何“如果履行作为义务防止侵害法益的结果发生，结果就不至于发生”都只是一个假设，因为谁也不知道没有发生的事情。所以不作为的因果关系被称作“假设的因果关系”（hypothetische Kausalität）。[①]

由于不作为本质上谈的是“没有做”的事，因此，难免具有事后诸葛的假设性质，是亦有称为准因果关系或假设因果关系，所称“若……，具体结果即不会发生”，精确地说，仅止于或然率的判断，即“若……，具体结果即几近确定不会发生”。[②]

“学界大多均认为在不作为中以假设的因果关系（hypothetische Kausalität）为其因果关系的型态，换句话说，假如能以几近确定的可能性而认定，行为人如为某一被期待的行为，则构成要件该当结果即不致发生，则行为人的不作为，与构成要件该当结果具有因果关系”。[③]

可以看出，学界对不作为犯的因果关系以“假设的因果关系”（hypothetische Kausalität）称之，同时，学界和实务对不作为的因果关系又大都予以肯定，换句话说，在不作为犯的场合，“假设的因果关系”（hypothetische Kausalität）这一概念得到比较一致的肯定。但是，就是这同一个“假设的因果关系”（hypothetische Kausalität）概念，在非专门指称不作为的因果关系，而是对因果关系做一般性的论述时，却给予了不同的评价。

2. 假设的因果关系的否定

依照德国学界通说及实务的一般看法，假设的因果关系的存在，基本上并不影响犯罪体系中因果关系的判断，换句话说，假设

① 许玉秀：《主观与客观之间》，法律出版社2008年版，第236页。

② 林钰雄：《新刑法总则》，元照出版有限公司2006年版，第518页。

③ 黄荣坚：《刑法问题与利益思考》，月旦出版社股份有限公司1995年版，第157页。

的因果关系在一般情形下是被否定的。耶赛克认为，如果在缺少行为的情况下，一个其他的原因在稍后的时间内，或甚至同时并以同样的方式导致相同的结果，即“假设的因果关系”（hypothetische Kausalität），那么，将真实的事件与想象的其他过程进行比较，往往导致错误。[①] 他也列举了其他学者的态度，例如，施彭德（Spendel）建议完善传统的因果关系公式，应当排除假设的因果关系。

罗克辛（Roxin）举例说明了这个问题。例如，对于在战争中违法射杀的行为，在归责的观点下，行为人也不能以“如果他拒绝了，其他人也会进行这种射杀行为”为理由来减轻罪责。又如，偷了一件东西的人，不能提出这样的理由，“在当时情况下，如果自己不拿，那么别人也毫无疑问会拿这个东西的，对于所有权人来说，这个东西反正是要失去的”。因为，“法律制度不能由于另外一个人已经准备好违反法律就应当收回自己的禁令”。[②]

“不论假设因果历程的存在，以什么样的程度或可能性牵涉结果的发生，其在犯罪体系中的定位，都不宜在因果关系的位阶来讨论。因为在因果关系的检验中，并不是以事件发生的可能性大小，来决定行为与结果间是否存在着因果关联，而是以实际上事件发生后，行为与结果间具体关系的有或无来作判断。在这一的思考模式下，应该在因果关系的检验中考虑的是，如果行为人的行为被抽离时，结果是否发生，而不是加入一个事实上没有发生的假设情状，并以之斟酌行为与结果间的因果关联”。[③]

在日本也是如此。例如，大塚仁认为，假定的因果经过，是指

---

① 参见［德］汉斯·海因里希·耶赛克、托马斯·魏根特：《德国刑法教科书》（总论），徐久生译，中国法制出版社 2001 年版，第 343 页。

② ［德］罗克辛（Roxin）：《德国刑法学总论》（第 1 卷），王世洲译，法律出版社 2005 年版，第 249 页。

③ 参见郑铭仁：《危险升高理论之研究》（硕士论文），台湾“国立政治大学”研究所 1995 年，第 89 页。

虽然实际上正由某行为发生着结果，但是，即使没有该行为，也会从其他事情中产生该结果的情形。例如，甲在驾驶汽车时，轧死了酒醉后的道路上睡觉的乙，但是，如果甲的汽车不轧着乙的话，乙也会被对向开来的丙的汽车轧死。因为假定的因果经过可以认为是“即使没有该行为，也会发生该结果”的情形，所以，有见解认为不存在条件关系，但是，既然是被甲的汽车轧着后乙才死亡的，就应该肯定其间当然存在条件关系。①

关于原因行为与构成要件结果的因果关系的认定，德国实务及通说至今仍以刑法因果理论中的条件理论来检验，即在构成要件结果中不可想象其不存在的条件。但是，在条件理论的适用过程中，如果一并考虑了假设的因果关系的存在，显然会发生“没有前者，就没有后者”这种检验公式应用上的困难。因为假设的因果关系的存在，排除了每一个被检验的行为成为结果原因的可能，更确切地说，每一个被检验的原因行为，都将因假设因果的存在，而成为在构成要件结果中，可以想象其不存在的条件。有鉴于此，条件理论的应用，原则上排除对假设的因果关系的存在的考虑。

因此，正确的做法是，“不要问，根据当时的情况即使没有因果关系的行为是否也会发生那种结果，因为对一行为的条件质量而言仅仅在于，根据我们的经验知识，依据因果法则，行为是否确实导致了结果的发生”。②

原则上，假设的因果关系不能排除真正的因果关系的作用而排除归责，但并非没有例外。例外的是，在行为人仅仅修改了一种自然因果性，而没有在整体上恶化被害人的状况时，就要排除归责。对现有自然因果历程的改变，是指如果抽离行为人的行为时，相同

---

① ［日］大塚仁：《刑法概说》（总论），冯军译，中国人民大学出版社2003年版，第166页。

② ［德］汉斯·海因里希·耶赛克、托马斯·魏根特：《德国刑法教科书》（总论），徐久生译，中国法制出版社2001年版，第345页。

的结果也会因为大自然事件的介入而发生，行为人变更的只是构成要件结果风险发生的方式。为了对这样的情况作更清楚的分析，大部分的刑法学者都以德国刑法学者萨姆松（Samson）所设计的案例进行讨论。

在一段因山崩而遭岩石堵塞的双轨道上，甲开电动火车，因刹车不及撞到岩石上而死亡，甲撞上岩石的地点是在右车道，甲之所以驶在右车道上，是因为乙调整铁道道岔，从左边调整到右边，但左右边的铁道皆遭堵塞。①

在这种情形下，乙的行为既没有扩大车毁人亡的事故范围，又没有在时间上使车毁人亡的事故提前发生，不符合强化原则，所以缺乏可归责性。这是因为，甲是在左边的轨道上还是在右边的轨道上撞上岩石，这对法益保护而言，没有什么意义。如果行为人想加速受害人的死亡或者想扩大损害程度，但是，却只是改变了具体的自然因果关系，而没有使保护客体变得更坏，那么，就只存在未遂的可罚性。②

3. 假设的因果关系的刑法目的性

就刑法评价需要性而言，确定行为与结果之间是否存在因果关系固然重要；唯应该进一步判断，行为人造成具体结果的行为在客观上是否可归责，而应负刑法上的责任。易言之，“在因果关系的判断上，对于结果的原因与结果的归责，应加以区分。首先以经验的观点，采用条件理论的见解，判断结果的原因；而后以规范的观点，采用客观归责的见解，判断结果的归责”。③ 对于结果的原因，

---

① 参见许玉秀：《主观与客观之间》，法律出版社2008年版，第194页。

② 参见冯军：《刑法问题的规范理解》，北京大学出版社2009年版，第136页。

③ 林山田：《刑法通论》（上册）增订九版，台湾大学法学院图书部2005年版，第223页。

主要是陈述犯罪行为的因果历程，这是一个客观事实的表达，需要的是“有”或“无”，“是”或“否”的答案。然而，对于结果的归责，则是对依赖现有的因果法则所得到的结果原因作评价判断，是一种规范价值的表达。在这里要特别强调的是，结果归责所处理的已经不是因果关系的问题，而是判断结果原因在现行刑法的目的期待下是否可以加以归责，是属于一种规范的价值评价。

结果的原因与结果的归责的概念分离，在假设的因果关系的讨论中，有其意义。

如前所述，在一般的意义上，刑法学界否定了假设的因果关系。阿图·考夫曼（Arthur Kaufmann）指出，“假设的因果关系不是因果关系的问题，而是归责的问题”。[①] 因果关系是属于存在界的事物，只有存在界的事物能够影响存在界的事物，假设的因果原因既然未实现，则事实上并不存在，不存在的事物如何能影响存在的事物？行为人的行为造成结果的发生，行为与结果之间具有因果关系，并不会因为有假设结果原因的存在，而从有到无。

在例外地承认假设的因果关系的场合，正是基于刑法目的性的考虑。“假设的因果关系有时影响了关于危险创设的判决，以及与此有关的关于对行为构成的归责的判决，但是，在大多数情况下是不受影响的。这并不意味着在危险创设的概念中存在着一种矛盾现象，因为一个在法律上有重大意义的危险是什么，并不是逻辑的或自然科学上的问题，而是刑事政策评价上的问题”。[②]

同样是基于刑法目的性的考虑，在不作为犯的场合，刑法学界肯定了假设的因果关系。德国学界的通说虽然以不作为欠缺了力的作用，否定不作为与结果间具有结果的真正原因意义下的不作为的

---

① 郑铭仁：《危险升高理论之研究》（硕士论文），台湾“国立政治大学”研究所1995年，第88页。

② ［德］罗克辛（Roxin）：《德国刑法学总论》（第1卷），王世洲译，法律出版社2005年版，第251页。

因果关系，然而在归责必须以因果关系为前提的坚持下，遂主张在法律的观察上，不作为与结果之间的因果关系并非自然的科学的因果关系，而是取决于，不作为人所可能做的行为是否可以避免结果的发生。① 易言之，所谓的假设的因果关系的确定，实际上便是不作为的结果归责的确定。因此，虽然结果并非不作为的行为人所造成的，但是不作为的行为人依法负有防止结果发生的义务，即保证人义务，却对于他可能防止的结果不加以防止，任由结果的发生，这种法义务的违反，正是法律的非难所在，以致形成结果归责的原因。在保护法益与维护个人自由的双重考虑之下，法秩序并未课以每一个人都有防止结果发生的义务，只对于与被害法益居于保证人地位的人，才课以防止结果发生的义务，此即为保证人义务。负有防止结果发生义务的保证人，当他面临结果可能发生之时，依照社会的期待及法秩序的要求，他都应该采取对应措施，去避免结果的发生。倘若他不采取对应措施，任由结果发生，则违背了社会的期待及法秩序的要求。这种违反法义务，对于应该避免且能避免，却不设法避免，而任由结果发生的人，应为此所发生的结果负责。德国实务通说对不作为因果关系的判断，以及学界通说对于假设因果关系的要求，事实上就是在确定不作为的行为人能否避免结果的发生，借以确定结果的归责。

二、先行行为不作为犯的因果关系的多义性

先行行为不作为犯的因果关系具有多义性。

行为人的先行行为与结果之间存在符合条件理论的因果关系。先行行为之后的不作为与结果之间是刑法意义上的规范的因果关系，属于客观归责范畴。具体来讲，从先行行为不作为犯的逻辑关系“因为行为人制造了危险，所以负有防止危险发生的作为义务；

---

① 参见郑铭仁：《危险升高理论之研究》（硕士论文），台湾“国立政治大学”研究所1995年，第174页。

如果不作为致结果发生，则需对行为人归责，”可以看出，在先行行为不作为犯存在多个因果关系，即一个是“因为行为人制造了危险，所以负有防止危险发生的作为义务”，这是自然法意义上的因果关系；另一个是“如果不作为致结果发生，则需对行为人归责”，这是规范意义上的因果关系；另外，就结果的发生而言，行为人的制造危险的先行行为与结果之间，不可谓不是一种符合条件理论的因果关系。①

（一）自然法意义上的先行行为的因果关系

一般认为，先行行为的作为义务，斯鸠贝尔（Stübel）是从生活的实际感觉以及明白的法感情中归纳而得出的。按大陆法系刑法理论的一般见解，先行行为的作为义务是根据习惯或条理，基于法的精神的合理判断而推理出来的，即以诚实信用和公序良俗原则为基础而得出的。如在日本，刑法教科书都一直是将之作为根据条理、习惯而产生义务的适例而予以说明的。

“因为你伤害了他，所以你必须救他”，这是先行行为保证人类型最原始的法理基础，也是人类社会最原始的因果思想。② 这种因果思想的法律表述就是“因为行为人制造了危险，所以负有防止危险发生的作为义务”。可以看出，这种因果关系是自然法（Natural Law）意义上的因果关系，与以自然科学（Natural Sci-

① 因果性是一个复杂的问题，本书也仅是尝试性的解读。在罗克辛（Roxin）那里，究竟是什么在因果性中起作用，这又是怎么发生的，都还是迄今没有完全了解的。现代的认识论认为，因果性是一种遵循经验论并符合确定法则而发生的现象，不过，人们通常避免使用“原因”和“结果”的概念，而是将因果性理解为相互继起事件的可预见性或者可解释性。参见［德］罗克辛（Roxin）：《德国刑法学总论》（第1卷），王世洲译，法律出版社2005年版，第232页。

② 许玉秀：《当地刑法思潮》，中国民主法制出版社2005年版，第687页。

ence）为基础的因果关系不同，更与刑法意义上的因果关系不同。自然法意义上的因果关系是基于直觉的正义情感；自然科学意义上的因果关系强调的是物理的力学上的关系；刑法上的因果关系是规范的考察，是价值的判断。

必须指出的是，“因为行为人制造了危险，所以负有防止危险发生的作为义务”，虽然是基于“因为你伤害了他，所以你必须救他”这样一种原始的因果思想，但是，“因为行为人制造了危险，所以负有防止危险发生的作为义务”已经是一种刑法表述，已经介入了价值的判断，也就是说并非任何制造危险的人都产生刑法意义上的作为义务，即制造危险的人是否必然产生刑法规范意义上的作为义务，或者产生了何种程度上的作为义务，都需要针对具体个案情况，考察行为人是否具有排他的支配性来决定。

（二）自然科学意义上的先行行为的因果关系

先行行为保证人类型与其他保证人类型存在结构上的不同。在先行行为的场合，结果产生的契机是先行行为者自身所提供的，即先行行为者与结果的发生是有直接关系的，也就是说，危险是先行行为者自己惹起的，不为期待应为的行为导致结果的发生，而在其他保证人类型则不存在这样的情况，例如，惹起火灾危险的人有救火的义务，而消防人员并非因为惹起火灾危险才有救火义务，其救火义务源于法律规定。

先行行为惹起危险并不作为，导致结果发生，这是自然的因果关系，力学的因果关系，也是先行行为保证人类型特有的因果关系。除先行行为保证人类型以外的其他保证人类型并不存在这样一种行为与结果之间的引起与被引起的关系。其他保证人类型情形下，危险的惹起及结果的发生客观上都是他人或自然的力量，只是因其具有保证人地位而具有作为义务的不作为，才使其具有了归责的可能性。

在因果关系论中，先行行为作为原因，引起某种结果的发生，这便构成一个独立的因果链。但是，在作为义务论中来研究先行行为，除了研究先行行为同所引起的结果之间的单独的因果链的评价之外，须研究此先行行为在引起一个结果之后，先行行为者对于结果的态度。① 换句话说，在先行行为的情况下，先行行为与结果之间的关系只是自然的因果关系而已。

先行行为不作为犯的独特之处，就在于危险是由先行行为惹起的，如果把先行行为之后的不作为也作为一种行为考虑，那么，先行行为和不作为都是惹起结果的原因，这类似于刑法因果关系理论中的条件理论的适用，即先行行为和结果之间存在因果关系。条件理论的公式“如果没有前者的话，也就没有后者”本来是确定自然科学的、物理学的因果关系标准，在刑法学中论及行为人的行为和基于它的结果之间的因果关系时，也必须以这一公式为基础。但是，“认为只要肯定了条件关系就存在刑法上的因果关系，是不妥当的。为了对行为人的行为进行刑法的评价，有必要在刑法学的观点中进一步研讨刑法学中的因果关系”。②

先行行为与结果之间的因果关系是自然的因果关系而已，与刑法上的因果关系有根本的不同。刑法上的因果关系，是指实行行为和构成要件结果之间所具有的一定的原因和结果之间的关系。在此必须注意的是，在判断结果犯的构成要件符合性的时候，首先必须确认存在实行行为。即便从某种行为中产生了构成要件结果，也不能认为具有刑法上的因果关系。而且，为了说结果犯的实行行为符合构成要件，必须具有基于该实行行为而产生的构成要件结果。意图以落雷来杀人而将他人带往经常打雷的地方，碰巧老天打雷而将他人打死的教学案例，被认为是因果关系问题，但是，由于他人死

① 参见黎宏：《不作为犯研究》，武汉大学出版社 1997 年版，第 168 页。

② ［日］大塚仁：《刑法概说》（总论），冯军译，中国人民大学出版社 2003 年版，第 160 页。

亡是不能看做实行行为引起的结果，所以，不是因果关系问题。[①]虽然这不是一个典型的先行行为的案例，但与先行行为情形类似，即先行行为不是实行行为。

在先行行为不作为犯的场合，其评价的重点是先行行为之后的不作为。不为期待行为实现构成要件该当结果，经由构成要件等价值性的判断，才成立不纯正不作为犯，因此，不作为才是该不纯正不作为犯的构成要素，属于构成要件的评价对象。对于不纯正不作为犯的成立，先行行为只是作为产生作为义务的法律事实基础而存在，先行行为本身在犯罪构成要件中，不具有独立构成要件的意义。

阿图·考夫曼（Arthur Kaufmann）指出，“法律事实是指将生活事实类型化后的法律构成要件事实。其乃具有法律观点意义（但并非纯粹的经验事实），一如真实事件及人类行为般的法律事实（例如购物、杀人）”。法律事实是法律的素材，立法时的实在物。其数量无限。最重要的法律事实，是法律意义下的行为。可以将之定义为，“由意志控制（可归责于行为人），因果形成（在最广义意义下）的负责的、具有意义的实际事实”。这个行为概念，“不仅包括合法与违法、故意与过失、既遂与未遂、正犯与共犯的行止，并且除积极的作为之外，也包括不作为，亦即不为法律秩序为避免与法律相关的结果而有所期待的作为”。[②] 先行行为就是这样一种重要的法律事实，无论先行行为系合法行为、违法行为还是犯罪行为，均可产生作为不纯正不作为犯构成要件要素的作为义务。

需要澄清的是，先行行为是法律事实，而不是法律行为。学界有观点认为，“先行行为之所以被作为作为义务的产生根据，并非

---

① ［日］大谷实：《刑法总论》，黎宏译，法律出版社2003年版，第158页。

② ［德］阿图·考夫曼（Arthur Kaufmann）：《法律哲学》，刘幸义等译，法律出版社2004年版，第156页。

仅仅因为它是人们日常生活中的一般经验的结论。更主要的是由于它是法律行为。所谓法律行为是能够引起法律关系的产生、变更和消灭的行为，先行行为恰恰具备这一特点。因为先行行为是导致法律所保护的某种利益处于危险状态的行为人自身的行为，也就是说，先行行为是使危险状态产生的原因或条件，否则，就不是刑法意义上的先行行为”。① 从先行行为可以是有责行为也可以是无责行为，可以是违法行为也可以是合法行为的角度看，认为先行行为是法律行为的观点是不妥当的。先行行为应该是法律行为的上位概念，即法律事实。

（三）刑法规范意义上的先行行为的因果关系

“如果不作为致结果发生，则需对行为人归责”，这是刑法规范意义上的因果关系。从危险产生之后，行为人应为期待行为开始，先行行为保证人类型就与其他保证人类型一样，并无区别，一并纳入到不纯正不作为犯的不作为的因果关系的讨论中了，也就是前文所述的假设的因果关系。

林钰雄阐述了自然科学上的因果关系和刑法上的因果关系的不同，认为刑法的因果关系问题，早期受自然行为论影响，将自然科学上的想法原封不动地搬到刑法来运用，因而产生无数难解的问题。法律上的因果，与自然科学上的因果有别，后者以自然法则建立两种情状之间的关系。然而，鉴于刑法有其特别的目的，以自然因果律作为刑法上的结果归责的唯一准则，既不足亦不合适。刑法上的因果概念，乃法的与社会的关系概念，属于规范面的评价问题。虽然，在法与现实一致时，自然科学上有因果关系者，法律上认为亦有因果关系；然而，法律上亦有可能在不作为与社会损害结果之间，建立因果关系，虽然就自然科学观点而言并非如此，并将结果归责于应为作为而不作为的保证人，前提是，假设进行法律所

---

① 黎宏：《不作为犯研究》，武汉大学出版社 1997 年版，第 155 页。

要求的行为，构成要件该当结果可能不发生。①

不作为与结果之间是否成立刑法上的因果关系，仍然要考察不作为的实行行为性。在如果不实施被期待的行为，就会发生结果的现实危险的意义上，不作为的因果关系和不作为犯的实行行为问题有关。为了确定不作为犯的实行行为，必须具有如果实施一定的被期待的作为的话，就能有效地防止发生结果程度的可能性的事实。因此，在尽管能够有效地防止结果发生，但却没有实施该行为这一点上，可以作为违反作为义务的实行行为，该实行行为和结果之间，应当说，具有条件关系。以此为事实前提，如果能认定该不作为和该结果之间的折中的相当因果关系的话，该结果就成为构成要件结果。②

顺便提一句，结果加重犯也存在双重的因果关系，即基本犯罪行为与基本犯罪结果之间的因果关系，基本犯罪行为与加重结果之间的因果关系。③ 基本犯罪行为与基本犯罪结果之间的因果关系是普通的因果关系，与其他犯罪构成中的因果关系无异，但基本犯罪行为与加重结果之间的因果关系是结果加重犯所独有的因果关系类型，加重结果须是基本犯罪行为内在固有的危险的合乎逻辑的实现。

三、先行行为不作为犯因果关系的判断

众所周知，在因果关系理论史上，关于因果关系的判断问题，先后出现了众多学说，包括条件理论、相当因果理论、个别化理论、重要性理论等等。其中以条件理论和相当因果理论对学说和实

---

① 参见林钰雄：《新刑法总则》，元照出版有限公司 2006 年版，第 143 页。

② 参见［日］大谷实：《刑法总论》，黎宏译，法律出版社 2003 年版，第 173 页。

③ 参见蔡墩铭：《刑法精义》，翰芦图书出版有限公司 2005 年版，第 130 页。

务的影响最为巨大。现在，学界多数观点倾向于将因果关系的判断分为结果的原因和结果的归责这样前后两个部分，即以条件理论判断结果的原因，以相当因果理论或客观归责理论判断结果的归责。①

因果关系所要探究的，应该是行为与结果两者之间，是否存在自然法则的关联性。故应以条件理论作为判断的基准。至于相当理论与重要性理论乃在于判断结果原因在法律上是否具有可归责的性质，即结果归责，故相当理论与重要性理论虽然名义上属于因果理论，但实际上应是归责理论。然而，“由于相当理论及重要性理论判断标准不够细致，无法充分地圆满解决结果归责的问题，故德国学说吸收相当理论与重要性理论的观点，并注入刑法规范本质所导出的客观可归责性概念，而形成客观归责理论，借以精确地解决结果的归责问题”。②

例如，大塚仁就认为，“刑法中的因果关系，应该以条件关系为前提，根据相当因果关系说来论定”。③ 林山田也对因果关系的判断进行了归纳，即，刑法上的因果关系乃是行为人的行为与结果

---

① 值得注意的是，在日本，多数的见解是采相当因果关系说，尚未完全接受客观归责理论。例如，大塚仁认为，客观归责理论区别因果关系问题和归责问题，用条件说判断前者，用客观归责考虑后者。认为以人的行为与结果之间存在条件关系为前提，在行为产生了被法所否定的危险，而且，该危险实现了符合构成要件的结果时，就肯定客观归责。这种立场想抑制条件说对因果关系范围的扩大，在这一点上，具有与相当因果关系说同样的志向，其适应的实际，可以说也与相当因果关系说没有大的区别。应该说没有放弃相当因果关系说而采用客观归责理论的必要。参见［日］大塚仁：《刑法概说》（总论），冯军译，中国人民大学出版社 2003 年版，第 164 页。

② 林山田：《刑法通论》（上册）增订九版，台湾大学法学院图书部 2006 年版，第 216 页。

③ ［日］大塚仁：《刑法概说》（总论），冯军译，中国人民大学出版社 2003 年版，第 163 页。

之间的必要关联。有无这种因果关系，固然应该依据自然科学与经验法则，而作判断。唯并非依据经验法则在日常生活中可判断为具有因果关系的，均成立刑法上的因果关系。刑法上的因果关系应非纯自然的事实关系，而是在刑法上具有刑法意义与价值的原因与结果之间的关系。在判断顺序上，首先应从经验认识的方法，把行为与结果当做自然现象来观察，确认行为与结果之间存有前因后果的现象，亦即首先应确定因果关系的有无。在确定因果关系之后，应采取价值判断的方法，再进一步认定行为人是否要为其行为所引起的结果负责；亦即行为人是否已经实现客观不法构成要件的客观归责问题。①

（一）因果关系判断的一般理论

1. 条件理论的通说地位

"某人是否引起了结果的发生问题，在德国主要借助于所谓的条件理论来回答，即如果结果不消失，这个行为就不能从思想上赶走，那么，这个结果就由这个行为所引起"。② 就是"非 A 则非 B"的关系，即如果以相当的概率呈现"A 现象不存在，B 现象就不存在"的关系，那么我们说"A 是 B 的原因"。③ 简单地说，也就是"如果没有前者的话，也就没有后者"。这就是因果关系理论中的条件理论。

德国在其帝国法院时代，刑事判决即采条件理论，联邦法院沿用之，刑法学界亦采条件理论为通说。这是因为因果关系的判断，属于经验认识上的问题，尚不涉及法律评价问题，而条件理论所引

---

① 参见林山田：《刑法通论》（上册）增订九版，台湾大学法学院图书部 2006 年版，第 202 页。

② ［德］汉斯·海因里希·耶赛克、托马斯·魏根特：《德国刑法教科书》（总论），徐久生译，中国法制出版社 2001 年版，第 339 页。

③ 黄荣坚：《刑法问题与利益思考》，月旦出版社股份有限公司 1995 年版，第 147 页。

用的判断方式，即属在经验上认定行为是否为结果发生所不可想象其不存在的原因，正符合刑法在因果关系判断上的思维模式。至于当时的其他各种解决结果归责问题的理论，虽然亦有引用因果理论的名称，例如相当理论与重要性理论，但却无法取代条件理论的思维模式，因为相当理论及重要性理论必须以条件理论作为归责判断的前提，反而使条件理论在因果理论的地位愈加稳固。① “一般认为，因果概念是在自身先法学性的哲学和自然科学的意义中，为条件理论奠定基础的。这使得条件理论在历史上顶住了大量所谓的个别化因果理论而得到了承认”。②

---

① 参见林山田：《刑法通论》（上册）增订九版，台湾大学法学院图书部2006年版，第205页。

② ［德］罗克辛（Roxin）：《德国刑法学总论》（第1卷），王世洲译，法律出版社2005年版，第232页。早期学说认为条件理论将会过度扩张结果归责的范围，故学说上先后提出一些修补理论，如相当理论、重要性理论、个别化理论、合乎法则的条件说等等。其中，合乎法则之条件说，由德国学者恩基施（Engisch）发展出来，基本上是一种变体的条件理论。此说同样以所有条件皆等价为出发点，但并不采取“去除法”，而是以自然法则为连结，正面地判断从行为到结果的因果关系。亦即，如果紧接着行为之后发生了外界变动，而该外界变动依照自然法则判断乃与行为相结合且属于构成要件该当结果者，该行为与结果之间有因果关系。参见［德］汉斯·海因里希·耶赛克、托马斯·魏根特：《德国刑法教科书》（总论），徐久生译，中国法制出版社2001年版，第345页；林钰雄：《新刑法总则》，元照出版有限公司2006年版，第149页。所谓个别化理论主张应就各种条件的特性，逐一加以评估，而找出其中的一个条件，作为原因，亦即将条件理论所承认的各种条件加以个别化，再作评估，以定原因，只有被评定为原因的条件，始与结果之间具有因果关系。至于其他并非原因的条件，即与结果不具有因果关系。唯如何评定某特定条件为原因，则有各种不同主张。但在事实上，并无法以这些空泛之词作为判断原因的标准。因此，个别化理论乃失其价值，而不为学者所采。参见林山田：《刑法通论》（上册）增订九版，台湾大学法学院图书部2006年版，第215页。

2. 相当理论的归责意蕴

相当理论是以条件理论为前提，演进而成的因果理论。认为并非造成结果的所有不可想象其不存在的结果条件，全部都是结果的原因，而是只有构成要件相当的条件，或结果相当的条件，才是具有刑法意义的原因。相当关系就是“若 A 则 B”的关系。如果以相当的概率呈现“A 现象存在，B 现象就存在”的关系，那么我们说“A 是 B 的原因”。[①] 至于相当性与否的判断，“则根据客观的事后推测而认定，即，法官在事后判断时，应站在客观的观察者的立场，审查行为当时依一般人所认知的事实是否能够在行为前预见往后的因果历程”。[②]

相当因果理论在德国只有少数学者采行，而且其帝国法院与联邦法院的刑事判决，也从不采用。因为在传统的刑法理论中，可以通过故意与过失、违法性与罪责等理论，限缩条件理论从宽认定因果关系可能发生扩张刑事责任的弊端。[③] 罗克辛（Roxin）也指出，“相当理论并不像其早期的代表人物所认为的那样，是一种因果理论，而是一种归责理论”。麦茨格（Mezger）把这一点作为自己提出的所谓意义重大理论的基础。认为“在刑法中，条件理论保留了自己作为唯一可能的因果理论的地位。与此相对，相当理论是一个责任理论，一般来说，是一个在法律上意义重大的理论”。[④] 也就是说，“相当理论在学理上，应非属单纯探究行为是否与结果相

---

① 黄荣坚：《刑法问题与利益思考》，月旦出版社股份有限公司 1995 年版，第 147 页。

② 林山田：《刑法通论》（上册）增订九版，台湾大学法学院图书部 2006 年版，第 212 页。

③ 参见林山田：《刑法通论》（上册）增订九版，台湾大学法学院图书部 2006 年版，第 214 页。

④ ［德］罗克辛（Roxin）：《德国刑法学总论》（第 1 卷），王世洲译，法律出版社 2005 年版，第 232 页。

关联的因果理论，而已属客观归责理论的一部分”。[①]

3. 判例的态度

“德国自帝国法院时期以来，即已采用条件理论的见解，迄今为止，在因果层次的判定，该说虽然历经不少修正模式，但仍为主宰德国实务及学说的优势见解”。[②]

在日本，“判例基本上采用了条件说。在下级法院的判例中也偶尔能看见采用相当因果关系说的情况，另外，在最高法院的判例中，也有根据相当因果关系说而否定因果关系的情况，所以，也可以说在向相当因果关系说倾斜”。[③] 也就是说，日本判例的主流，理论上依据的基本是条件说。相对于此，也并非没有判例明确地根据相当因果关系说。“只是全体地审视日本的判例，在采用条件说的说明之下，关于实际事实的认定，很少彻底地采用条件说来承认广范围的因果关系，可以说，一般毋宁说是按照社会观念，实质上也一并考虑了相当因果关系。因此，理论上虽然不完善，但是，判例的大趋势可以看成根据的是相当因果关系说”。[④]

“台湾实务对于因果关系的问题时常用到相当因果关系一词，

---

① 重要性理论，出发点在于区别因果之判断与归责之判断，就结果原因依条件说判断，但造成具体结果之条件，仅具刑法上之重要者，始可认为乃结果发生的原因。由于所称重要性的判断，本质上可以说是一种相当性的判断，因此，学说有将重要性理论视为一种相当因果关系理论者。尽管此一理论是过时的理论，但由于其明辨结果之原因与结果之归责，也因而奠立了客观归责理论的基础。参见林钰雄：《新刑法总则》，元照出版有限公司 2006 年版，第 148 页。

② 林钰雄：《新刑法总则》，元照出版有限公司 2006 年版，第 144 页。

③ ［日］大谷实：《刑法总论》，黎宏译，法律出版社 2003 年版，第 171 页。

④ ［日］大塚仁：《刑法概说》（总论），冯军译，中国人民大学出版社 2003 年版，第 175 页。

而学说对于因果关系似乎多数倾向于相当因果关系理论”。①

（二）先行行为不作为犯因果关系判断适用的理论

在能够认定先行行为人居于保证人地位之后，先行行为不作为犯的不作为与结果之间的因果关系的判断与其他类型保证人不作为犯的不作为与结果之间的因果关系的判断并无不同，因此，一般不作为犯因果关系的判断完全适用于先行行为不作为犯因果关系的判断。

不作为犯因果关系的判断是因果与归责的综合判断。“因果与归责的综合判断乃以条件理论为基础，判断行为与结果之间是否具有因果关系，若肯定其间存在因果关系，则再进一步依据客观归责理论，来判断该行为对结果的发生是否具有客观可归责性”。②

1. 条件理论的适用

如前所述，刑法上的因果关系问题，是一个价值判断问题，与自然科学因果关系概念有异，因此，自然科学意义的因果关系的不可能，并不影响不作为犯的因果关系概念的认定。只不过在不作为犯的情况下，正好和作为犯相反。“不作为的因果关系的认定，是要假设行为人如果做了法律所期待的事情，看看结果会不会发生。如果可以相当确定，行为人做了法律所期待的事情，结果就不会发生，那么就是行为与结果之间有条件因果关系。关于不作为犯的因

① 黄荣坚：《刑法问题与利益思考》，月旦出版社股份有限公司 1995 年版，第 150 页。

② 林山田：《刑法通论》（上册）增订九版，台湾大学法学院图书部 2006 年版，第 222 页。

果关系，基本上还是用条件理论作标准”。①

刑法上因果关系概念的目的，在于确立行为人的行为对于结果发生的避免可能性，并且从此建立刑罚的正当性基础。因此，因果关系的确认方法就是：假设行为人做了其他的行为选择，那么是不是结果就不会发生？不管是作为而犯罪或是不作为而犯罪，标准都是如此。在作为犯的情况下，如果行为人换了一个行为选择，不为事实上已经存在的行为（作为），结果就不会发生，因此我们说此一行为（作为）和结果之间有因果关系。在不作为犯的情况下，如果行为人也换一个行为选择，放弃事实上的不作为，采取一定的作为，结果就不会发生，因此我们也说此一行为（不作为）和结果之间有因果关系。从因果关系的目的上的基本概念来看，不管作为或不作为，其建立因果关系的原理都是完全一样的，都是用一个假设的行为选择来取代现实中既有的行为选择，然后比较其结果的差异。因此，如果要说不作为的因果关系是站在假设事实的判决而来的因果关系，其实不仅不作为犯，就是作为犯的因果关系判断也一样是如此。②

在不作为犯中，条件关系的公式是“如果实施了一定被期待

① 黄荣坚：《基础刑法学》（下），元照出版有限公司2006年版，第743页。学界也有根本反对在不作为犯适用条件理论的观点。如，雅各布斯（Jakobs）认为，不作为并非具有消极的意义，而是根本没有意义，它是一个0，即空无一物，既然是0，就无法想象其存在或不存在。因此，想要以条件理论运用到不作为犯，来说明不作为犯的因果关系是不可行的。支持不作为也有因果关系的体系，不但没有任何实益，反而会造成用语的混乱，在不作为犯，欠缺因果关系并非问题所在，真正的问题应该在于结果的归责。归责原则可以决定因果关系是否必要，亦即归责关系同时也是因果关系。参见郑铭仁：《危险升高理论之研究》（硕士论文），台湾“国立政治大学”研究所1995年，第170页。

② 参见黄荣坚：《基础刑法学》（下），元照出版有限公司2006年版，第746页。

的作为，可能防止了结果的发生”，而作为犯的条件公式为“如果没有该作为，结果便可能不会发生”，二者虽然采取了不同的理论，但在“没有该不作为，便没有该结果”这一意义上，前者的存在是后者的必然条件，因此，在理论构造上，和作为犯是一样的。另外，在“可能防止了结果的发生”的场合，问题在于以存在多大程度的可能性为必要，对此应理解为，要能称为“无A则无B”，即必须达到有了该行为便可能切实防止结果发生这一程度的可能性。①

2. 相当理论的适用

“关于不作为犯，适用与作为犯同样的理论也是妥当的，只要以一般的条件关系的存在为前提，能够在折中说的立场上承认相当因果关系，就可以肯定其因果关系”。② 事实上，“相当因果关系说乃是以条件说为基础的修补理论，采行相当因果关系说，并无法否定条件说在因果判断上的地位而只能修补条件理论在结果归责判断上的不足。因此，重要的是因果关系的问题，必须依照因果与归责的综合判断，才能妥适地解决”。③

---

① [日] 大谷实《刑法总论》，黎宏译，法律出版社2003年版，第173页；[日] 西田典之：《日本刑法总论》，刘明祥等译，中国人民大学出版社2007年版，第88页。

② [日] 大塚仁：《刑法概说》（总论），冯军译，中国人民大学出版社2003年版，第176页。在日本，相当因果关系的折中说是历来的通说。折中的相当因果关系说主张，以行为当时行为人所认识到的特别事情以及一般人能够认识的一般事情为基础来判断因果关系。由于因果关系是为了将对于行为人来说属于偶然的情况从归责犯罪中除外所必须的，另外，构成要件作为责任类型也是责任谴责的前提，因此，将行为当时行为人所认识到的特别情况也作为判断基础的折中说是妥当的。[日] 大谷实：《刑法总论》，黎宏译，法律出版社2003年版，第163页。

③ 林山田：《刑法通论》（上册）增订九版，台湾大学法学院图书部2006年版，第226页。

条件理论又称为等值理论，因为造成结果的所有原因等价，因此，条件关系是一个消极关系，是用来排除不是结果的原因的条件，而不是积极地确定结果的条件，这样的条件规则检验不出应该归责的原因行为。在积极确定因果关系的问题上面，还需要利用补充规则。“在作为犯，相当因果关系只是诸多选择中的一种，而且只有在找不到其他具体规则可用时，用相当性来补充说明因果关系，因为它所提供的是一个空泛的常则和相当可能性。但在不作为犯的因果关系中，真正特别的是相当因果关系理论”。[①]

如前文所述，不作为犯的因果关系是假设的因果关系（hypothetische Kausalität），这个假设是依一般经验法则推论而来，那么究竟到什么程度，才可以假设不作为与结果之间有因果关系？相当因果关系说的相当可能性在这里就成为“几近确定”。这个“几乎可以完全确定”的最大可能性规则，是德国联邦最高法院发展出来判断不作为的“相当因果关系”的具体标准。[②] 相当理论认为行为与结果之间必须有相当程度的可能性，方能认定为有因果关系，这个相当程度的可能性，也就是行为与结果之间“适当”的关系，这个适当的关系是依常则足以导致结果发生的意思，这也就是通说所认为的依一般的经验法则。正是由于不作为的因果关系是依赖经验法则上的最大可能性所拟制出来的，所以也被称为拟制的因果关系或准因果关系。

（三）先行行为不作为犯因果关系判断的判例分析

刑法上的因果关系应该按照以下要件进行判断，即，第一，必须存在符合构成要件的行为即实行行为；第二，以没有该实行行为的话，就不会有该结果的条件关系为前提；第三，必须具有相当性，即以条件关系为前提，通过对行为时的事情以及行为后的事

---

① 许玉秀：《主观与客观之间》，法律出版社 2008 年版，第 237 页。

② 参见许玉秀：《“最高法院”1989 年台上字第 3693 号判决的再检讨》，载《刑事法杂志》第 35 卷第 4 期，第 25 页。

情，以行为时为基准，以一般人能够知道或预见的一般事情以及行为人已经知道或预见到的特别事情为基础，从一般经验来看，该实行行为通常会发生该结果，即具有相当性。①

“实行行为原本是作为构成要件的核心的行为，它必须具备每个构成要件所描述的各构成要件要素”。② 因为各个犯罪的构成要件不同，所以不同犯罪的实行行为的内容最终有待刑法分则各个条文的解释。任何行为只有符合通过对刑法分则等法规的解释而引申出来的行为类型时，才能肯定其构成要件该当性，这是罪刑法定主义的当然要求，不管接受不接受“实行行为”这一命名，对这一点本身不应存在任何疑义。按照传统的通说，实行行为的功能之一就是限定因果关系起点行为的功能。③ 即实行行为是具有既遂结果发生的一定程度以上的客观危险的行为。刑法中的因果关系只是限定于该实行行为与结果的因果关系，所以，如果行为只具有结果发生的极其轻微的危险，那么即使该行为引起了既遂结果，只要否定其“实行行为性”就可以否定构成要件该当性，而没有必要再判断因果关系的存在与否。④

1. 先行行为不作为犯的不作为的实行行为性

先行行为不作为犯的因果关系的判断，首要的关键是认定不作

---

① 参见［日］大谷实：《刑法总论》，黎宏译，法律出版社 2003 年版，第 164 页。

② ［日］西原春夫：《犯罪实行行为论》，戴波等译，北京大学出版社 2006 年版，第 13 页。

③ 实行行为的功能除限定因果关系起点行为的功能外，还有确定未遂犯成立时期的功能、区别正犯与共犯（指狭义的共犯，即教唆犯与帮助犯）的功能等。参见金光旭：《日本刑法中的实行行为》，载《中外法学》2008 年第 2 期，第 234 页。

④ 刑法学界也有质疑实行行为的观点，例如，冯军教授认为，实行行为本身是一个空洞的概念，必须依靠客观归责理论才能具体化。冯军：《刑法问题的规范理解》，北京大学出版社 2009 年版，第 148 页。

为的实行行为性。关于先行行为不作为犯的不作为的实行行为性须具备以下各项，即先行行为人须居于保证人地位；先行行为人的不作为具有侵害法益的现实的危险；先行行为人须具有作为的可能性。

(1) 先行行为人须居于保证人地位。“在确定不作为犯的违法性时，首先必须确定行为人是否产生了刑法上的作为义务”。① 在具有发生某种犯罪结果的危险状态的场合，法律期待居于保证人地位的行为人为一定的行为防止结果的发生，即履行保证人的义务，如果行为人不实施法律所期待的一定的积极行为而防止结果发生的话，其不作为即属于与结果具有刑法上的因果关系的实行行为。或者说，“不作为要与作为具有构成要件性等价值，不作为者就必须将正在发生的因果流程控制在自己的手中，即获得基于意思的排他性支配”。②

(2) 先行行为人的不作为具有侵害法益的现实的危险。不作为的实行行为性须行为人居于保证人地位，但居于保证人地位的行为人的不作为也不必然就是实施了实行行为。具体来讲，只有在居于保证人的行为人的不作为具有侵害法益的现实性，才是不纯正不作为犯的实行行为。反之，如果居于保证人的行为人的不作为并不

---

① [日] 西原春夫：《犯罪实行行为论》，戴波等译，北京大学出版社 2006 年版，第 67 页。

② [日] 西田典之：《日本刑法总论》，刘明祥等译，中国人民大学出版社 2007 年版，第 94 页。西田典之同时认为，有些情况下，获得排他性支配并非基于自己的意思。例如，早上起来看到大门口放有弃婴，由于是自己的大门口，应该说具有排他性支配，但并非自己主动认领，因而这种支配并非基于自己的意思。可以将这种客观上存在排他性支配，但这种排他性支配的取得并非基于自己意思的场合称为“支配领域性”，以示区别。在“支配领域性”的场合，由于缺少“基于意思”这一部分，作为其替代，就必须存在父子（母子）关系、建筑物的管理人员、安保人员等社会持续性保护关系。只有在此限度之内，才应考虑规范性要素。

会造成法益侵害的现实危险，就不能谓之为不作为的实行行为。从形式上说，只有在这种作为义务的违反的结果，即法益侵害的危险迫切的阶段才能认定不作为犯的实行着手时间。如果母亲怀有杀意而不给孩子喂奶，那么，即使一次两次不喂奶，也可以认定为违反了作为义务，但是，据此不能立刻说是实行的着手。如果该母亲继续不喂奶，那么，即使孩子没有立刻死亡，只要到了出现生命危险的阶段，就可以认定为实行的着手。于是，此后的不作为就当然构成了实行行为的实质。①

（3）先行行为人具有作为的可能性。不作为犯的构成，必须考虑行为人在现实上是否有作为可能性。这里所说的作为可能性，指的是行为人的生理上的作为可能性。例如，行为人是否有足够的身体能量、速度或技术可以把掉到水里的小孩子拉上来。从刑法保护利益的目的来看，要把一个行为评价为不法，必须是行为人的意志在现实上有可能改变事实结果，才有评价为不法的意义。而在作为犯的情况中，行为人的意志要改变事实的结果，基本上是没有问题的，因为只要行为人放弃一定的作为，不需要花力气，也不需要技术，就可以改变现实结果。但是在不作为犯情况，要改变事实的结果，通常需要花力气，也需要技术，例如小孩子掉到水里，大人不会游泳就没有办法救小孩，体力不够也没有办法救小孩。②

先行行为人具有作为的可能性，从客观方面看，还要有防止结果发生的事实可能性，只有当行为人履行作为义务可以避免结果发生时，其不作为才可能成立犯罪。例如，司机过失造成了交通事故致被害人重伤，即使立即送往医院也不能挽救生命，或者被害人将立即死亡时，即使司机没有履行救助义务，也仅成立交通肇事罪，

---

① 参见［日］西原春夫：《犯罪实行行为论》，戴波等译，北京大学出版社2006年版，第20页。

② 参见黄荣坚：《基础刑法学》（下），元照出版有限公司2006年版，第749页。

而不成立不作为的故意杀人罪。[①]

2. 判例分析

(1)“酒后驾车业务过失致死案”（日本盛冈地方法院判决1969年4月16日判例时报第582号第110页）[②]

基本案情：被告酒后驾车过失致人重伤，被害人因伤势太重，已神志不清，四肢也无动作可言。被告认识到被害人还活着，有立即送往最近医院救护，以维持被害人生命的义务。但被告因害怕事情暴露而把被害人扶上副驾驶席后驾车逃离现场，但这期间，被害人死于行车途中。

盛冈地方法院作出如下判决，“本案是以不作为杀人罪被起诉的。在理论上，不纯正不作为犯实现某作为犯的构成要件，是由于

---

① 从理论体系上看，不纯正不作为犯的成立须具备以下各项：符合构成要件结果的发生；不为期待应为的行为；防止结果发生的事实可能性；不作为与结果之间具有因果关系与客观可归责性；不作为必须与作为等价等问题。其中，防止结果发生的事实可能性和不作为与结果之间的因果关系是并列的独立的两项内容。其实，有没有作为可能性或者说有没有防止结果发生的可能性的判断，其本身实质上就是因果关系的判断。例如，上述大人没有下水救小孩子的例子，如果我们根本不考虑可能性的问题，直接检验行为的因果关系，则可以发现，对于一个不会游泳的大人，即使下了水拼命拨水踢脚，结果不只没有能够救到小孩子，事实上很可能大人自己也陪上一命，简单讲，大人有下水救小孩子和大人没有下水救小孩子，小孩子死亡的结果不会两样，所以欠缺因果关系。此一因果关系的欠缺，不只客观上如此，行为人主观上的认知也如此，所以自然不成立不作为犯罪的客观不法与主观不法。因为理论上，如果不是我们具体思考行为人的行为的具体作用是什么，我们凭什么说行为人是没有足以发生救助效果的作为可能性？因此，即使我们要使用所谓作为可能性的说法来检验不作为行为人的不法，实际上论断其欠缺作为可能性的标准还是因果关系。参见黄荣坚：《基础刑法学》（下），元照出版有限公司2006年版，第750页。

② 参见［日］日高义博：《不作为犯的理论》，王树平译，中国人民公安大学出版社1992年版，第65页。

不作为人有应防止结果发生的法律上的作为义务，且防止结果是可能的，但却不实施相应的行为。本案中，首先看救助被害人的可能性。从被害人受伤的程度来看，可以认定其短至几分钟长至几小时就会死亡，所以，即使立即送往医院，也不能避免被害人死亡的结果。因而，不送医院这一不作为与被害人死亡之间没有因果关系。其次，看被告对被害人伤势的认识。被告没有想如果立即把被害人送往最近的医院还有救助的可能。基于以上两点，否定杀人罪，而成立业务上过失致死罪。”

本案中，由于没有救助的可能性，否定了不作为和死亡结果之间的因果关系。本判例重点在客观方面，从被害人受伤程度来探讨救助可能性，也就是防止结果发生的事实可能性。行为可能性的认识作为故意的要件来解释，是德国的通说。

（2）“抓老鼠致放火案”（日本大阪地方法院判决 1968 年 2 月 21 日下级刑集第 10 卷第 2 号第 140 页）①。

基本案情：被告在 1964 年 12 月 3 日 11 点 20 分打扫房间时，听见天棚有跑老鼠的声音。想起以前报纸登载过老鼠咬死婴儿的事，害怕大儿子丁（1964 年 9 月 22 日生）被老鼠咬死。为防止发生这样的事，他想先看看天棚的构造，于是挪开了天棚板，左手拿着点燃的蜡烛，照看天棚里的构造，身体不断变换着方向。这时，左手碰到了天棚里的悬杆，因这一击，蜡烛从手中掉到天棚里。被告轻信火已熄了，就回厨房了。上午 11 点 40 分，发现天棚冒烟，往天棚里一看，宽幅 30 厘米的天棚板及附近的悬杆都着火了。这时，从火势来看，如喊邻居来帮忙救火，是可以把火扑灭的，被告想，“如果喊邻居救火，人家就会知道火是由自己家引起的，必然会遭到邻居的谴责，以后就不能住在一起了，另外，即使烧毁了房子，自己家的财产也进行了火灾保险，保险金可以补偿自己的损

① 参见［日］日高义博：《不作为犯的理论》，王树平译，中国人民公安大学出版社 1992 年版，第 57 页。

失，了不起烧毁住在本楼的其他住户的住宅，所以，最终也没有求邻居帮助救火，而任其烧毁”，于是跑出自己的家。其结果，烧毁了上述住宅的屋顶、天棚板及床等约 169 平方米。

对这一事实，大阪地方法院认定构成刑法第 108 条之放火罪。

本案中，存在过失的先行行为，产生了导致火灾的危险，行为人居于保证人地位，从火势来看，如喊邻居来帮忙救火，是可以把火扑灭的，即存在灭火的可能性，因此，行为人的不作为具有实行行为性。没有被告将蜡烛掉到天棚里的过失行为，就没有烧毁住宅的结果，具有条件理论的因果关系。但如果采取措施，有相当的可能将火扑灭，则不会发生火灾的结果。因此，被告的不作为与结果之间存在刑法上的因果关系。

(3)“失恋致放火案”(日本甲府地方法院判决 1961 年 6 月 29 日下级刑集第 3 卷第 5、6 号第 585 页)①

基本案情：被告与甲女谈恋爱并在甲的住宅同居，后产生矛盾，甲女为摆脱被告去了东京。被告为了弄到甲的住址，一天凌晨弄开甲的住宅的后门进到屋里。怕人发现不敢打开电灯，划火柴取亮，火柴偶然碰到壁纸燃烧起来，忙乱中又将旁边的赛璐珞制的针线盒引燃。被告用手扑打，但火一下子燃了起来。这时，被告非常害怕，又担心看家的人进来发现他，“如上所述，被告曾在这里住过，知道厨房的位置，如果采取用水灭火或求救邻居援助等适宜的措施，是很容易将火扑灭的，而被告却没有采取相应的措施，而且，预见到火会延烧以致烧毁整栋房子，却予以放任”，逃离现场，最终导致烧毁甲女的住宅。

甲府地方法院根据刑法第 108 条判处被告构成放火罪。

本判例依灭火可能性及放任烧毁，肯定成立不纯正不作为犯。因存在过失行为，这是导致住宅被烧毁的直接原因。过失的先行行

---

① 参见［日］日高义博：《不作为犯的理论》，王树平译，中国人民公安大学出版社 1992 年版，第 55 页。

为，产生了导致火灾的危险，居于保证人地位，亦存在灭火的可能性，行为人的不作为具有实行行为性。没有划火柴照亮的行为，则没有烧毁整栋房子的结果，这是条件理论的因果关系。如果被告采取救火措施，有相当的可能性将火扑灭，不会导致结果的发生。因此，被告的不作为与结果之间存在刑法上的因果关系。

（4）“倪祖昌斗殴致人溺水案”［江苏省启东市人民法院（2004）启刑初字第133号判决书、江苏省南通市中级人民法院（2004）通中刑一终字第74号裁定书］。①

基本案情：2004年4月9日晚8时30分许，被告人倪祖昌与妻子施亚菊各骑一辆自行车回家。途中与相向骑自行车的袁建飞发生碰撞，两人同时跌地。倪为此骂了袁，而袁则照倪的脸部打了一拳。随即两人发生纠扭，一起倒在地上打滚，后一起滚入河中，在水中两人继续扭打。倪妻见两人落水，即喊救命。倪在继续纠扭10余分钟后推开袁某，在妻子的帮助下上了岸。对岸蔡文飞听到呼救后，赶到了现场，得悉情况后问倪某另一人的下落，倪答仍在水中。蔡等人即行寻找并报警。次日凌晨1时许，在事发地南侧12米河段发现了倪祖昌的尸体。

江苏省启东市人民法院根据上述事实和证据认为，被告人倪祖昌于事发时明知在大河旁与他人纠扭可能发生摔入河中致人死亡的危险，仍与受害人发生纠扭使双方一起摔入河中，在上岸后又不实施救助，放任受害人死亡结果的发生，构成故意杀人罪。

在二审过程中，上诉人倪祖昌申请撤回上诉。

本案中，被告人与被害人扭打中，在合力作用下双方一起滚落至宽而深的河中，由此而致对方的人身法益处于危险状态之中，被告人的行为显然是形成危险状态的原因之一，因此负有防止危险发生的义务。被告人有能力履行特定义务却未履行，被告人经过纠扭

① 参见江苏省启东市人民法院（2004）启刑初字第133号判决书、江苏省南通市中级人民法院（2004）通中刑一终字第74号裁定书。

体力消耗较多是事实，但并不因此而表明其已失去救助能力，况且救助方式多种多样，但倪祖昌却未为任何施救行为。因此，被告人的不作为具有实行行为性，与死亡结果之间存在刑法上的因果关系。

另外，关于主观方面，判决认为被告人放任被害人死亡结果发生，属间接故意。

（5）“昆兹案”（State v. Kuntz 995P. 2d 951 MT2000）。①

基本案情：被告 Bonnie Kuntz 与死者 Warren Becker 同居 6 年，他们正准备结束他们之间的关系。1998 年 4 月 18 日，二人发生争吵。Warren Becker 殴打被告，抓着被告的头发往炉子上猛撞。被告说她记不清到底发生了什么，她只记得将 Warren Becker 推开，然后想出门让自己冷静下来。等她觉得安全了再次返回厨房，发现地上有血迹，Warren Becker 脸朝下趴在地上。被告称把 Warren Becker 翻转了过来，Warren Becker 反应迟钝。被告出门驾车开了几英里路，给她妈妈打电话，她自己并没有亲自打电话寻求对 Warren Becker 的救护。大约一小时后，她的姐夫找来救护人员和执法人员。被告被控过失导致 Warren Becker 的死亡。她以正当使用武力进行抗辩。1998 年 11 月 6 日，州提交修改后的起诉书，指控她犯有同一罪行，但声称，Warren Becker 的死亡是由于被告用刀刺伤他的胸口，而且又未能打电话找医院救助。被告再一次作无罪答辩。随后，被告提出动议，要求驳回修改后的起诉，但被地区法院驳回。被告提起上诉。上诉法院作出如下判决。

对基于不作为的刑事责任，必须具有法律上的作为义务，且行为人必须在身体上能够实施这一行为。美国法律上的“美国旁观者规则”（Amercian bystander rule）是指，人没有救助他人于危险的义务。但有例外。例外的作为义务的发生根据有：基于个人关系

① 参见马静编译：《美国刑法——英美法经典判例选读》，中国民主法制出版社 2006 年版，第 19 页。

的义务，如父母与子女或丈夫与妻子；基于法律的义务；基于合同的义务；基于自愿承担的义务；基于引起危险的义务；基于控制他人行为的义务；基于作为土地主人的义务。

法院判定，Bonnie Kuntz 与 Warren Becker 在一起生活了大约 6 年，相互对对方负有个人关系义务。

当一个人有使用武力的正当理由以阻挡侵犯者时，防范者没有义务帮助会对其本人或他人造成伤害或死亡的侵犯者。

被害人在阻挡侵犯之后只有一个义务（duty），那就是对其自身所负有的、寻求并获得安全，远离侵袭发生地的义务。

救助的义务实际上是可以复苏（revived）的，但只有在侵犯者的受害人完全行使了寻求并获得安全且远离人身伤害的权利（right）之后，才能复苏。

本案的基本案情是被告将被害人刺伤，然而又没能找医院救助，因而导致被害人死亡。被告刺伤被害人有导致被害人死亡的条件理论的因果关系，但真正导致被害人死亡的刑法上的因果关系是不作为与结果之间的因果关系。被告刺伤被害人尚未导致其死亡，只是“流血”、“反应迟钝”，此时，如果采取求救医院的行为应能使被害人得救，即存在救助的可能性。被告只是给她母亲打了电话，而没有给医院打电话，没有采取任何救助措施，主观上应认定存在未必的故意。因此，被告的不作为有实行行为性，与死亡结果之间存在刑法上的因果关系，成立不作为的杀人罪。

关于本案判决，有以下几点值得注意。

第一，作为义务的产生。判决以被告和被害人共同生活了 6 年从“个人关系”上认定了作为义务。就本案而言，被告刺伤被害人，似以过失的先行行为认定产生作为义务为妥。

第二，正当防卫人不产生作为义务。被害人殴打被告，被告刺伤被害人，属正当防卫，没有救助侵害者的义务。

第三，救助义务的“复活”。正当防卫人在正当防卫行为结束之后，已经获得了安全且远离伤害后，其又产生了救助侵犯者的义务。这就是所谓的救助义务的“复活”。正当防卫人没有救助义务，以为学界和实务所承认。正当防卫结束后的救助义务，与紧急避险后产生作为义务一样，都是基于法益保护的目的。

第二节　先行行为不作为犯与客观归责理论

自从罗克辛（Roxin）在1970年霍尼希（Honig）纪念论文集中发表《对刑法中归责难题的思考》阐发客观归责学说（Die Lehre von der objektiven Zurechnung）的理论以后，[①] 经过四十年多来不断的讨论与补充，客观归责理论已经在德国刑法的通说中，成为评价结果犯的客观构成要件的必要要素。基本上，在客观构成要件中严格区分结果原因与结果归责的体系，已经被多数学者所接受。其中结果原因所涉及的是，行为与结果间的具体因果关联是否存在的判断，是没有加入规范评价的客观事实判断，而结果归责则是在肯定了行为与结果之间的因果关联后，进一步来探究该结果是否可归责于行为人的规范的价值判断。在这样的犯罪判断体系下，客观归责的概念可以理解为一个以因果关系存在为前提，且独立于因果关系判断之外，而来评价行为人所造成的结果，是否可以被当成行为人的“行为杰作”（Werk der Handlung）并加以归责的客观构成

---

① ［德］许乃曼（Schünemann）：《关于客观归责》，陈志辉译，载《刑事法杂志》第42卷第6期，第87页。客观归责的理论渊源，依据目前德国刑法学界的多数见解认为，可以追溯到黑格尔的法哲学。拉伦茨（Larenz）自黑格尔的法哲学导出客观归责的概念，然后由霍尼格（Honig）将客观归责概念运用到刑法的领域，最后由罗克辛（Roxin）在1970年为客观归责理论提出一套较为完整的归责判断体系。

要件要素。①

罗克辛（Roxin）认为，刑法法理的任务在于对结果予以归责，且结果归责是由行为人是否违反法规范的要求而决定。这取决于行为人是否制造了一个构成要件上侵害法益的法律上重要的风险。以风险原则作为客观目的性的基础，能够获得一个完全与因果理论分离的结果犯的一般归责理论。换言之，客观归责理论的内容是，唯有当行为人的行为对行为客体制造了不被容许的风险；这个风险在具体的结果中实现了；这个结果存在于构成要件的效力范围内，由这个行为所引起的结果，才可算是行为人的成果，而归责给行为人。② 简言之，客观归责理论的基本原则有三，即制造不被容许的风险；实现不被容许的风险；构成要件的效力范围。客观归责概念之下列举了一些下位概念，例如危险实现、危险减低、容许危险、容许信赖、危险升高、反常的因果历程、回溯禁止、自我答责、注意规范目的保护关系等等。考虑到与先行行为不作为犯的相关性，以下仅就危险升高和自我答责进行论述。

一、先行行为不作为犯与危险升高理论

先行行为不作为犯的构造是行为人的先行行为制造了危险从而具有保证人地位，产生了作为义务，不为期待的行为造成结果，成

---

① 许玉秀认为，从客观归责理论借由制造风险诠释行为不法，可以看出客观归责的重心在行为归责而不在结果归责，可以称为广义的客观归责概念，只有从比较宽泛的不法理论的角度观察客观归责理论，才可能看出客观归责理论诠释不法、诠释行为归责的功能。反之，如果将客观归责理论看成狭隘的阻却构成要件理论，或者是结果归责理论，客观归责理论自然显得没有多大用处。参见许玉秀：《客观归责理论的回顾与前瞻》，载《刑法思潮之奔腾——韩忠谟教授纪念论文集》，财团法人韩忠谟教授法学基金会 2000 年版，第 107 页。

② Roxin，Die Lehre von der objektiven Zurechnung，Chengchi Law Review，Vol. 50，S. 13.

立先行行为保证人类型的不纯正不作为犯。与其他保证人类型的不纯正不作为犯一样，刑法关注的重点是不作为与结果之间的因果关系。客观归责理论中的所谓危险升高，一般意义上是指在作为犯的情形下，行为人的作为提高发生结果的危险，并且该危险是超越容许危险的范围。如果在不作为犯场合下讨论危险升高，是指行为人的不作为提高发生结果的危险，且该危险是超越容许危险的范围。

需要特别注意的是，先行行为不作为犯与其他保证人类型的不作为犯存在结构上的不同，即先行行为不作为犯中的危险是由先行行为人本身所制造，行为人制造了危险才使其可能具有保证人地位。但行为人的不作为进一步升高了发生结果的危险，才使其具有了以不纯正不作为犯处罚的可能性。因此，在不纯正不作为犯场合下，危险升高并非是指先行行为制造的危险，而是指先行行为之后的不作为升高了发生结果的危险。

（一）先行行为不作为犯的不作为与危险升高

危险升高（Risikoerhöhung）概念，在客观归责理论当中是一个最有争议的概念。此一概念的主张是，“只要行为人的行为提高发生结果的危险，并且该危险是超越容许危险的范围，那么发生的结果对于行为人而言就是可归责的"。[①] 关于危险升高概念最常被提到的一个实例，是1957年德国联邦法院的"货车超车案"（BGHST7，1）的判决：有一货车司机超车时未保持交通法规所规定的侧面安全距离，此时骑单车的醉汉跌向货车的方向而被后轮轧死。经鉴定确认，由于被害人喝醉了酒，在当时的情况下，即使货车司机保持法律所规定的安全距离，结果也"有可能"会发生。判决因此认为，货车司机不必负责。不过持危险升高理论者对于此一判决并不以为然，认为货车司机的行为已经提高发生结果的危险，并且该危险是超越容许危险的范围，因此货车司机还是不能免责。[②]

客观归责理论的归责原则包括判断行为人的行为是否对行为客体制造了不被容许的危险、此危险是否在具体的结果中实现以及实现的具体结果是否在构成要件的效力范围，可见危险原则是客观归责理论的核心内容。在引介客观归责理论过程中，我国台湾地区较

---

① ［德］罗克辛（Roxin）：《德国刑法学总论》（第1卷），王世洲译，法律出版社2005年版，第257页。黄荣坚：《刑法问题与利益思考》，月旦出版社股份有限公司1995年版，第157页。德国学者奥托（Otto）曾经提出一篇名为"以危险升高原则取代因果关系作为结果犯的归责准则"的文章，似乎有意放弃因果关系，而仅仅以危险升高原则作为结果归责的准则。奥托（Otto）认为，传统的观点以具有因果关系，客观构成要件即合致。而因果关系的确定，系依条件理论来判断。但是，条件理论不能提供某一结果应否归责给行为人的判断基础；结果的归责应该以行为人是否违反义务地为被保护的客体制造或升高危险，且该危险在结果中实现了。因此，奥托（Otto）所谓的告别条件理论公式，指的是放弃以因果关系的确定即肯定归责的做法。事实上，奥托（Otto）在1992年第4版的教科书中，也以因果关系的确定作为客观归责的第一步骤。所以，通说仍以因果关系的确定，作为客观归责的基础。参见郑铭仁：《危险升高理论之研究》（硕士论文），台湾"国立政治大学"研究所1995年，第63页。

② 参见黄荣坚：《刑罚的极限》，月旦出版社股份有限公司1998年版，第153页。

普遍使用的是“风险”概念，我国大陆学者有的使用“危险”概念，有的使用“风险”概念。

危险升高理论的判断对象是危险，亦即结果发生的可能性。在罗克辛（Roxin）所提出的客观归责理论中，也使用了两个概念来表达结果发生的可能性，即 Risiko 和 Gefahr，这两个字中文均可译为风险或危险。事实上，罗克辛（Roxin）在他的教科书中亦有混用的情形，例如，unerlaubte Risiko 即不被容许的风险（或危险），fehlende Gefahrschaffung 即欠缺制造危险（或风险）。因此，本书对危险和风险不加区别，混同使用。①

危险升高理论的提出，主要想解决在过失犯方面，倘若结果在行为符合义务情况下也会发生，则行为人的违反义务与结果的发生是否有关联，行为人应否对此结果负责的问题。罗克辛（Roxin）在其刑法总则教科书中，将危险升高理论置于“实现不被容许的

---

① 也有学者强调对风险和危险应加以区别，例如，柯耀程指出，客观归责理论采用“风险”的概念，作为诠释方法的基础，但却未清楚界定所谓“风险”究竟为何概念？亦未能厘清“风险”与“危险”在概念上有何差别，在客观归责的诠释方法中导入“风险”的概念，极可能形成刑法危险犯类型的混淆，盖对于抽象危险犯而言，行为一经实行，则其危险被认定为存在，犯罪随即成立，不需有任何实际法益或客体的侵害存在。参见柯耀程：《刑法思想》，中国政法大学出版社 2003 年版，第 40 页。又如，德国学者卢曼（Luhmann）认为，以是否归因给行为人的决定来区分风险与危险，“观察风险与危险的重点将置于，谁如何地观察危害及关于危害的期望。若是可能的危害被看成是决定的后果，也就是这些危害被归因到决定上，则谈论的是风险，而且是决定所带有的风险。若是将可能的危害看成是由外在引起的，即归因到环境，则所谈的是危险。”林宗翰：《风险与功能——论风险刑法的理论基础》（硕士论文），台湾大学法律学研究所 2006 年，第 11 页。应当承认，汉语中风险和危险的含义是有区别的。据《现代汉语词典》的解释，“风险”的含义是“可能发生的危险”，而“危险”的含义是“有遭到损害或失败的可能”。“风险”是一个中性词，而“危险”多是一个贬义词。风险与危险可以相互转化，程度较高的风险通常可以被认为是一种危险。

风险”之下，表示“在风险升高时，已制造了不被容许的风险，这是完全正确的，也是普遍受到承认的。有争议的是，当被容许的行为也可能导致结果的发生时，是否有不被容许的风险被实现。这就是将危险升高理论放在实现不被容许的风险之下的原因”。①

刑法理论的发展表明，先行行为的概念有逐渐扩大的趋势。无论是故意犯罪行为，还是过失犯罪行为；无论是违法行为，还是合法行为，都可以因其制造了危险而使行为人居于保证人地位的可能性。例如，雅各布斯（Jakobs）提出了扩大的前行为概念，不但传统上所承认的违反义务的前行为，而且许多被允许的危险，如购买恶犬、铺桥修路、建造公共设施、抱走流浪动物都被纳入前行为的概念范围之中。许玉秀对此提出批评，“认为从生活中处处皆风险的观点来看，这些行为都是一些制造被容许的风险的行为，和前行为保证人类型中的危险前行为根本是两回事”。② 许玉秀的批评并不妥当，依客观归责理论，制造被容许的风险不可归责，只有制造不被容许的风险才可归责，这当然指的是在作为犯的情形。如果从事被容许的行为也有可能导致结果的发生的时候，就有不被容许的风险被实现的可能。也就是说，在从事被容许的行为的时候，如果有导致结果发生的可能，行为人就产生了作为义务，其不作为升高了结果发生的危险，从而具有了客观可归责性。许玉秀的批评的疏漏之处在于，忽略了对于先行行为不作为犯的处罚，刑法关注的是先行行为之后的不作为升高了结果发生的危险。

具体来讲，如果先行行为是犯罪行为的情形下，其先行行为已经制造了不被容许的危险，或者说升高了危险，自当以作为犯的犯罪来归责。若该犯罪行为导致另一侵害法益结果发生的危险，则行

---

① 参见郑铭仁：《危险升高理论之研究》（硕士论文），台湾“国立政治大学”研究所 1995 年，第 115 页。

② 许玉秀：《当代刑法思潮》，中国民主法制出版社 2005 年版，第 740 页。

为人居于保证人地位，有因其不作为成立先行行为保证人类型的不纯正不作为犯的可能。例如，前引台湾的“红信水银案”（台湾“最高法院”1940年台上字第1689号）。上诉人将红信水银投入饭锅内，如其犯意仅在毒杀其夫某甲一人，而于乙、丙先后食吃此饭时，虽在场知悉，因恐被人发觉不敢加以防止，即系另一犯意，以消极行为构成连续杀人罪，应与毒杀某甲的行为并合处罚。该案中，上诉人的先行行为制造了不被容许的危险，其不作为亦制造了不被容许的危险，或者说因违反义务升高了结果发生的危险。

如果先行行为是合法行为，或者说是被容许的行为的情形下，其先行行为本身并没有制造不被容许的危险，如果有可能导致侵害法益结果发生的时候，其不作为就有可能使不被容许的危险被实现，可能成立先行行为的不作为犯。例如，“张某拥抱殷某致殷某溺水案”。①

基本案情：17岁的殷某和22岁的张某，由于工作关系接触较多，张某对殷某渐生情愫，开始“穷追不舍”。而殷某对张某根本没有任何好感。2008年3月14日晚上8时许，张某和殷某来到水库边上。一路上，张某不停唠叨要殷某做他的女朋友，殷某有些心烦意乱。殷某提出不想再和张某交往。在她欲转身离开时，张某一把将其抱住欲再作表白。张某的拥抱，使得殷某惊慌失措，在一番推搡挣扎中落入水库。眼看殷某落水，张某既没有叫喊呼救，也没有报警，更没有下水营救，而是转身离开了现场。次日，殷某被发现溺水身亡。

武汉市蔡甸区人民检察院以故意杀人罪对张某提起诉讼，认为被告人张某因其拥抱的先行行为致殷某落水，而对殷某负有特定救助义务，并且在有能力履行救助义务的情况下，未对落水者采取相应的措施设法避免危害结果发生，其主观上具有放任的间接故意，

---

① 参见胡新桥等：《少女拒绝拥抱落水身亡 求爱男见死不救获刑》，载《法制日报》2009年6月12日。

客观上的不救助行为导致了被害人死亡结果的发生，符合刑法故意杀人罪的构成要件。湖北省武汉市蔡甸区人民法院以故意杀人罪，判处张某11年有期徒刑。

本案中，被告人的拥抱的先行行为致被害人落水，产生危及生命的危险，晚上8点水库边人迹罕至，被告人对因果流程有排他性支配，居于保证人地位，如果其善泳可以自己下水救助，如果不善泳也可以喊人救助的情形下，有可能防止死亡结果的发生，因此，被告人的不作为具有实行行为性。如果没有被告的拥抱行为，被害人不会掉到水里死亡，因此存在条件理论的因果关系。因存在救助的可能性，如果被告采取救助措施应能使被害人免于一死，但其不作为才是导致死亡结果的刑法意义上的原因，符合相当因果关系。因此，被告的不作为与结果之间存在刑法上的因果关系。依客观归责理论，被告人的不作为是违反义务的行为，是不被容许的行为，是升高了死亡结果发生的危险的行为，具有客观归责性。

接下来的问题的是，行为人不作为导致结果发生，但如果行为人履行了义务，是否结果就必然不会发生，也就是说，结果避免可能性的判断标准是什么？如何判断？

（二）结果可避免性的判断

结果可避免性作为过失犯的成立要件，似乎已经是既成的共识。在先行行为不作为犯的情形下，亦有讨论之必要。关于结果可避免性，林钰雄认为其关键在于“可否”避免的证明程度为何，是指“确定”可避免、“几近确定”可避免、“极有可能”可避免还是“有可能”可避免？或者干脆给一个百分比的量表？① 要进行结果可避免性的判定，应以存在危险升高情形为前提。危险升高理论以行为人的行为是否升高发生结果的危险，来决定归责的与否。

---

① 林钰雄：《客观归责理论之判决评释——从台湾北滨车祸案之判决谈起》，载《刑事法之基础与界限——洪福增教授纪念专辑》，学林文化事业有限公司2003年版，第246页。

1. 对通说关于结果可避免性判断标准的质疑

不纯正不作为犯在构造上是针对一个未发生的事实加以评价，即行为人如果依法采取防果行为，结果是否不发生。在此涉及到倘若行为人依法行为也只是可能防止结果的发生时，不作为的行为人是否应受归责的问题。根据目前学界通说的见解，倘若不作为的行为人做了他被期待应为的行为，有几近于确定的可能可以避免结果的发生时，则可以肯定不作为与结果间存在因果关系。①

通说要求行为人所不为的被期待的行为必须有几近确定的可能性可以避免结果的发生，才能肯定不作为的因果关系（归责），这种观点将造成在很多案例中，保证人的刑事责任无法成立，亦即将不当限缩可罚性的范围，这种情形在医疗案例方面更是常见，若仅因无法确定，在实行医生所被期待的行为时，能有几近于确定的可能性，可以避免结果的发生，即免除违反义务不作为的医生，对于因此所发生法益侵害结果的刑事责任，似乎对于法益有保护不周之处。②

在通说所要求的几近于确定的结果避免可能性的基础上，布莱曼（Brammsen）及施特拉腾韦特（Stratenwerth）认为，除非是有几近确定的可能性可以阻止结果的发生，否则，纵使行为人采取被期待的行为能提升存活的机会，其不作为也会因为欠缺行为义务，而不会被认为是未遂。也就是说，依布莱曼（Brammsen）及施特拉腾韦特（Stratenwerth）的观点，在通说要求要有几近于确定的结果避免可能性，才肯定不作为与结果间因果关系的前提下，必须

---

① 参见许玉秀：《主观与客观之间》，法律出版社 2008 年版，第 236 页；黄荣坚：《刑法问题与利益思考》，月旦出版社股份有限公司 1995 年版，第 157 页；林钰雄：《新刑法总则》，元照出版有限公司 2006 年版，第 518 页。

② 参见郑铭仁：《危险升高理论之研究》（硕士论文），台湾“国立政治大学”研究所 1995 年，第 177 页。

要行为人认识到他所被期待的行为具有如此程度的结果避免可能性时，他才负有作为义务，此时，若保证人仍继续不作为时，才有未遂的存在。为避免此一谬误，判决一改它对既遂犯罪所要求的几近确定的结果避免可能性的前提，在未遂犯方面，只要求有延长死亡发生的可能性就足够了。①

哈德威（Hardwig）认为，作为结果犯与不作为结果犯的法义务并不相同，作为结果犯的法义务在于不制造结果，而不作为结果犯的法义务则在于防止结果的发生。这个防止结果的法义务，在法益遭受危害之前就已存在，不须该危险本身已经构成要件合致。这项法义务的基本思想是从不可损害他人的原则中导出，因此，如果发生了一个危险，则至少必须将此一危险结果除去。在这种情形下，防止结果的法义务事实上可谓是从不制造结果的法义务中产生，但是又转变成消除危险的结果防止义务。换言之，哈德威（Hardwig）的观点乃认为，虽然作为与不作为各有不同的法义务，但事实上，不作为的防止结果发生的法义务是从作为的不制造结果的法义务中导出来，甚至依不可损害他人的原则，可以再从防止结果发生的法义务导出降低危险的法义务。② 关于结果的防止可能性，帝国法院以来的判决要求要有几近确定的可能。哈德威（Hardwig）认为，一方面因为这种几近确定的可能性根本不可能加以证明，另一方面，若采用这个观点，则将产生只有当确定具有如此高程度的结果防止可能性，才负有防止结果的义务的谬论。而法义务的内容毋宁是，“只要有任何的可能性，都要预先防止结果的发生。”因此，倘若根据人们的裁量，结果的防止并非不可能，此

---

① BGHST NSTZ 1958，S. 26f；BGHST MDR 1966，S. 24；BGHST 14，282，284. 参见郑铭仁：《危险升高理论之研究》（硕士论文），台湾“国立政治大学”研究所 1995 年，第 181 页。

② 参见郑铭仁：《危险升高理论之研究》（硕士论文），台湾“国立政治大学”研究所 1995 年，第 186 页。

时才有违背防止结果的义务。换言之，依哈德威（Hardwig）的观点，并不需要有几近确定的结果防止可能性，只要被期待的行为有防止结果的可能性，即可肯定不作为与结果间的因果关系（规范目的意义），亦即肯定结果归责。

2. 对危险升高理论之降低危险观点的质疑

近来有学者认为，通说及实务见解采用“几近确定的可能，可以避免结果发生”的严格的观点，将使得刑法在不作为犯方面，对法益保障的功能大减，因而主张将在过失作为犯领域所提出的危险升高理论运用到不作为犯的领域，亦即只要行为人违反义务所不为的行为，能够降低结果发生的危险时，则其不为该行为而任由结果的发生，即可归责于不作为的行为人。

在作为犯方面，危险升高理论系以行为人的行为升高结果发生的危险，为归责的前提。然而在不作为犯方面，由于行为人的不作为对于结果的因果流程欠缺加功作用，并无积极升高危险的情形存在，而只是消极地没有降低结果发生的危险。因此，危险升高理论在不作为犯方面，则是以一个相反的面貌出现，即违反义务不降低结果发生的危险，任由危险持续升高以至于实现结果为不作为结果归责的前提。

对于客观归责论者而言，在作为犯方面，结果的归责并非取决于行为是否具有几近确定的可能性可以引起结果发生，而只是取决于行为对于导致实害的危险的实现是否有所助益。如果将客观归责理论的思想运用到不纯正不作为犯的领域，就是不纯正不作为犯的结果归责不应取决于，行为是否具有几近确定的可能性可以避免结果的发生，而应取决于行为人的不作为对于结果的发生是否有贡献，亦即采取行为是否能够降低结果发生的危险。因此，有一部分的客观归责论者主张，在不作为犯的领域，以危险升高理论取代传统的因果关系的要求，对于不纯正不作为犯的结果归责而言，并不需要行为具有几近确定的结果避免可能性，只要行为能升高受威胁法益的救助机会即为已足。①

危险升高理论适用在作为犯的结果归责方面，即已遭受到严厉的批评，认为危险升高理论在是否有危险的升高以及危险是否实现的事实不明之时，肯定对于行为人的结果归责，有违罪疑有利被告原则，且危险升高理论适用的结果，将导致结果犯转变成危险犯，因而拒绝接受危险升高理论。在一些危险升高理论的支持者主张将危险升高理论适用到不作为犯之后，亦会遭受到与作为犯同样的批评。

罗克辛（Roxin）对质疑“罪疑有利被告”的反驳是，“这种说法是不正确的，因为人们没有把一个风险分裂在允许性和不允许性两个部分之中，并且允许对各个部分分别查明危险的实现状况。当行为人超越了允许性风险，并且因此继续提高了当时还可以忍受的危险时，他就创设了一种在整体上绝对被禁止的风险。这种完全被禁止的风险，在这个结果出现时也实现了。在这里不存在一丝的怀疑，因此，罪疑有利被告这个基本原理就完全不具有适用的领域”。

---

① 参见郑铭仁：《危险升高理论之研究》（硕士论文），台湾“国立政治大学”研究所1995年，第176页。其他支持者的观点尚有，鲁道菲（Rudolphi）认为，只要能够确定，行为人所不为的行为能够降低威胁法益的危险时，则行为人的不作为即可产生结果归责。不作为的行为人依其保证人义务，必须去降低结果发生的危险。因为，唯有以这样的方式，才能达到对于被威胁的法益充分的保护，因而保证人被要求尽力履行任何的救助机会，哪怕这个救助机会极为低微。例如，医生不仅被要求采取确定能防止死亡的手术，连只有50%或甚至只有10%的治愈机会的手术，他也须履行救助义务；施特拉腾韦特（Stratenwerth）认为，通说对于不作为因果关系要求要有几近确定的结果避免可能性，将导致只有确实会有好的结果时，才必须采取救助法益的荒谬结论，为避免此一荒谬结论的发生，应该将在作为犯方面所提出的危险升高理论运用到不作为犯，以取代传统的因果关系的要求。因此，纵使行为人所不为的行为不具有几近确定的结果避免可能性，而只是可以升高被威胁法益的救助机会时，对于不作为的结果归责而言，已是足够。

对质疑危险升高理论导致结果犯变成危险犯的观点，罗克辛（Roxin）反驳道，“这个论点也是不正确的，因为把一个结果归责于客观行为构成，总是仅仅通过一种由行为人创设的危险来帮助完成的。侵害性犯罪和危险性犯罪之间的区别仅仅在于，在侵害性犯罪中的不允许性危险是在一种行为构成性的侵害结果中实现的，同时，在危险性犯罪中，这个危险仅仅在一个根据不同要求来确定的危险结果中实现的。但是，在合法的替代行为的案件中，当存在一种风险提高的情况时，一种禁止的风险就表现在一种行为构成性的侵害性结果中”。[①]

许乃曼（Schünemann）对上述质疑也给出了自己的解释，认为必须事后检验事前所违反的注意规范，依照目前所知道的情况，是否在刑事政策上也能被视为预防结果发生的有效方法。毫无疑问地，这些规范在刑事政策上也是有意义的，这些规范虽然不能百分之百地排除结果的发生，但是，已经减轻发生的几率。仅仅从有容许风险存在，就可显示出注意规范从来没有以百分之百防止结果发生为目的，而是仅以明显地降低结果发生的风险为目的。如果我们以这种方式从规范的角度重新描述危险升高理论，那么，马上就清楚对罪疑有利被告这个基本原则的批评是错误的；在检验注意规范在事后的观察看起来也是有意义的时候，正好是在问是否由于事件流程中有无弄清楚的细节而应该通过注意规范来准备一种安全带。换言之，这涉及到利用避免风险来控制意外，而且在其中也存在着结果犯禁止规范目的。[②]

倘若如雅各布斯（Jakobs）所理解的，只要结果发生，则以行为时的观点看来，不降低危险始终都可论以既遂罪，则危险升高理

① ［德］罗克辛（Roxin）：《德国刑法学总论》（第1卷），王世洲译，法律出版社2005年版，第258页。

② ［德］许乃曼（Schünemann）：《关于客观归责》，陈志辉译，载《刑事法杂志》第42卷第6期，第100页。

论在不作为犯的适用，确实难以摆脱将结果犯改变成危险犯的批评。但是，诚如布莱曼（Brammsen）及施特拉腾韦特（Stratenwerth）所言，除了证明被期待的行为能降低危险之外，尚必须进一步证明此一危险在结果中实现，或是必须以裁判时所存在的事实为基础，判断危险是否在法益侵害的结果中实现，这样就没有改变结果犯成为危险犯现象的产生。[①] 因此，认为危险升高理论抵触罪疑有利被告原则及将结果犯变成危险犯的批评，事实上并不正确。对于行为人的归责，不仅必须清楚确定，行为人违反义务的行为升高结果发生的危险，且须进一步检验该危险是否在结果中实现，始能肯定，因此，对于行为人的归责并无不明确之处，进而言之，没有抵触罪疑有利被告原则之处。并且，因为必须进一步确定危险实现，始能肯定结果的归责，也就没有将结果犯变成危险犯的情形。

3. 作为义务程度是判断结果可避免性的维度

综上所述，倘若依通说的观点，必须所被期待的行为能发挥几近确定可能的防果作用时，不作为的行为人始须为该结果负责，由于这种几近确定可能的防果作用在很多情形中是难以获得的，尤其在医疗过程中更是如此，因此，坚持通说的观点，将有对法益保护不周之憾。

反之，若依危险升高理论的见解，只要被期待的行为能发生降低结果的危险，不作为的行为人即应为此结果负责，则有对不作为处罚过分扩张之虞，因为，任何依照法律的规定所采取的救助措施，纵使事后确定无助于防止结果的发生，从行为时的观点看来都或多或少能发挥防止结果的作用。倘因此便将结果归责给行为人，则将导致行为人仅因怀疑而被归责。从而，仅仅因为不履行一个具有极小可能发挥防果作用的行为而被归责，将使得对不作为的处罚，在范围上大大地扩张，而造成对行动自由过分的限制。

---

① 参见郑铭仁:《危险升高理论之研究》（硕士论文），台湾“国立政治大学”研究所 1995 年，第 194 页。

于此，林钰雄提出了从结果可避免性的要件内涵入手，将“可”避免的要求程度植入此要件的内涵，分三种事实选项的建议，即（1）确定（或几近确定）若遵守义务而结果仍不可避免；（2）确定（或几近确定）若遵守而结果可避免；（3）不确定（含有可能、极有可能）若遵守义务结果可否避免。其中，唯有确定（包含几近确定）若遵守义务而结果可避免时（2），始能归责；反之，（1）不能归责；其余情形（3）则如德国通说所言，应依罪疑为轻而排除归责。① 但这种分类的方法只是提供了一个思路，仍没有从根本上解决问题。

郑铭仁从保证人义务有所不同的角度，提出了结果可避免性的具体判断方法，很有启发性。其认为，“为了在行动自由与保护法益之间取得均衡，对于不作为的结果归责问题应采取较为中庸的观点，可以依保证人义务的不同，采取不同的要求，例如对于一般的保证人而言，倘若法秩序所要求采取的救助措施能有60%以上防止结果发生的机会，则不依法采取适当措施以致结果发生的保证人，即须为此结果负责。若对于防止结果发生具有专业知识的保证人，更要求尽较高的防果义务，纵使法秩序所要求采取的救助措施只有50%以上防止结果发生的机会，不依法采取适当措施以致结果发生的保证人，仍须为此结果负责；至于所谓的60%或50%的防果机会，则必须依照社会一般人的经验来加以衡量确定”。②

先行行为不作为犯成立刑法分则规定的何种具体的犯罪，须考查先行行为人的作为义务程度，作为义务程度高，论以重罪；作为义务程度低，论以轻罪。以前述日本的判决为例，交通肇事逃逸致

① 林钰雄：《客观归责理论之判决评释——从台湾北滨车祸案之判决谈起》，载《刑事法之基础与界限——洪福增教授纪念专辑》，学林文化事业有限公司2003年版，第247页。

② 郑铭仁：《危险升高理论之研究》（硕士论文），台湾“国立政治大学”研究所1995年，第197页。

人死亡的情形下，同样是逃逸致人死亡的结果的发生，根据个案的不同情形，可以论以不作为的故意杀人罪，也可以论以保护责任者遗弃罪；在中国大陆的判例中，逃逸致人死亡，可以认定为不作为的故意杀人罪，也可以以交通肇事罪来认定，端视先行行为人的作为义务程度的高低而定。这也就是郑铭仁所指出的“保证人义务的不同”。

危险既然是一种可能性的概念，则就有程度的问题，升高危险是指将发生结果的可能性予以提升，但危险的实现则是指经过实际的发生，危险升高不等于危险的实现。当然危险升高到最后有可能实现成结果，但结果的发生尚必须经过实现危险的阶段，因此，危险的升高并不等于危险的实现。

罗克辛（Roxin）认为，“虽然超越了可允许的风险并在此基础上出现了结果，但是，在这个结果的具体出现形式没有被禁止超越风险的保护目的所包括时，客观归责就总是被排除的”。① 危险升高与危险实现是两个不同的概念，即便确定行为升高危险，制造了不被容许的危险，仍须进一步检验该危险是否在结果中实现，始能肯定对行为人的结果归责。这个结果就是构成要件该当的结果。如果发生的结果不在构成要件的效力范围之内，也不属于构成要件的规范保护目的，纵使实现不被容许的危险，仍可排除归责。也就是说，“如果构成要件的射程范围即构成要件规范保护目的没有包括所出现的那种结果，以至于构成要件并没有决定去阻止结果的出现时，也不能进行归责”。②

阿明·考夫曼（Armin Kaufmann）曾经对客观归责理论提出疑问，认为客观归责理论不是真正的理论，而是一种类集合，尤其是

---

① ［德］罗克辛（Roxin）：《德国犯罪原理的发展与现代趋势》，王世洲译，载《法学家》2007 年第 1 期，第 157 页。

② 冯军：《刑法问题的规范理解》，北京大学出版社 2009 年版，第 144 页。

保护目的理论实际上无法作为一种在内容上指示如何适应法律的工具。许乃曼（Schünemann）认为这个批评并不正确，认为“一个特定的结果是否处于所侵害的行为规范的保护范围之内，以及行为规范是否对防止结果发生而言是一种有意义的措施，必须对所涉及的规范作目的论的解释，而答案并不是已经能包含在归责的概念之中。不过如果探究行为人是否客观上违反义务而行为，或者行为人所为是否在容许风险的范围之内，那么无论如何我们都要进行这项检验。客观归责理论并没有提出陌生的标准，而是以无论如何能在构成要件层面加以解释的标准作为出发点，并且表现出必须能够在行为规范和结果发生之间制造出符合一般预防目的的关系。客观归责理论在学理上是一个精确的命题，即使在个案的适用上，它当然始终取决于具体相关的行为规范和这些规范的目的构造”。[①] 也就是说，即使客观归责理论是一个精确的命题，在个案的适用上，仍须从具体的事实情形和具体的构成要件的规范保护目的范围出发进行考察。可见，考察规范的保护目的和判断危险是否实现基本上是同步的，不过对危险是否实现的考察，其重心不是该危险在事实上是否实现了客观的结果，而是根据事后查明的客观事实，判断行为人所制造的危险是否实现了规范保护目的所包含的结果。

例如，如果以不作为的故意杀人罪来论定逃逸致人死亡的情形，就要检讨杀人罪的实行行为性所要求的危险的内容、程度，即，如果肇事逃逸的行为符合杀人罪的实行行为性所要求的内容、程度，其死亡结果就属于杀人罪的构成要件的效力范围之内，就是构成要件决定去阻止的，那么，对该肇事逃逸的行为就可以论以不作为的故意杀人罪；如果肇事逃逸行为符合交通肇事罪的实行行为性所要求的内容、程度，其死亡结果就属于交通肇事罪的构成要件的效力范围之内，就是构成要件决定去阻止的，那么，对该肇事逃

① ［德］许乃曼（Schünemann）：《关于客观归责》，载《刑事法杂志》第42卷第6期，第95页。

逸行为就可以论以交通肇事罪。

因此，先行行为人制造了危险，居于保证人地位，就应该实施法律期待其应为的行为，或者说，尽力去降低结果发生的危险，哪怕是只有极微弱的结果避免的可能性，这是最基本的道理，毋庸置疑。但仅仅因此，即履行作为义务能够降低危险而竟不履行义务，就将结果归责于行为人，而不考虑具体情形下的作为义务程度，就判断标准而言，失于泛泛，对行为人而言似乎过苛。反之，如果只在先行行为人履行作为义务结果有几近确定的可能性的时候，才成立先行行为保证人类型的不纯正不作为犯，又显于法益保障不利。而且，这样的规定也有鼓励怠于实施降低危险的行为的嫌疑。显然，以作为义务的程度这一维度的考虑来对行为人的结果进行归责，要优于利用结果避免可能性的判断进行归责的方式。

总之，妥当的犯罪体系考察方法是罗克辛（Roxin）与雅各布斯（Jakobs）所主张的，将行为理解为“规范式的向具有归属可能性的社会意义的结果的客观归属”的机能主义、规范主义式的思考，即以该社会中的归属规则为基准的思考。在该思考方式中，杀人罪中的结果不是单纯的“人的死亡”而是“人的杀害”，杀人行为的意义并非“惹起人的死亡”而是“该人物杀了人”。①

（三）“台北县淡水镇交通肇事案”判决评析

许玉秀和黄荣坚对“台北县淡水镇交通肇事案”（台湾“最高法院”1989年台上字第3693号）的判决进行了不同的解读。②

基本案情：行为人甲于1988年7月29日上午6时30分许，驾驶自用小客车，途经台北县淡水镇中山北路一段与新春街口，原应注意在限速40公里以下行车，能注意而不注意，贸然以时速80

---

① ［日］松宫孝明：《犯罪体系论再考》，张小宁译，载《中外法学》2008年第4期，579页。

② 参见黄荣坚：《不作为与客观归责》，载《刑事法杂志》第35卷第3期，第1页。

公里高速行驶，以致发现同向在前行人即被害人乙左转时，煞车不及，将其撞伤倒地（过失伤害部分，经被害人之妻提出告诉，判罪确定），行为人甲明知有尽速送医急救以免被害人乙流血过多死亡的义务，竟故意不为送医急救，而予抱入所驾之小客车后座，欲载往同镇沙仑一带偏僻处弃置，因有过往行人，乃转至台北县三芝乡新庄村一一五号附近弃置于草丛中，旋为路过之人发现，行为人甲心虚即驾车到三芝乡八贤村告知其雇主丙，经丙差遣另一工人陪同甲赶往该弃置地点，合力将被害人抱上车，送往马偕纪念医院淡水分院急救，然于同日上午 7 时 58 分抵达医院前，被害人已失血过多死亡。上开事实，行为人甲于警局侦讯时坦白承认，即在检察官侦查中仍供称，驾车撞倒被害人乙后，被害人乙尚未死亡，行为人甲将被害人乙抱上车时看到被害人乙挣扎一下，全身发抖，且不讳言欲载往偏僻处弃置。但行为人甲辩称，被害人伤势严重，已无法医治，系于送医途中死亡，并非故意不救。

台湾“最高法院刑”事第二庭合议庭认为，甲驾车撞伤乙，乙当时尚未死亡，依“刑法”第 15 条第 2 项规定，甲对乙负有尽速送往医院急救的义务，既能独立抱起乙置于小客车后座，显有立刻送医院急救的能力，竟将车驶往与医院相反方向，弃置乙于偏僻草丛中，足证有认令血流不止，不予急救，致使死亡的故意，甲辩称乙伤势严重，已无法医治，系于送医途中死亡，并非故意不救，无非诿卸之词，因此，依“刑法”第 15 条第 1 项规定，消极不救护的行为，应负与积极杀人行为发生结果相同的刑责。①

1. 关于保证人地位

不作为犯的构成以行为人居于保证人地位为前提，换句话说，必须行为人对于该当于犯罪构成要件的结果在法律上有防止的义务。

---

① 许玉秀：《“最高法院”1989 年台上字第 3693 号判决的再检讨》，载《刑事法杂志》第 35 卷第 4 期，第 2 页。

黄荣坚认为，某甲撞伤某乙后，既然某乙并未当场死亡，“刑法”第15条第2项已经明文规定“因自己行为致有发生一定结果之危险者，负防止其发生之义务”，“道路交通管理处罚条例”第62条第2项规定“汽车驾驶人，如肇事致人受伤或死亡，应即采取救护或其他必要措施……”所以，某甲对于某乙死亡结果的发生，在法律上是有防止的义务，虽然关于危险的前行为而产生的保证人地位在学说上仍有纷争，但是此处某甲的前行为既然已经违背义务，学说上的纷争在这个实例当中并无意义。此处某甲的保证人地位是可以肯定的。就具体的情形而言，当时并无其他救助某乙的适当的方法，所以某甲应该采取的措施是把某乙立即送医。①

由于许玉秀是根本否定先行行为保证人类型的，因此，许玉秀用了相当的篇幅质疑先行行为保证人类型，这里按下不表。不过，许玉秀也承认，如依台湾现行刑法的规定，甲对乙死亡结果有作为义务。② 依通说的观点，本案中甲由于其撞伤乙的先行行为而应当肯定居于保证人地位。

2. 甲弃置乙于草丛是作为还是不作为

许玉秀认为，甲弃置乙于草丛中的行为是作为而不是不作为。理由是，甲将乙移离车祸现场弃置于偏僻草丛，不仅没有采取任何救助措施，更以积极作为排除其他防止结果的可能性，例如，甲如果没有将乙弃置，乙可能被路人救助而可能免于一死，甲排除乙获救可能性的行为，相对提高危险，从遗弃无自救能力人的角度来看，甲的行为是作为，不是不作为，是具有积极增加导致死亡结果

---

① 黄荣坚：《不作为与客观归责》，载《刑事法杂志》第35卷第3期，第4页。

② 许玉秀：《“最高法院”1989年台上字第3693号判决的再检讨》，载《刑事法杂志》第35卷第4期，第26页。

发生的危险性的行为。①

黄荣坚认为，某甲在撞伤某乙之后并没有另外制造或加速某乙的死亡风险的行为，所以不能认为某甲有可能以作为的方式而构成杀人罪。虽然某甲在撞伤某乙之后，一开始是把某乙抱上车，并载往偏僻处弃置，这整个过程在外表上看起来是一连串的行动，但是，判别作为与不作为的标准本来就不是在行为人身体外表的动静，而是在他所违背的法律规范的期待方式。违背禁止规范的犯罪行为是作为犯，违背命令规范的犯罪行为是不作为犯。从这里我们可以看出来，作为犯是法律禁止制造新风险，但是行为人却制造新风险，而不作为犯是法律期待行为人消灭既有风险，但是行为人却未消灭既有风险。本案中，某甲把某乙载往偏僻处，并没有制造某乙死亡或加速死亡的风险。如果某乙在这个过程当中逐渐失血而趋近死亡，那是先前被某甲撞伤所产生的既存的风险状态，而不是新制造的风险。因此，如果某甲在这里应负杀人刑责，那么，只可能是因为他的不作为，而不是因为他的作为。②

在日本，关于这种伴随转移的轧逃，其行为态样是否属于不作为，也存在争议。曾根威彦认为，暂且不说由转移行为才使法益侵害的危险现实化了，或者使最初的危险飞跃升高的情形，在由先行的交通事故已经产生了危险、应当予以立即救助的通常的案件中，伴随转移的轧逃恐怕也应当构成不作为犯。其原因是，“在没有实施社会所期待的救助活动（一定的身体运动）的行为（不作为）这一点上，单纯轧逃与伴随着转移的轧逃并没有本质的不同。如果说二者有不同的话，恐怕是体现在对行为人课以的作为义务的程

① 许玉秀：《“最高法院”1989 年台上字第 3693 号判决的再检讨》，载《刑事法杂志》第 35 卷第 4 期，第 7 页。

② 黄荣坚：《不作为与客观归责》，载《刑事法杂志》第 35 卷第 3 期，第 3 页。

度、有无保护责任以及因此而成立的犯罪类型上的不同”。[①]

因此，本案中甲弃置乙于草丛中的行为，以看做是不作为为妥。

3. 直接故意还是间接故意

许玉秀认为，对于甲弃置乙的构成要件故意的认定，判决认定为有消极杀人的直接故意，而得出甲不作为杀人的结论，这个认定没有逻辑上的瑕疵。许玉秀认为，甲的弃置行为是作为，因此，甲有直接故意的作为。[②]

黄荣坚认为，甲对他的作为义务的违反有或然的故意，而或然故意当然也是故意的一种形态，所以甲在主观上具备不作为的杀人故意。[③]

在日本，自“营业员放火案”（日本最高法院判决 1958 年 9 月 9 日刑集第 12 卷第 13 号第 2882 页）[④] 以后，判决多以构成先行行为保证人地位以未必故意为已足，是否有利用危险的意志并不重要。在中国的“杨某某硫酸伤人案”［2009 年《中国刑事审判指导案例》（侵犯公民人身权利、民主权利罪）第 356 页］中，[⑤] 最

① ［日］曾根威彦：《交通事犯与不作为犯》，黄河译，载《当代法学》2007 年 11 月，第 144 页。

② 许玉秀：《“最高法院”1989 年台上字第 3693 号判决的再检讨》，载《刑事法杂志》第 35 卷第 4 期，第 8 页。

③ 黄荣坚：《不作为与客观归责》，载《刑事法杂志》第 35 卷第 3 期，第 16 页。

④ 参见［日］大塚仁：《刑法概说》（总论），冯军译，中国人民大学出版社 2003 年版，139 页；［日］大谷实：《刑法总论》，黎宏译，法律出版社 2003 年版，第 114 页；［日］日高义博：《不作为犯的理论》，王树平译，中国人民公安大学出版社 1992 年版，第 51 页。

⑤ 参见最高人民法院刑事审判第一、二、三、四、五庭主编：《中国刑事审判指导案例》（侵犯公民人身权利、民主权利罪），法律出版社 2009 年版，第 356 页。

高人民法院的指导意见也肯定了先行行为不作为犯的成立主观上是间接故意的观点。

本案中，甲属间接故意（或然故意、未必故意）。甲弃置乙的行为盖因恐遭法律追究，况事后又有将乙送医的情形出现，因此，难以认定甲有杀人的直接故意。

4. 关于因果关系和客观归责

黄荣坚认为，从客观归责的概念来讲，如果某甲把某乙送医这一件事情和某乙的死亡之间并没有条件关系，换句话说，如果某乙的伤势是严重到送医也没有用的程度，或者某乙的伤势是严重到送医途中的几分钟内就会死亡，那么某乙被撞伤以后的死亡就变成是一种无可归责于人的天灾，而不是应该由人来负责任的人祸了。本案中，虽然知道，某乙被某甲撞伤的时候并未立即死亡，但是却未确定，如果某甲立即把某乙送医，结果是否会有所不同。这种事实上概率关系的认定往往是很困难的，不过在无法认定的情况下，应作对被告有利的假设。如此，则某乙受重伤后所发生的死亡的结果，对某甲的不作为而言，因为欠缺条件关系，所以欠缺客观可归责性，客观犯罪构成要件不具备，不构成杀人既遂罪。①

许玉秀认为，甲撞伤乙的行为自然是不会被排除在因果关系之外的，依客观归责中的风险实现的常则判断，也有一个不偏离常规的因果流程。就甲弃置乙的行为而言，因为如果甲没有弃置乙，乙是否能获救不死，实在是一个完全无法确定的事实，甲故意致乙于死的弃置行为和乙死亡结果之间的相当关系，是无法证实的。因此，甲虽然有弃置乙增加乙死亡的危险的行为，死亡的结果不能归责给弃置的危险行为，但死亡的结果却毫无疑问地可以归责给甲的撞伤行为。由于甲在过失撞伤乙之后，另行起意弃置乙，因此，甲

① 黄荣坚：《不作为与客观归责》，载《刑事法杂志》第35卷第3期，第15页。

应该成立过失致死和杀人未遂，二罪并罚。①

许玉秀对因果关系和客观归责的关系的理解是这样的，即客观归责理论是自因果关系理论发展出来的，客观归责和因果关系是客观构成要件中，两个各自独立的构成要素。因果关系依旧以条件说为确定规则，客观归责以相当因果关系说为基础规则。应当说，这样的理解是可以接受的。

但许玉秀得出的判断结论是不能接受的。由于许玉秀根本排斥先行行为保证人类型，因此，本案例中存在两个作为，即甲撞伤乙和甲弃置乙，根本没有涉及甲的不作为的问题。若依其观点，伴随转移的轧逃都将处以二罪并罚，这与实务中判例的意见不符。

黄荣坚持学界通说的观点，即以几近确定的结果可避免性来决定对行为人的归责。具体来讲，如果甲立即将乙送医，有几近确定的可能性避免死亡结果的发生，才可以归责于甲，反之，则以罪疑有利于被告的原则，否定对甲的归责。不过，从黄荣坚的表述来看，更多地强调了乙的死亡的接近现实性，而形成甲履行作为义务事实上的不可能。前文已经论述，以几近确定的结果可避免性来决定对行为人的归责的观点并不妥当，因此，黄荣坚的判断结论也是不能接受的。

5. 结论

台湾“最高法院”的判决是正确的。甲驾车撞伤乙，乙当时尚未死亡，依台湾“刑法”第15条第2项规定，甲对乙负有尽速送往医院急救的义务，既然能独立抱起乙置于小客车后座，显有立刻送医院急救的能力，竟弃置乙于偏僻草丛中，存在致乙死亡的间接故意，成立不纯正不作为犯的（间接）故意杀人罪既遂。

---

① 许玉秀:《“最高法院”1989年台上字第3693号判决的再检讨》，载《刑事法杂志》第35卷第4期，第34页。

二、先行行为不作为犯与自我答责理论

先行行为不作为犯的刑法处罚并非是由于行为人制造了危险，无论是制造了被容许的危险，还是制造了不被容许的危险，而是由于行为人制造了危险后，有降低危险的作为义务，从而居于保证人地位，其行为人的不作为才进一步升高了危险，也就是说从制造危险，到危险实现在构成要件的结果中，先行行为人才具有了不纯正不作为犯的可罚性。依一般情形而言，居于保证人地位的先行行为人的不作为，就可以将结果归责于先行行为人。但是，在有些情形下，行为人制造了危险，居于保证人地位，在向危险实现在构成要件的结果的过程中，介入了被害人的因素，最终导致了结果的发生。例如，售酒的店主售酒给司机，司机醉酒驾车撞树死亡，或者导致他人死亡的交通事故的情形，是醉酒的司机承担责任，还是售酒的店主承担先行行为不作为犯的刑事责任，是一个值得研究的问题。这既涉及先行行为不作为犯的理论，也涉及客观归责下的自我答责理论。

（一）自我答责理论的法理基础

自我答责（Selbstverantwortung）主要包括行为人的自我答责和被害人的自我答责。

行为人的自我答责是指，“一个人只为自己的行为负责；对于有第三者或被害人自己行为介入所发生的结果，先前的行为人不负责任。例如某甲刺伤某乙，某乙在医院中因医生医疗过失或因有人故意纵火而死亡，某甲不必为某乙死亡的结果负责任。在这里所牵涉到的，并不是因果关系的问题，而是责任范围划分的问题”。其所秉持的基本立场是，“一个人只要负责自己不要去危害法益，而

不必负责他人不去危害法益”。[①] 行为人的自我答责的根据在于，“行为人尽管是一个能够自我决定的主体，却违反自己作为自由主体的内在规定性，通过把任意与行为相联系而制造出损害他人自由的结果”。[②]

刑法学中，“自我答责”直接地与“自我决定”联系在一起。“一个人应该对他的作为或者不作为负责，这无非是说该人在他的行为中不是完全被决定的，而是一个自我决定的主体。自我决定是自由的核心，个人通过其自我决定而感受并且实现自由。人之所以能够自我决定，是因为人具有意志，而意志是自由的”。[③]

行为人的自我答责容易理解，被害人的自我答责才是自我答责理论的核心。被害人自我答责，“是一个确定行为不法的基本原则，只要应该由被害人自己对损害结果的发生负责，就完全不存在他人对损害结果的不法，因此，即使他人以故意或者过失参与了损害结果的发生过程，他人的行为也不成立犯罪未遂”。[④] 被害人自我答责的根据在于，被害人具有独立的和自我答责的法律人格，被害人的尊严与被害人的责任不可分离，只要法律还应该保护被害人的尊严，法律就必须证明被害人应该承担的责任。人们不能仅仅从行为人的行为这一视角来考虑符合构成要件的结果，而是也必须从被害人的行为这一视角来考虑符合构成要件的结果。因此，不仅在交通肇事罪中，而且在所有的犯罪中，被害人的自我答责都是否定他人的行为成立犯罪的基本原则，只要存在被害人对损害结果的自

① 黄荣坚：《刑罚的极限》，月旦出版社股份有限公司 1998 年版，第 151 页。

② 冯军：《刑法问题的规范理解》，北京大学出版社 2009 年版，第 68 页。

③ 冯军：《刑法中的自我答责》，载《中国法学》2006 年第 3 期，第 93 页。

④ 冯军：《刑法中的自我答责》，载《中国法学》2006 年第 3 期，第 102 页。

我答责，他人的行为就完全不符合构成要件。根据自我答责这一刑事答责的基本原理，“只要已经发生的损害结果仍然体现着被害人的任意，处在被害人的行为所能支配的领域之内，就存在着被害人对不发生损害结果的优先负责性，就要由被害人自己对所发生的损害结果予以答责。在这种情形中，即使他人故意或者过失的参与行为导致了损害结果的发生，也不能把所发生的损害结果归属于他人”。①

依黄荣坚的考察，关于客观归责的整体概念，通说认为它是行为人制造，或提高了一个不被容许的风险，并且此一风险在该当于不法构成要件的结果中实现。在此一整体概念之下，学说提出了一连串的建立或阻却客观归责的考虑项目，例如容许风险、容许信赖、义务冲突、风险提高、反常的因果历程、回溯禁止、自我负责、规范目的关系等等。不过，“总体而言，所谓回溯禁止原则、自我答责原则、规范目的关系以及反常的因果历程等概念在个案上的适用往往互相重叠。例如，所谓自我答责的情况，学说上同时也可能在回溯禁止的概念下作讨论，也可能会用所谓规范目的关系的说法来阻却行为人的不法。而且这些概念所处理的情况大致上也都可能属于一个基本的共同类型，就是反常的因果历程”。②

所谓回溯禁止，意指行为人行为之后，因为其他人故意行为的介入而导致结果的发生，那么先前的行为人不必为后来的结果负责任。所谓反常因果历程指的是，虽然结果的发生和行为人的行为之间已经具备因果（条件）关系，但是如果结果是基于反常的因果历程而发生的，换句话说，是基于人的一般生活经验所无法预料的方式而发生的，那么结果的发生即非先前行为人所制造风险的实

① 冯军：《刑法问题的规范理解》，北京大学出版社 2009 年版，第 78 页。

② 黄荣坚：《刑罚的极限》，月旦出版社股份有限公司 1998 年版，第 163 页。

现，而此一反常因果历程即可以阻却客观归责。[①] 因果关系理论中的因果关系的中断，也表达的是类似的意思，即认为，“在因果关系进行中，介入了基于自由而且故意的第三者的行为或者自然力时，从而否定行为和结果之间的因果关系”。[②]

冯军教授在《刑法中的自我答责》一文中，对行为人的自我答责的成立也作了这样的限制，即，“在行为至结果的过程中，没有介入其他客观上应该负责使结果不发生的异常因素。这并不是说在把结果归属于行为人时，不能在任意、行为、结果之间介入其他因素，而是说其他的介入因素不能改变任意的发展，不能阻断任意、行为、结果之间原有的联系。如果其他的介入因素控制了任意的方向，改变了行为的性质，以至于打破了任意、行为、结果之间的联系，使任意、行为、结果之间原有的联系发生分离，那么，就不能把结果视为任意和行为的产物，就不能把结果归属于行为人”。[③]

可以看出，自我答责与回溯禁止、反常因果历程和因果关系中断在表述上类似，因此，个案中，可以适用不同的理论进行解释。其不同之处在于，自我答责强调的是被害人的自我决定和意志自由，而回溯禁止、反常因果历程和因果关系中断则包括第三者或自然力的因素。所以，在被害人具有自我决定的意志自由时，自我答责理论完全可以涵盖回溯禁止、反常因果历程和因果关系中断原则，这是因为自我答责理论有着更为深刻的法理基础。

罗克辛（Roxin）从刑法目的的角度阐述了自我答责的根据。认为“在被害人故意和有责任地自我损害或者自我危险时发生共

---

① 参见黄荣坚：《刑罚的极限》，月旦出版社股份有限公司 1998 年版，第 150 页。

② ［日］大塚仁：《刑法概说》（总论），冯军译，中国人民大学出版社 2003 年版，第 161 页。

③ 冯军：《刑法中的自我答责》，载《中国法学》2006 年第 3 期，第 97 页。

同作用的，可以排除客观归责”。例如，当有人给另一个人海洛因，接受海洛因的这个人（在对这种风险有意识的情况下）自己注射了这种毒品并死亡，这名毒品提供者虽然由于禁止提供毒品本身是应受刑事惩罚的，但是，仍然不应当由于过失的或者甚至是故意的杀人而受刑事惩罚。“自从1984年以来，德国的司法解释就一直是这样决定的，在这一点上，这种判决与客观归责理论是相联系的。这种排除归责的根据在于，刑法的目的仅仅在于避免对他人的法益造成风险，而不是在于阻止自我损害”。①

（二）先行行为不作为犯自我答责理论适用于醉酒驾驶的德国判例

日常生活中存在这样一种客观现实，喝醉酒的司机造成交通事故导致人员伤亡，这是因为酒精能影响成人的注意力，会导致司机亢奋而过高地估计自己的驾驶能力和反应能力。在德国，如果店主从事的行业是销售酒精饮品，在司机过度饮酒造成交通事故的情形下，店主要承担相应的责任。一些判例肯定了店主销售酒精饮品致司机饮酒过度产生的危险的先行行为的作为义务，从而成立不纯正的不作为犯，一些判例由于个案的具体情形，存在被害人的自我答责，否定了店主的先行行为保证人地位。

1. 肯定先行行为保证人地位的判决

在“联邦法院第一个店主案件”（BGH4/20ff）② 中，被告人

---

① ［德］罗克辛（Roxin）：《德国犯罪原理的发展与现代趋势》，王世洲译，载《法学家》2007年第1期，第157页。联邦法院（《新刑法杂志》84，452）的立场是，将海洛因交给他人的行为人，是《德国刑法典》第13条意义上的保证人，当毒品消费者失去知觉、具有生命危险的时候，其具有承担实施救护措施（比如呼叫急救医生）的义务。［德］约翰内斯·韦塞尔斯（Johannes Wessels）：《德国刑法总论》，李昌珂译，法律出版社2008年版，第112页。

② Vgl. Klaus F Kugler, Ingerenz und Selbstverantwortung, Rechtsanwalt in Bonn 1972, S. 288.

在几年前就开始经营一家小酒馆，贸易代表 SCH 开车去她那里。在他去被告那里之前已经喝了啤酒，在被告那里他喝了大量的白酒。被告没有不作为，一开始，她就劝告客人，在他“喝一杯之前”就应该开车回家。在 8 杯白酒之后她拒绝让他再喝。最后，她撤掉桌子上的喝酒杯子，要求他喝咖啡和吃一些东西，乘坐电车回家。她尝试夺过汽车钥匙，但是没有成功。SCH 自己开车回家，在路上，撞死一个行人。他的血液中酒精含量达到 3.06‰。SCH 没有开车的能力。

地方法院发现被告对行为人过失驾驶有责任，因为她违反义务没有和警察交流，阻止 SCH 的出发。由于被告的上诉，联邦法院宣布这次判决无效，并返回到地方法院重新审理。地方法院在重新审理中以过失驾驶致死审理被告。被告上诉到联邦法院。

联邦法院认为，“店主出售给逗留很久的司机大量的酒，以至于司机完全没有能力开车，如果他可能开车，就有义务，阻止其继续开车……”按照联邦法院的意见，店主供给司机含酒精的饮料，如果司机达到开车能力的界限的话，就产生了刑法的不作为犯罪责任。但是，这个案件的特殊性在于，司机不但没有驾驶能力，而且除此之外也没有责任能力，即缺少自我答责。

该案中，被告店主承认，客人在她那里喝的酒精饮料使他没有能力进行有责任的驾驶。店主一再尝试阻止，客人继续喝酒和继续驾驶。事实上，她没有把酒后致死的责任推给客人。通过她承认对客人的不尽责，由于先行行为，她对客人以后的命运也负有共同责任。她也是引起酒后交通事故的参与者。联邦法院有权确定其先行行为保证人地位。

联邦法院（BGH4/20ff）判决，因为这个机动车司机血液中酒精量达到 3.06‰，他已经对自己行为不能负责，店主需对此承担先行行为保证人责任。①

2. 否定先行行为人的保证人地位的判决

在“对于餐厅主管的不信任案件”（KG in VRS 11/357 ff）②中，共同被控告人 H 和 T 是朋友，H 是一位食品代理商，T 经营一家餐馆。在被告 T 的餐馆中二人大醉。每个人都喝了大约 15 杯啤酒和 1 瓶香槟酒。最后，H 想开车回家，T 首先阻止了 H，并且建议他乘出租车回家。H 也答应了 T 乘出租回家。然而 T 还是不太信任 H 是否会履行承诺乘出租回家，就派了一名酒吧服务员去监督他。这名酒吧服务员打算带 H 一起去取车钥匙，可是当他用手抓住 H 时，H 却不肯，并一直和他保持距离。在此期间，T 已经亲自来到了街道上，看到 H 已经启动了汽车。不远处有一名警察。T 此时没有做任何事情来帮助 H 或者是他的那名酒吧服务员，来阻止他们驾驶。

可是，T 还是担心，当 H 为他打开车门时，他就上了 H 的车，坐到他身边。他看到在他面前触手可及的地方就是汽车的发动机钥匙。T 本身是一个驾龄很长的机动车司机，“他只需要拔出车钥匙，或者把在他们两人之间放着的，对于他来说触手可及的手刹使劲一抬，就可以阻止 H 开动汽车”。可是，他还是让 H 发动了汽车，并与 H 同行。在此期间他打算“监控 H 开车”，并“在车陷危险的时候操纵方向盘”。

由于酗酒，H 在一个拐弯处没有注意到指挥交通的警察给出的停车示意。一位已经走到斑马线上的行人被 H 撞倒并因此遭受了骨头断裂以及肺撕裂。此时 H 的血液酒精含量为 1.8‰，T 的血液酒精含量为 1.92‰。地区法院证实了陪审员对于两名被告因为开

---

① Vgl. Klaus F Kugler，Ingerenz und Selbstverantwortung.，Rechtsanwalt in Bonn 1972，S. 307.

② Vgl. Klaus F Kugler，Ingerenz und Selbstverantwortung.，Rechtsanwalt in Bonn 1972，S. 309.

车而造成对他人身体伤害的合法定罪。

在判决中并没有显示出，餐馆主管是否除了和 H 一起酗酒外做了别的什么事情。无论如何，餐馆主管都会因为他让机动车司机酗酒将要承担共同责任这一点，都会被考虑在内。也有可能在行驶过程中，必须预见到酒后驾车的危险。它并不取决于两个人长久的交情。然而，由于被断定的血液酒精含量为 1.8‰的机动车司机 H 虽然无驾车行为能力，但此时他处于可以为自己行为负责的状态。所以，由于对于机动车司机 H 自我答责能力的信任而使得引起违法行为的先行行为人的责任被排除出去。

在“心脏病突发案件”（OLG Oldenburg in Dar 1957/300f）[①]中，被告因为商业洽谈，在他的家里宴请了建筑工程师 L 和其他宾客。每个人都喝了 2 瓶啤酒和 3 到 4 个烧酒。之后在一个饭馆中他们又继续狂饮。因为这里的杂乱使他想去一个有艺术氛围的地方，L 从那出来之后开车，载着被告的妻子以及另一个机动车司机去了另一家餐馆。在一段直行的街道上 L 撞倒了一棵树上，此时的车速为 70km/h，他本人以及那位机动车司机在车祸现场当场遭遇了死亡。被告的妻子受了重伤。出车祸时，L 的血液酒精含量为 1.78‰，被告的血液酒精含量为 1.25‰。

法院陪审团因为驾车死亡以及驾车受伤判决被告有罪。州法院判决他完全没有责任。

在这一案件中，由于先行行为而要承担的责任被排除。根据已达成共识的判决，被告怎样使得机动车司机酗酒并引起的这场车祸，并不清楚。被告让客人喝酒，最后也可能只造成其在餐馆中大醉。但如果被告确定客人要酒后驾车，就又存在一个他是否允许信任此客人，即此机动车司机的自我答责能力的问题。1.78‰的血液酒精含量是具有自我答责能力的。如果此机动车司机的健康状况明

---

① Vgl. Klaus F Kugler, Ingerenz und Selbstverantwortung., Rechtsanwalt in Bonn 1972, S. 310.

显不好，就要考虑被告的赔偿责任；但是在这个判决中此点没有得到认同。如果这一点被认同，最后被告对于此机动车司机的酒后驾车将不负责任。因为，由于这场车祸没有造成除此车以外的出行者的伤亡，只是这个机动车司机和另外两个同行的人有伤亡。所以这就出现了一种不能阻止的危险发生的案件。此机动车司机和他的同行者，在已知醉酒对驾车能力有影响的情况下仍然驾车并同行，他们“自己制造了不幸”，因此应该自己承担责任。上级州法院认为，被告“信任”了 L 的驾车能力，因此要承担对于他妻子以及第三个人的责任，这是不对的。被告的妻子以及第三个人是否愿意和此机动车司机同行，他们可以自己决定。如果他们也“信任”了此机动车司机的驾驶能力，他们也要自己承担与此相连的风险。因此上级州法院必须接受州法院以合法理由得出的赦免决定。

3. 醉酒驾驶类案件成立先行行为不作为犯的判断

德国刑法中，对醉酒驾驶类案件是按照共同犯罪的教唆犯来处理的。教唆犯，也就是出售酒精饮料的店主，没有自己开车，也没有自己引起交通事故，他的责任，只能从对酒后驾车的共同责任和通过第三者产生法律上财产侵害的共同责任的立场推导出来。共同责任包括正犯（司机）的基本自我答责，通过酒后驾驶引起的受伤或者死亡的后果的直接行为，承担主要的直接的刑法责任。①

以自我答责理论确定不作为犯罪的责任界限。教唆犯（也就是例如店主，用酒招待客人的人）基本上可以信任正犯（司机）的能力和自我答责的驾驶的责任，如果客人认识到，他通过饮酒已经没有驾驶能力了，就放弃原来计划的驾驶。信任在自我答责的驾驶中必须发现他的界限，如果客人已经变得“不可靠”，也就是他的行为已经没有自我答责的驾驶能力。也就否定了教唆犯相信第三

① Vgl. Klaus F Kugler, Ingerenz und Selbstverantwortung., Rechtsanwalt in Bonn 1972, S. 273.

者的自我答责的驾驶的继续存在。[①] 也就是说，喝醉的原因通过教唆犯，也就是通过店主出售酒精饮料，对于自己喝酒的客人不会产生不作为犯罪责任。这是因为店主相信客人的自我控制能力，相信客人有能力自我答责。如果与教唆犯的义务相反，责任调整的基本意义就接近正犯的自我答责。

因此，教唆犯不作为犯罪成立需要两个条件，即对司机的酒后驾驶产生明确的推动作用，以及司机超过了刑事能力的界限。[②] 一般来讲，完全因饮酒而不能开车和无责任能力之间的区别是明显的。通过考查判例的意见，可以看出这样的一个大致标准，如果一个司机的血醇浓度大约是 1.5‰，通常他就没有自己开车的能力了。无责任能力的界限是 3‰。[③]

例如，在前引“联邦法院第一个店主案件”（BGH 4/20 ff）中，因为这个机动车司机血液中酒精量达到 3.06‰，他已经对自己的行为不能负责，店主需对此承担先行行为保证人责任；在“对于餐厅主管的不信任案件”（KG in VRS 11/357 ff）中，由于被断定的血液酒精含量为 1.8‰的机动车司机 H 虽然无驾车行为能力，但此时他处于可以为自己行为负责的状态。所以，由于对于机动车司机 H 自我答责能力的信任而使得引起违法行为的先行行为人的责任被排除出去；在“心脏病突发案件”（OLG Oldenburg in Dar 1957/300 f）中，被告 L 由于其 1.78‰的血液酒精含量是具有自我答责能力的，因而，排除了被告的先行行为保证人责任。

当然，这一原则是一个基本判断标准，并不是无限的普遍适用

① Vgl. Klaus F Kugler，Ingerenz und Selbstverantwortung.，Rechtsanwalt in Bonn 1972，S. 278.

② Vgl. Klaus F Kugler，Ingerenz und Selbstverantwortung.，Rechtsanwalt in Bonn 1972，S. 293.

③ Vgl. Klaus F Kugler，Ingerenz und Selbstverantwortung.，Rechtsanwalt in Bonn 1972，S. 289.

的。存在着这样的人，在他们身上，这种作用伴随着少量的血醇就能够产生。也许这个浓度是2‰，这种情况的产生，完全取决于他们特定情况下的各自的状况，酒精耐受性、时间、数量以及之前食物的摄取、饮用的速度等等，这些都是很重要的因素。考虑到这些所有的特别情况，就能够在这些特别情况中判定，汽车司机是否不具备刑事责任能力，以便免除教唆者的责任。[①] 例如，由于明显糟糕的体质或是相对于酒精造成的行为失控特别敏感，那么，就如一个没有刑事责任能力的司机一样，他会对其他交通参与者造成危险。这样在责任范畴中，酒的提供者所造成的危险就和车祸范畴中醉酒司机引致的车祸造成的损害是一样的。

除店主外，与醉酒驾驶相关的其他主体也需要讨论。

（1）酒友。从刑法的角度来判定酒友对于他人的醉酒有无共同责任是有必要的。酒友成立先行行为不作为犯的条件是，酒友通过他们的行为明显地使司机更多地喝了酒，或者引导司机的驾驶决定；并且，导致司机没有刑事责任能力缺少自我答责。[②]

（2）同乘。“纯粹的同乘也并不是在任何情况下都是无责任的。当以下两个先决条件被满足时，成立刑法中的先行行为保证人地位：同乘人员对于醉酒司机的驾驶决定有明显的引导性的影响、司机无刑事责任能力即排除自我答责。[③]

---

① Vgl. Klaus F Kugler, Ingerenz und Selbstverantwortung., Rechtsanwalt in Bonn 1972, S. 292.

② Vgl. Klaus F Kugler, Ingerenz und Selbstverantwortung., Rechtsanwalt in Bonn 1972, S. 297.

③ Vgl. Klaus F Kugler, Ingerenz und Selbstverantwortung., Rechtsanwalt in Bonn 1972, S. 298.

（3）劝酒等。教唆犯在这种条件下是不作为犯罪的保证人，“对他人的醉酒负有责任”。例如，如果他致使别人喝多，如果他分散“别人反对喝酒过量的想法”；如果“诱导他人继续喝酒”；如果他给别人“在白酒里掺啤酒”；这里教唆犯“对于其他人的状况”负有更大的责任……因为他不是出于个人的活动喝酒，而是被促使。①

（4）狂饮群体。在最高法院的判决中，一直同意在狂饮群体中，还没有产生保证人地位。巴伐利亚高等地方法院已经在足球比赛案件中清楚地说明了这一点。“在酒馆共同痛饮只有在特殊的状况下才会产生照顾责任”。联邦法院也认为，防止结果发生的义务将“不会通过痛饮团体产生”，因为，“在社会道德关系中，缺少一个如此松散，缺少社会道德意义的联系，就像它是痛饮团体”。在其他一些判决中也可以看到一致的看法。②

通过上述分析，可以进行以下归纳。

先行行为不作为犯的原理对于此类案件基本适用，即案件的造成原因为第三者的疏忽违法行为，尤其是提供酒精饮料的行为引起的对法益造成侵害的行为。

①首先引起违法行为的先行行为人要有明显的促进别人违法的实际行为，并且此人对于客观发生的事情已经有预见；

②只要机动车驾驶员是处在自己行为负责状态下而采取的直接违法行为，就要自己单独承担违法所带来的责任。引起其违法的先行行为人不会因为对机动车驾驶员自我答责的驾驶能力的信赖而承担责任；

③如果直接行为导致违法的人的行为超过了刑事责任能力范

---

① Vgl. Klaus F Kugler，Ingerenz und Selbstverantwortung.，Rechtsanwalt in Bonn 1972，S. 285.

② Vgl. Klaus F Kugler.，Ingerenz und Selbstverantwortung.，Rechtsanwalt in Bonn 1972，S. 279.

围，或者是有特别的起决定作用的受限制因素明显存在，使其处在对自己的行为不能负责的状态。那造成违法行为的先行行为人就要承担责任；

④当受害者已经接受认识到的危险时，在自我威胁和自我伤害的案件中就排除了引起违法行为的先行行为人的责任。[①]

（三）先行行为不作为犯自我答责理论适用于醉酒驾车案的中国思考

遏制酒后驾车和醉酒驾车，刑法学界有义务作出自己的贡献。

酒后驾车和醉酒驾车是世界各国面临的难题。例如，在我国，据公安机关统计，1998 年全国共发生 5075 起酒后和醉酒驾车肇事案件，造成 2363 人死亡；2008 年发生 7518 起，死亡 3060 人；2009 年 1 月至 8 月共发生 3206 起，造成 1302 人死亡，其中，酒后驾车肇事 2162 起，造成 893 人死亡；醉酒驾车肇事 1044 起，造成 409 人死亡。醉酒驾车犯罪呈多发、高发态势，危害更加严重，一次致多人死伤的案件屡有发生。特别是孙伟铭案、黎全景案等多起重大醉酒驾车肇事案件，引发了社会舆论的广泛、高度关注。[②] 以下以摘录自最高人民法院《司法业务文件》的“孙伟铭案”作为范本，讨论在我国目前情形下遏制酒后驾车和醉酒驾车的思维进路。

基本案情：2008 年 5 月，被告人孙伟铭购买一辆车牌号为川 A43K66 的别克轿车。之后，孙伟铭在未取得驾驶证的情况下长期驾驶该车，并多次违反交通法规。同年 12 月 14 日中午，孙伟铭与其父母为亲属祝寿，大量饮酒。当日 17 时许，孙伟铭驾驶其别克

---

① Vgl. Klaus F Kugler, Ingerenz und Selbstverantwortung., Rechtsanwalt in Bonn 1972, S. 317.

② 参见最高人民法院：《最高人民法院关于印发醉酒驾车犯罪法律适用问题指导意见及相关典型案例的通知》，载《司法业务文件》2009 年第 38 期，第 39 页。

轿车行至四川省成都市成龙路“蓝谷地”路口时，从后面撞向与其同向行驶的车牌号为川 A9T332 的一辆比亚迪轿车尾部。肇事后，孙伟铭继续驾车超限速行驶，行至成龙路“卓锦城”路段时，越过中心黄色双实线，先后与对面车道正常行驶的车牌号分别为川 AUZ872 的长安奔奔轿车、川 AK1769 的长安奥拓轿车、川 AVD241 的福特蒙迪欧轿车、川 AMC337 的奇瑞 QQ 轿车等 4 辆轿车相撞，造成车牌号为川 AUZ872 的长安奔奔轿车上的张景全、尹国辉夫妇和金亚民、张成秀夫妇死亡，代玉秀重伤，以及公私财产损失 5 万余元。经鉴定，孙伟铭驾驶的车辆碰撞前瞬间的行驶速度为 134－138 公里/小时；孙伟铭案发时血液中的乙醇含量为 135.8 毫克/100 毫升。案发后，孙伟铭的亲属赔偿被害人经济损失 11.4 万元。

四川省高级人民法院审理认为，被告人孙伟铭无视交通法规和公共安全，在未取得驾驶证的情况下，长期驾驶机动车辆，多次违反交通法规，且在醉酒驾车发生交通事故后，继续驾车超限速行驶，冲撞多辆车辆，造成数人伤亡的严重后果，说明其主观上对危害结果的发生持放任态度，具有危害公共安全的间接故意，其行为已构成以危险方法危害公共安全罪。孙伟铭犯罪情节恶劣，后果严重。但鉴于孙伟铭是间接故意犯罪，不希望、也不积极追求危害后果发生，与直接故意驾车撞击车辆、行人的犯罪相比，主观恶性不是很深，人身危险性不是很大；犯罪时处于严重醉酒状态，其对自己行为的辨认和控制能力有所减弱；案发后，真诚悔罪，并通过亲属积极筹款赔偿被害方的经济损失，依法可从轻处罚。据此，四川省高级人民法院于 2009 年 9 月 8 日作出（2009）川刑终字第 690 号刑事判决，认定被告人孙伟铭犯以危险方法危害公共安全罪，判处无期徒刑，剥夺政治权利终身。

1. 醉酒驾车可罚性的法理基础

罗克辛（Roxin）的客观归责的思想“当一个人为刑法保护的法益创设了一个不允许的风险，并且，当这个风险在一种被禁止的结果中实现时，只要他不具有正当化根据，那么，他就是刑法性不法的行为人”是从刑法的目的和不法的概念推导出来的。[①]

关于刑法的目的，罗克辛（Roxin）认为，“刑法的目的和具体刑事惩罚的目的绝不是相同的，因为刑法不取决于具体犯罪行为的实施，是面向社会的全体成员的，同时，刑法试图通过禁止有风险的对法益的危险来使人们远离犯罪行为，以及保护其他人免受法益的损害。相反，刑罚每次都是在构成行为已经发生之后，才会对具体违法人员适用的，并且，对于整个社会来说，最多只具有间接的意义。”[②] 因此，刑罚的目的仅仅是预防性的，也就是说，只允许指向防止将来的犯罪行为。因为刑罚是一种社会性操纵和控制的工具，所以，它也只能追求社会的目的。报应与社会的需要性无关，因此不具有社会合理性。这样，刑罚就不仅应当追求特殊预防的目的，而且还应当追求一般预防的目的。

罗克辛（Roxin）对不法的确定是由刑事政策的基础性理论引导出来的。这个刑事政策的基础性理论所根据的，是刑法以保护其他手段所不能保护的法益为目的。用简洁的口号来表示就是，刑法是为“辅助性法益保护”服务的。当人们思考如何才能通过刑法来实现对法益的保护时，借助无法反驳的逻辑就可以给出这个答案：为了受保护的法益来禁止不可容忍的风险，并且，把那个通过逾越法定的可允许风险而造成被禁止结果的人，当做一个既遂行为的行为人加以判决。[③]

进而，罗克辛（Roxin）指出，“刑法的任务应当是保护公民享有一种有保障的和平的共同生活，享有能够与这个目标相一致的

---

① ［德］罗克辛（Roxin）：《德国犯罪原理的发展与现代趋势》，王世洲译，载《法学家》2007年第1期，第157页。

② ［德］罗克辛（Roxin）：《德国犯罪原理的发展与现代趋势》，王世洲译，载《法学家》2007年第1期，第158页。

③ ［德］罗克辛（Roxin）：《德国犯罪原理的发展与现代趋势》，王世洲译，载《法学家》2007年第1期，第155页。

最大限度的人身自由。这个任务的确定有着久远的传统。它来自18世纪欧洲启蒙时期，当时，形成了现代西方国家理论的基础。但是，在全球化的时代，它有希望在世界的广大地区都获得认同，因为安全和自由是每一个现代社会的中心问题”。①

孙伟铭案中，无论是庭审辩护、学界讨论、还是媒体的热议大多集中在，是认定为交通肇事罪还是以危险方法危害公共安全罪、是故意还是过失、是死刑还是无期徒刑等。张明楷教授认为法院的判决是正确的，即“对孙伟铭的行为适用刑法第115条第1款，认定为以危险方法危害公共安全罪，具有合理性。因为孙伟铭醉酒后逆向严重超速行驶的行为，不管是否造成伤亡实害结果，都产生了具体的公共危险，而且能够肯定行为人对此具有故意。即使孙伟铭对严重伤亡实害结果没有故意，也可以认定为过失的结果加重犯，适用刑法第115条第1款”。②

有一点是没有疑问的，那就是对孙伟铭进行刑罚处罚。对孙伟铭的处罚可能实现了刑罚的特别预防目的，但一般预防目的，即通过对孙伟铭的处罚能否起到对一般人的警示作用从而不再从事类似的犯罪呢？恐怕是有疑问的。因为处罚更多指向的是孙伟铭醉酒驾车造成严重后果，而不是指向醉酒驾车行为本身。

醉酒驾车行为是依据《道路交通法》进行规制的。根据该法第91条的规定，可以将酒后驾车行为分为饮酒后驾驶机动车（饮酒驾车）和醉酒后驾驶机动车（醉酒驾车）两类，2004年由质检总局、国家标准委员会发布的《车辆驾驶人员血液、呼气酒精含量阈值与检验》（GB19522－2004）之中明确了这两类行为的具体认定标准：饮酒驾车，是指车辆驾驶人员血液中的酒精含量大于或

---

① ［德］罗克辛（Roxin）：《德国犯罪原理的发展与现代趋势》，王世洲译，载《法学家》2007年第1期，第154页。

② 张明楷：《危险驾驶的刑事责任》，载《吉林大学社会科学学报》2009年11月，第30页。

者等于 20mg/100mL，小于 80mg/100mL 的驾驶行为；醉酒驾车，是指车辆驾驶人员血液中的酒精含量大于或者等于 80mg/100mL 的驾驶行为。《道路交通安全法》第 91 条规定，“饮酒后驾驶机动车的，处暂扣六个月机动车驾驶证，并处一千元以上二千元以下罚款。因饮酒后驾驶机动车被处罚，再次饮酒后驾驶机动车的，处十日以下拘留，并处一千元以上二千元以下罚款，吊销机动车驾驶证。醉酒驾驶机动车的，由公安机关交通管理部门约束至酒醒，吊销机动车驾驶证，依法追究刑事责任；五年内不得重新取得机动车驾驶证。饮酒后驾驶营运机动车的，处十五日拘留，并处五千元罚款，吊销机动车驾驶证，五年内不得重新取得机动车驾驶证。醉酒驾驶营运机动车的，由公安机关交通管理部门约束至酒醒，吊销机动车驾驶证，依法追究刑事责任；十年内不得重新取得机动车驾驶证，重新取得机动车驾驶证后，不得驾驶营运机动车。饮酒后或者醉酒驾驶机动车发生重大交通事故，构成犯罪的，依法追究刑事责任，并由公安机关交通管理部门吊销机动车驾驶证，终生不得重新取得机动车驾驶证。”

实践表明，行政处罚不足以控制醉酒驾车行为，只有依靠刑法才可能更好地遏制醉酒驾车行为这种不被容许的危险。因为，刑法以保护其他手段所不能保护的法益为目的，是为了受保护的法益来禁止不被容许的危险。对醉酒驾车而言，行为本身就是可罚的，而不是行为所引起结果才被认为是可罚的。

2. 醉酒驾车行为刑法规制的实践

国外的立法与司法现状表明，对醉酒驾车适用较重的刑罚，有利于保护公民的生命与身体，减少醉酒驾车行为。例如，2001 年以前，日本刑法规定了过失致死伤罪与业务上过失致死伤罪，前者的法定刑为罚金，后者的法定最高刑为 5 年惩役。20 世纪 90 年代初，日本交通肇事死亡人数超过 1.1 万人。2001 年新设、2004 年修改的第 208 条之二第 1 项规定，“受酒精或者药物的影响，在难以正常驾驶的状态下，驾驶四轮以上的汽车，因而致人伤害的，处

15年以下惩役；致人死亡的，处1年以上有期惩役。以难以控制的高速度行驶，或者不具有控制行驶的技能而驾驶四轮以上汽车，因而致人死伤的，亦同。”增设危险驾驶致死伤罪后，日本交通肇事致人死亡的数量逐年下降，2003年降到7702人，2004年降到7358人，2006年降到6352人。①

2007年9月19日，以严惩酒后驾车为主要内容的日本新道路交通法正式生效。新法规大大加重了对酒后驾车者本人的处罚，违规者将被处以最高5年监禁或100万日元的罚款，还新设了“车辆提供罪”、“酒水提供罪”以及“同乘罪”等新的罪种，凡是向酒后驾车的司机提供车辆、酒水的人以及车上的乘客都要受到严厉处罚。日本警察厅在2007年12月27日发布的数据显示，新法推行的3个月内，全日本因为酒后驾车导致的车祸共1402起，比前年同一时期减少了535起；警察抓获的酒后驾车者共16319人，比前年同期下降了37%，少了9641人。而从2009年6月1日开始，日本实施新修订的《道路交通法施行令》，其中对酒后驾车的处罚力度比过去进一步大幅加重，以往警察发现酒后驾车只能给予司机停止使用驾照90天的处分，新施行令则规定可以直接吊销驾照。②

2009年9月，我国公安部交通管理局下发《关于修改酒后驾驶有关法律规定的意见（征求意见稿）》。第一，征求意见稿中，对醉酒驾驶和酒后驾驶的处罚力度都有所加重，将醉酒驾车等行为纳入刑法调整范围，并分别按照没有造成交通事故、造成交通事故和情节特别严重三个档次进行处罚，造成事故和情节特别严重的法定处罚应当高于交通肇事罪的法定刑罚。征求意见稿修改了《最高人民法院关于审理交通肇事刑事案件具体应用法律若干问题的解

---

① 参见张明楷：《危险驾驶的刑事责任》，载《吉林大学社会科学学报》2009年11月，第34页。

② 参见朱娅珍：《日本不仅重罚酒后驾车连坐这样的车也要罚》，载《都市快报》2008年1月5日。

释》，将饮酒后驾驶等情形造成交通事故构成交通肇事犯罪的，作为“其他恶劣情形”，降低起刑点，在量刑上由3年以下有期徒刑或者拘役提高为3年以上7年以下有期徒刑。第二，征求意见稿中，修改国家标准《车辆驾驶人员血液、呼气酒精含量域值与检验》，对酒精测试标准进行修改，适当降低了饮酒驾驶和醉酒驾驶的最低标准。第三，征求意见稿中首次列入“与醉驾司机同乘一车的乘客也应进行处罚”的内容，规定对酒后驾驶不劝阻、不制止的同乘者设定罚款处罚。①

征求意见稿中，特别引人注意的是“与醉驾司机同乘一车的乘客也应进行处罚”，这类似日本法律中的规定的“同乘罪”，也已经为德国判决多支持。德国“心脏病突发案件”（OLG Oldenburg in Dar 1957/300f）的判决指出，被告的妻子以及第三个人是否愿意和此机动车司机同行，他们可以自己决定。如果他们也“信任”了此机动车司机的驾驶能力，他们也要自己承担与此相连的风险。换句话说，就是他们具有自我答责能力。

3. 先行行为不作为犯理论的适用

孙伟铭案中，法院审理查明的事实是孙伟铭醉酒后驾车，但造成其醉酒驾车这一不被容许的危险的先行行为没有任何表述，看不出提供酒水的店主或与其一同喝酒的人，对造成其醉酒驾车有没有促进作用。不仅孙伟铭案、黎全景案，几乎所有的醉酒驾车肇事的案件，都没有关注造成醉酒驾车的先行行为。不仅我国大陆，我国台湾地区的审判实践也大抵如此。例如，“台北大桥交通肇事案”（台湾“高等法院”2000年交上诉字第9号）判决，② 亦未关注醉

① 参见《公安部拟规定处罚与醉驾司机同车乘客》，载《广州日报》2009年10月11日；《酒后驾驶或被处短期徒刑醉驾司机同车乘客将受罚》，载《新文化报》2009年10月12日。

② 参见林东茂：《一个知识论上的刑法学思考》，五南图书出版公司2001年版，第155页。

酒驾车的先行行为。

基本案情：甲于1999年8月8日凌晨1时至4时，与友人饮酒。明知饮酒过量不能安全驾车，仍于当日凌晨4时许，驾车前往台北市中山北路。行经台北大桥时，因酒后判断力减弱，追撞乙所驾驶营业小客车。甲肇事后，见乙无法打开车门，竟未下车察看，径行驾车往台北方向逃逸。甲车牌掉落现场，经人报警后，被捕，并当场测定甲吐气中每公升酒精含量为0.86mg。乙对于受伤部分，未提告诉。

由于台湾1999年经刑法修正，新增酗酒驾车罪和肇事逃逸罪两罪，因此，对甲以服用酒类不能安全驾驶动力交通工具而驾驶罪及驾驶动力交通工具肇事致人死伤而逃逸罪，并罚。

立法固然是一个比较便捷的方式，但在我国目前还没有醉酒驾车罪规定的情况下，可以考虑借鉴德国判例经验，对造成醉酒驾车危险的先行行为人以不纯正不作为犯进行处罚，以控制醉酒驾车肇事的多发。因为，毕竟刑法是通过禁止有风险的对法益的危险来使人们远离犯罪行为，以及保护其他人免受法益的损害。

毫无疑问，醉酒驾车是一种不被容许的危险，这从日本刑法规定的危险驾车罪和台湾刑法规定的酗酒驾车罪可以看出。依罗克辛（Roxin）的客观归责理论，制造了不被容许的危险，并在构成要件的结果中实现，就应当归责。同样，制造了醉酒驾车这一危险，行为人就产生了防止结果发生的义务，从而居于保证人地位，如果行为人不为期待的行为，就成立先行行为保证人类型的不纯正不作为犯。

根据德国判例的考察，成立醉酒驾车的先行行为不作为犯须具备两个条件，即对司机的醉酒驾车产生明确的推动作用，以及司机超过了刑事能力的界限。对司机醉酒驾车产生明确推动作用的主要有酒店的店主，或者是劝酒的同饮人，如果造成司机醉酒而又不制止司机驾驶的，就可能成立先行行为不作为犯。如果司机喝醉酒只是欠缺驾驶能力，但还可以对自己的行为负责，即存在自我答责时，则可排除先行行为人的不作为义务。如果司机喝醉酒不仅没有驾驶能力，也欠缺自我答责时，先行行为人居于保证人地位，负有保证人责任。

至于司机能否自我答责的判断，可以依据冯军教授关于被害人自我答责的构成要件来处理。从与先行行为人的关系看，司机可谓是被害人。

第一，被害人具有认识导致结果发生的危险和阻止危险现实化（变成结果）的能力。认识能力和控制能力是自我决定的前提，如果被害人没有能力认识导致结果发生的危险和阻止危险现实化的能力，被害人就不可能自我决定与结果的发生相关联的行为，也就不能对损害结果的发生承担责任。

第二，被害人自己引起了发生损害结果的危险。这就是说，被害人自己的行为是损害结果发生的一个条件。如果被害人自己的行为与损害结果的发生没有任何关联，那么，损害结果对被害人而言就纯粹是一个外部强制，被害人就完全不应该对损害结果的发生承担责任。

第三，被害人在自己尽管还能够管理危险时却强化了危险。只要被害人自己还决定着事件的发生与否，就不可能由其他人对发生的事件承担刑事责任。如果被害人自己一直没有丧失对损害结果发生与否的控制，却违反自我保护义务，使损害结果发生的危险增加了，以至于可以认为损害结果是被害人自己的行为所导致的，那么，被害人就应该自己对所发生的损害结果承担责任。

第四，法规范上不存在他人应该优先地阻止危险现实化的特别义务。倘若他人应该优先地阻止损害结果的发生，即使被害人的行为与损害结果的发生相关联，被害人也不应该对所发生的损害结果承担责任，因为被害人有权信赖他人履行阻止损害结果发生的义务。但是，只要他人没有优先地阻止损害结果发生的义务，被害人就必须自己设法阻止损害结果的发生，否则，被害人就应该自己对所发生的损害结果承担责任。

具备以上四个条件时，就存在被害人自己对损害结果的优先负责性，因此，不能把所发生的损害结果归属于他人。①

其中，上述第四项所谓的法规范上存在的他人优先阻止危险现实化的特别义务，就是导致司机醉酒驾车危险的先行行为人的保证人义务。

关于具体的血液酒精浓度的判断标准，德国判例的意见是，如果一个司机的血液酒精浓度大约是1.5‰，通常他就没有自己开车的能力了，无责任能力的界限是3‰。至于在我国审批实践中具体采用的标准，须经过科学测试和实证数据来确定。

---

① 冯军：《刑法中的自我答责》，载《中国法学》2006年第3期，第101页。

第五章　结　论

一、关于先行行为保证人地位

“因自己之行为致发生一定之危险者，负防止其发生之义务”，这是先行行为保证人类型最原始的法理基础，符合人类直觉的正义情感。在遵循罪刑法定原则的前提下，大陆法系国家一直在探索先行行为不作为犯的刑法明文化尝试。

保证人地位实质化运动实际上是寻求保证人类型的实质的法理依据，在此过程中，突破了传统的“法律规定、契约约定和危险前行为”形式的三分说，提出了更多种类的保证人类型。可以说，实质的保证人类型的出现，既是由于理论上探讨保证人类型实质法律依据的推演而出，更是由于社会发展过程中司法实务的需要，判例实践与理论发展交相辉映。

在刑法理论上，一概肯定先行行为保证人地位，认为只要由于自己的行为使法益处于危险状态而不救助，就一定在司法中构成不纯正不作为犯；或者完全否定先行行为保证人地位，在司法中对先行行为的情形一律以作为犯、过失犯或者结果加重犯处罚的观点，都是片面的。以先行行为作为义务的程度强弱是判断先行行为保证人地位的成立与否，应当是一个有益的尝试。即，根据作为义务程度的强弱来判断是否成立以及成立何种不纯正不作为犯。简言之，作为义务的强弱与先行行为不作为所构成之罪的重轻成正比关系。

二、关于先行行为不作为犯的作为义务程度

从刑法的立场来观察，形式上一样的作为义务，实质上有不同的效力。作为义务程度上的差别，决定先行行为不作为犯的是否成立，即仅仅是单纯地违反作为义务还不够，违反作为义务还必须达到一定程度，才可能受到刑法的规制。

这里所说的较高的作为义务程度，指的就是达到排他性支配的程度。因而，以作为义务程度作为判断的对象，以个案中具体的事实基础为素材，只有作为义务的程度达到排他性支配的时候，才能肯定先行行为保证人地位的成立。

对作为义务程度的判断，具体可以从以下三个方面来进行。第一，法益面临的危险的紧迫性和现实性。法益面临的危险愈紧迫，作为义务的程度就愈高；法益面临的危险愈迟缓，作为义务的程度就愈低。第二，作为义务的主体对防止法益遭受侵害是否具有排他性的支配力。在作为义务主体对侵害法益的事件发展有着排他性支配力的场合，法益对作为义务的依赖性就会增强，作为义务的程度也会随之升高。第三，履行作为义务的事实可能性和履行作为义务的难易程度。履行作为义务必须具有事实可能性，客观实际上不可能从事的，在法概念上自亦无法不作为。同时，履行作为义务越容易，人们就越希望作为义务人履行义务，作为义务的程度自然就高。履行作为义务越艰难，人们对作为义务的希望值就低，作为义务程度也就低。

当然，无论是“危险的紧迫性和现实性”、“排他性的支配力”还是“履行作为义务的事实上的可能性”等概念，都仍然是相对抽象的，与其说是给出具体的可操作性的判断标准，不如说是提供了判断的基本框架。质言之，作为义务程度的强弱的判断是必须结合个案而进行的价值判断。

三、关于先行行为保证人类型与其他保证人类型的关系

先行行为不作为犯的处罚有着自然法上的法理依据，需要实证法上的明确规定，以满足罪刑法定原则的要求。以法律规定的作为义务而言，应限于刑法的明文规定为妥。但是，在刑法分则中为个别的先行行为不作为犯设计独立的犯罪构成要件，其立法投资太大，立法技术的困难也不易克服。

刑法上不纯正不作为犯的作为义务，与民法中根据契约所产生的作为义务，是两种性质不同的义务，不可等同视之。在契约引起的作为义务中，契约有效与否并不重要，重要的是行为人在事实上的承担。

保护义务的自愿承担、危险前行为、危险物的持有、基于对第三人的监督地位与先行行为在概念上存在着交叉重叠的关系，它们背后有着共同的要素，就是"因自己行为致有发生一定结果之危险"，从而需要"负防止结果发生之义务"，因此，扩大了的先行行为概念就成为保护义务的自愿承担、危险前行为、危险物的持有、基于对第三人的监督地位之上的一个上位的概念。

黄荣坚的前行为保证人地位唯一说，除了对基于自然的家庭关系、密切的生活共同体、危险的共同体而形成的保证人地位的解读稍显勉强外，适用于基于保护义务的自愿承担、危险前行为、危险物的持有、基于对第三人的监督地位所形成的保证人地位还是很有说服力的。之所以黄荣坚的前行为保证人地位唯一说难以圆满地解释通说所列的全部保证人地位事由，其关键在于通说所列保证人地位事由是基于不同的法理。

大致看来，基于自然的家庭关系、密切的生活共同体、危险的共同体而形成的保证人地位，其义务来源于某种制度上的安排；基于保护义务的自愿承担、危险前行为、危险物的持有、基于对第三人的监督地位所形成的保证人地位，其义务是缘于支配原理。

就此而言，阿明·考夫曼（Armin Kaufmann）的功能说分类和

雅各布斯（Jakobs）基于组织管辖理论的保证人分类，有其合理性。雅各布斯（Jakobs）将因承担而生的保证人归于组织管辖的领域内，而不是归于体制管辖的领域内，比之阿明·考夫曼（Armin Kaufmann）的功能说分类更为合理。

四、关于侵权法上的先行行为与刑法上的先行行为的比较

肇始于《阿奎利亚法》的先行行为的理念成为刑法和侵权法上先行行为理论的共同的渊源。德国法谚“因自己之行为致发生一定之损害者，负防止其发生之义务”的思想蕴涵构成两者共同的法理基础。具有作为义务，是刑法上的先行行为和侵权法上的先行行为存在的共同前提。不仅如此，其不作为的作为义务必须与导致该行为的积极行为在构成要件上等价时，才分别构成刑法上和侵权法上的先行行为，才具有可归责性。

刑法上的先行行为与侵权法上的先行行为有本质的区别。两者性质不同，目的也有一定差异。先行行为不作为侵权行为是民事违法行为，而先行行为不作为犯罪则是刑事违法行为，二者由不同的法律调整。不作为侵权行为是加害于他人的行为，这里的他人仅仅是指社会个体，而非社会。如果一项不作为不但加害于他人，而且危害了社会，达到了应受刑罚处罚的程度，则该不作为构成犯罪。刑法上的先行行为与侵权法上的先行行为也存在竞合的可能。

五、关于先行行为不限于违法行为

学说史上，先行行为的概念有逐渐扩大的趋势。关于先行行为是否限于违法行为的命题，曾经有激烈争论，但现在一般认为，只要先行行为制造了危险，就有可能成立先行行为不作为犯，而无论此先行行为系违法或合法，系故意犯罪行为或过失犯罪行为。但是，正当防卫行为并不成为作为义务的发生根据。不过，紧急避险人，对于遭受损害的无辜第三者具有作为义务。

六、关于先行行为可以包括犯罪行为

犯罪行为人可以因其犯罪行为成立先行行为保证人地位。因为制造危险的人应当有义务防止结果的发生，不管行为系违法行为、合法行为或是犯罪行为。过失犯罪行为成立保证人地位比较容易理解。基本上，要求一个过失行为人在事后防止结果的发生，应该完全符合期待可能性的原则。故意犯罪行为人对其所实施的故意犯罪所可能产生的结果没有期待可能性，但对其犯罪行为所引发的超出其所欲犯罪的结果以外的危险，是有防止该危险的结果发生的作为义务的。质言之，故意犯罪行为可以成立先行行为保证人地位。

七、关于先行行为不作为犯的结构

在先行行为的场合，结果现象产生的契机是先行行为者自身所提供的，即先行行为者与结果的发生是有直接关系的，或者说，结果的发生最初起源于行为人的先行行为，而在其他保证人类型则不存在这样的情况。先行行为保证人类型与其他保证人类型存在结构上的不同。质言之，先行行为不作为犯存在一个在前的“先行行为”，亦存在一个先行行为之后的“不作为”，其结构是“先行行为—引发危险—产生作为义务—不作为”。先行行为不作为犯的处罚，不全然是对之前的“先行行为”，也不全然是对之后的“不作为”，而是行为人通过对于先前自己所形成的状态的支配，造成了法益的侵害或危险。

八、关于先行行为不作为犯与结果加重犯

先行行为不作为犯与结果加重犯在本质上是不作为犯与作为犯的区别。先行行为不作为犯与加重结果犯，皆可区分为两个阶段观察，第一阶段为作为，第二阶段为不作为。结果加重犯的行为构造上，行为人只是为第一阶段的行为，即基本犯罪行为。客观上加重结果的出现，是属于基本犯罪行为本身所伴随的“特有危险”或

"固有的内在危险"的实现。换句话说，结果加重犯的处罚，考察的重点是基本犯罪行为。

先行行为不作为犯的行为构造上，必须是行为人因其第一阶段的作为，产生保证人地位，却又不作为，而抵触了刑法之法规范，因而处罚该行为人。先行行为不作为犯的成立，不以第一阶段的作为与结果之间存在"固有的内在危险"的直接性为必要，只要存在符合条件理论的因果关系就可以了，其考察重点是第二阶段的不作为。而对不作为的处罚，是因行为人的先行行为制造了不被容许的危险而产生的保证人责任，认为其不作为具有与作为的等价性，其违反义务的不作为才具有可处罚性。

九、关于先行行为不作为犯的因果关系

先行行为不作为犯的因果关系具有多义性。

行为人的先行行为与结果之间存在符合条件理论的因果关系。先行行为之后的不作为与结果之间是刑法意义上的规范的因果关系，属于客观归责范畴。具体来讲，从先行行为不作为犯的逻辑关系"因为行为人制造了危险，所以负有防止危险发生的作为义务；如果不作为致结果发生，则需对行为人归责，"可以看出，在先行行为不作为犯存在多个因果关系，即一个是"因为行为人制造了危险，所以负有防止危险发生的作为义务"，这是自然法意义上的因果关系；另一个是"如果不作为致结果发生，则需对行为人归责"，这是规范意义上的因果关系；另外，就结果的发生而言，行为人的制造危险的先行行为与结果之间，不可谓不是一种符合条件理论的因果关系。

十、关于先行行为不作为犯与危险升高理论

先行行为不作为犯的构造是行为人的先行行为制造了危险从而具有保证人地位，产生了作为义务，不为期待的行为造成结果，成立先行行为保证人类型的不纯正不作为犯。与其他保证人类型的不

纯正不作为犯一样，刑法关注的重点是不作为与结果之间的因果关系。客观归责理论中的所谓危险升高一般意义上是指在作为犯的情形下，行为人的作为提高发生结果的危险，并且该危险已经超越容许危险的范围。如果在不作为犯场合下讨论危险升高，是指行为人的不作为提高发生结果的危险，且该危险是超越容许危险的范围。

需要特别注意的是，先行行为不作为犯与其他保证人类型的不作为犯存在结构上的不同，即先行行为不作为犯中的危险是由先行行为人本身所制造，行为人制造了危险才使其可能具有保证人地位。但行为人的不作为进一步升高了发生结果的危险，使其具有了以不纯正不作为犯处罚的可能性。因此，在不纯正不作为犯场合下，危险升高并非是指先行行为制造的危险，而是指先行行为之后的不作为升高了发生结果的危险。

十一、关于结果可避免性的判断

先行行为人制造了危险居于保证人地位，就应该实施法律期待其应为的行为，或者说，尽力去降低结果发生的危险，哪怕只有极微弱的结果避免的可能性，这是最基本的道理，毋庸置疑。但仅仅因此，即履行作为义务能够降低危险而竟不履行义务，就将结果归责于行为人，而不考虑具体情形下的作为义务程度，就判断标准而言，失于泛泛，对行为人而言似乎过苛。反之，如果只在先行行为人履行作为义务结果有几近确定的可能性的时候，才成立先行行为保证人类型的不纯正不作为犯，又显于法益保障不利。而且，这样的规定也有鼓励怠于实施降低危险的行为的嫌疑。显然，以作为义务的程度这一维度的考虑来对行为人的结果进行归责，要优于利用结果避免可能性的判断进行归责的方式。

十二、关于先行行为不作为犯理论与自我答责理论在醉酒驾车行为中的适用

先行行为不作为犯理论和自我答责理论可以适用于醉酒驾车行

为。例如，对司机醉酒驾车产生明确推动作用的酒店店主，如果造成司机醉酒而又不制止司机驾驶的情形下，就可能成立先行行为不作为犯。如果司机喝醉酒只是欠缺驾驶能力，但还可以对自己的行为负责，即存在自我答责时，则可排除先行行为人的不作为义务。如果司机喝醉酒不仅没有驾驶能力，也欠缺自我答责时，先行行为人居于保证人地位，成立先行行为不作为犯。

参考文献

一、中文文献

1. 高铭暄：《新编中国刑法学》，中国人民大学出版社 1998 年版。

2. 高铭暄：《中国刑法学》，中国人民大学出版社 1989 年版。

3. 高铭暄、赵秉志编：《新中国刑法立法文献资料总览》，中国人民公安大学出版社 1998 年版。

4. 高铭暄、马克昌：《刑法学》，北京大学出版社、高等教育出版社 2000 年版。

5. 马克昌：《犯罪通论》，武汉大学出版社 1999 年版。

6. 张明楷：《刑法学》，法律出版社 2007 年版。

7. 张明楷：《外国刑法纲要》，清华大学出版社 2007 年版。

8. 张明楷：《刑法格言的展开》，法律出版社 2005 年版。

9. 陈兴良：《刑法哲学》，中国政法大学出版社 2004 年版。

10. 陈兴良：《本体刑法学》，商务印书馆 2001 年版。

11. 冯军：《刑事责任论》，法律出版社 1996 年版。

12. 冯军：《刑法问题的规范理解》，北京大学出版社 2009 年版。

13. 黎宏：《不作为犯研究》，武汉大学出版社 1997 年版。

14. 蔡墩铭：《刑法总则争议问题研究》，台湾五南图书出版公司 1988 年版。

15. 蔡墩铭:《刑法精义》,翰芦图书出版有限公司2005年版。

16. 韩忠谟:《刑法原理》,台湾雨利美印刷有限公司1981年版。

17. 陈朴生:《刑法专题研究》,台湾三民书局1983年版。

18. 陈朴生:《刑法总则》,中正书局1969年版。

19. 林山田:《刑法通论》,台湾三民书局1986年版。

20. 林山田:《刑法通论》(下册)增订九版,台湾大学法学院图书部2005年版。

21. 洪福增:《刑法理论之基础》,刑事法杂志社印行1977年版。

22. 黄荣坚:《刑罚的极限》,月旦出版社股份有限公司1998年版。

23. 黄荣坚:《基础刑法学》(下),元照出版有限公司2006年版。

24. 黄荣坚:《刑法问题与利益思考》,月旦出版社股份有限公司1995年版。

25. 许玉秀:《主观与客观之间》,法律出版社2008年版。

26. 许玉秀:《当代刑法思潮》,中国民主法制出版社2005年版。

27. 柯耀程:《刑法思想》,中国政法大学出版社2003年版。

28. 林东茂:《一个知识论上的刑法学思考》,五南图书出版公司2001年版。

29. 张丽卿:《刑法总则理论与运用》,台湾一品文化出版社2005年版。

30. 林钰雄:《新刑法总则》,元照出版有限公司2006年版。

31. 高仰止:《刑法总则之理论与实用》,五南图书出版公司1983年版。

32. 蔡枢衡:《中国刑法史》,中国法制出版社2005年版。

33. 王泽鉴:《侵权行为法》(第1册),中国政法大学出版社

2001 年版。

34. 史尚宽:《债法总论》，中国政法大学出版社 2000 年版。

35. 曾世雄:《民法总则之现在与未来》，中国政法大学出版社 2001 年版。

36. 陈聪富:《侵权归责原则与损害赔偿》，北京大学出版社 2005 年版。

37. 张民安:《过错侵权责任制度研究》，中国政法大学出版社 2002 年版。

38. 周枏:《罗马法原论》（下），商务印书馆 2001 年版。

二、外文译著

1. [德] 康德:《法的形而上学原理》，沈叔平译，商务印书馆 2005 年版。

2. [德] 阿图·考夫曼（Arthur Kaufmann）:《法律哲学》，刘幸义等译，法律出版社 2004 年版。

3. [德] 汉斯·海因里希·耶赛克、托马斯·魏根特:《德国刑法教科书》（总论），徐久生译，中国法制出版社 2001 年版。

4. [德] 罗克辛（Roxin）:《德国刑法学总论》（第 1 卷），王世洲译，法律出版社 2005 年版。

5. [德] 罗克辛（Roxin）:《德国犯罪原理的发展与现代趋势》，王世洲译，载《法学家》2007 年第 1 期。

6. [德] 雅各布斯（Jakbos）:《刑法保护什么：法益还是规范适用?》，载《比较法研究》2004 年第 1 期。

7. [德] 冈特·施特拉腾韦特、洛塔尔·库伦:《刑法总论Ⅰ——犯罪论》，杨萌译，法律出版社 2004 年版。

8. [德] 约翰内斯·韦塞尔斯（Johannes Wessels）:《德国刑法总论》，李昌珂译，法律出版社 2008 年版。

9. [德] 许乃曼（Schünemann）:《关于客观归责》，陈志辉译，载《刑事法杂志》第 42 卷第 6 期。

10. ［德］许乃曼（Schünemann）：《德国不作为犯学理的现状》，陈志辉译，载《刑事法评论》第 13 卷，中国政法大学出版社 2003 年版。

11. ［日］小野清一郎：《犯罪构成要件理论》，王泰译，中国人民公安大学出版社 2004 年版。

12. ［日］西原春夫：《犯罪实行行为论》，戴波等译，北京大学出版社 2006 年版。

13. ［日］西田典之：《日本刑法总论》，刘明祥等译，中国人民大学出版社 2007 年版。

14. ［日］山口厚：《从新判例看刑法》，付立庆等译，中国人民大学出版社 2009 年版。

15. ［日］川端博：《刑法总论二十五讲》，余振华译，中国政法大学出版社 2003 年版。

16. ［日］大塚仁：《刑法概说》（总论），冯军译，中国人民大学出版社 2003 年版。

17. ［日］大塚仁：《犯罪论的基本问题》，冯军译，中国政法大学出版社 1993 年版。

18. ［日］日高义博：《不作为犯的理论》，王树平译，中国人民公安大学出版社 1992 年版。

19. ［日］曾根威彦：《刑法学基础》，黎宏译，法律出版社 2005 年版。

20. ［日］野村稔：《刑法总论》，全理其等译，法律出版社 2001 年版。

21. ［日］大谷实：《刑法总论》，黎宏译，法律出版社 2003 年版。

22. ［日］曾根威彦：《交通事犯与不作为犯》，黄河译，载《当代法学》2007 年第 21 卷第 6 期。

23. ［日］松宫孝明：《犯罪体系论再考》，张小宁译，载《中外法学》2008 年第 4 期。

24. ［美］博登海默：《法理学：法律哲学和法律方法》，邓正来译，中国政法大学出版社 1999 年版。

25. ［英］哈特：《法律的概念》，张文显等译，中国大百科全书出版社 1996 年版。

26. ［英］巴里·尼古拉斯：《罗马法概论》，黄风译，法律出版社 2004 年版。

27. ［意］杜里奥·帕多瓦尼：《意大利刑法学原理》，陈忠林译，法律出版社 1998 年版。

28. ［英］戴维·M. 沃克：《牛津法律大词典》，北京社会与科技发展研究所译，光明日报出版社 1988 年版。

29. ［俄］俄罗斯联邦总检察院编：《俄罗斯联邦刑法典释义》，黄道秀译，中国政法大学出版社 2000 年版。

30. ［韩］李在祥：《韩国刑法总论》，韩相敦译，中国人民大学出版社 2005 年版。

三、期刊论文

1. 马克昌：《结果加重犯比较研究》，载《武汉大学学报》（社会科学版）1993 年第 6 期。

2. 张明楷：《论不作为的杀人罪》，载《刑事法评论》第 3 卷，中国政法大学出版社 1998 年版。

3. 张明楷：《严格限制结果加重犯的范围与刑罚》，载《法学研究》2005 年第 1 期。

4. 张明楷：《危险驾驶的刑事责任》，载《吉林大学社会科学学报》2009 年 11 月。

5. 张明楷：《交通肇事的刑事责任认定》，载《人民检察》2008 年第 2 期。

6. 陈兴良：《论不作为犯罪之作为义务》，载《刑事法评论》（第 3 卷），中国政法大学出版社 1999 年版。

7. 陈兴良：《犯罪不作为研究》，载《法制与社会发展》1999

年第 5 期。

8. 陈兴良：《禁止重复性评价研究》，载《现代法学》1994 年第 1 期。

9. 冯军：《刑法中的自我答责》，载《中国法学》2006 年第 3 期。

10. 冯军：《刑法的规范化诠释》，载《法商研究》2005 年第 6 期。

11. 周光权：《刑法中的因果关系和客观归责论》，载《江海学刊》2005 年第 3 期。

12. 肖中华：《能而不予阻止者，有罪——关于不作为犯的比较分析》，载《中国检察官》2006 年第 8 期。

13. 肖中华：《危险概念是一个危险的概念——关于狭义危险犯的理论及立法检讨》，载《中国刑事法杂志》2005 年第 6 期。

14. 张小虎：《不纯正不作为犯先行行为犯罪及其处置的法理分析——兼论交通肇事逃逸致人死亡》，载《河南省政法管理干部学院学报》2007 年第 1 期。

15. 黎宏、［日］大谷实：《论保证人说》，载《法学评论》1994 年第 4 期。

16. 黎宏：《“见死不救”行为定性的法律分析》，载《法商研究》2002 年第 6 期。

17. 李邦友：《结果加重犯理论研究综述》，载《法学评论》1999 年第 2 期。

18. 金光旭：《日本刑法中的实行行为》，载《中外法学》2008 年第 2 期。

19. 黄明儒：《日本刑法中逃逸行为的判例与理论介评》，载《法学家》2001 年第 6 期。

20. 齐文远、李晓龙：《论不作为犯中的先行行为》，载《法律科学》1999 年第 5 期。

21. 李晓龙：《论不纯正不作为犯的等价性》，载《法律科学》

2002 年第 2 期。

22. 许成磊：《先行行为可以为犯罪行为》，载《法商研究》2005 年第 4 期。

23. 许成磊：《刑法中作为义务来源演变的法哲学背景分析》，载《中国人民公安大学学报》2004 年第 5 期。

24. 许成磊、赵锦旭：《刑法中基于自愿承担引起的作为义务》，载《法制日报》2004 年 11 月 4 日。

25. 童德华：《刑法中的客观归属——关于因果关联的新视角》，载《暨南学报》（哲学社会科学版）2008 年第 6 期。

26. 李学同：《论不作为犯罪的特定义务》，载《法学评论》1991 年第 4 期。

27. 于改之：《不作为犯罪中“先行行为”的本质及其产生作为义务的条件》，载《中国刑事法杂志》总第 47 期。

28. 李新天、罗昆：《先行行为引起的作为义务及相关侵权抗辩》，载张新宝主编：《侵权法评论》（2004 年第 1 辑），人民法院出版社 2005 年版。

29. 向小军、郝伟：《酒后驾车的血液酒精浓度限制标准》，载《中国药物依赖性杂志》2003 年第 12 期。

30. 张新龙：《200 例涉嫌酒后交通肇事的法医学分析》，载《皖南医学院学报》2006 年第 4 期。

31. 陈朴生：《不作为犯之构造》，载《刑事法杂志》第 25 卷第 3 期。

32. 黄荣坚：《不作为与客观归责》，载《刑事法杂志》第 35 卷第 3 期。

33. 黄荣坚：《论保证人地位》，载《法令月刊》第 46 卷第 2 期。

34. 黄荣坚：《论风险实现》，载《刑罚的极限》，月旦出版社股份有限公司 1998 年版。

35. 许玉秀：《论西德刑法上保证人地位之实质化运动》，载

《法学论丛》1987年第3期。

36. 许玉秀：《前行为保证人类型的生存权？——与结果加重犯的比较》，载《政大法学评论》第50期。

37. 许玉秀：《"最高法院"1989年台上字第3693号判决的再检讨——前行为的保证人地位与客观归责理论初探》，载《刑事法杂志》第35卷第4期。

38. 许玉秀：《保证人地位的法理基础》，载《刑事法杂志》第42卷第2期。

39. 许玉秀：《客观归责理论的回顾与前瞻》，载《刑法思潮之奔腾——韩忠谟教授纪念论文集》，财团法人韩忠谟教授法学基金会2000年版。

40. 许玉秀：《实质的正犯概念》，载《刑事法杂志》第41卷第6期。

41. 林钰雄：《客观归责理论之判决评释——从台湾北滨车祸案之判决谈起》，载《刑事法之基础与界限——洪福增教授纪念专辑》，学林文化事业有限公司2003年版。

42. 蔡惠芳：《德国法上结果加重犯归责理论之研究：以伤害致死罪为例》，载《刑事法学新趋势——Lothar Philipps教授七十大寿祝贺论文集》。

43. 杨建华：《不纯正不作为犯、结果加重犯在立法例上与德日等国比较》，载《军法专刊》1977年第26卷6期。

四、硕博论文

1. 许成磊：《论不真正不作为犯》（博士论文），中国人民大学2003年。

2. 栾丽：《刑法作为义务论》（博士论文），中国人民公安大学出版社2007年。

3. 李金明：《不真正不作为犯研究》（博士论文），中国人民公安大学出版社2008年。

4. 何庆仁:《义务犯研究》(博士论文),北京大学 2009 年。

5. 张果:《不作为犯罪中的前行为》(博士论文),中国人民大学 2009 年。

6. 许玉秀:《不纯正不作为犯之研究》(硕士论文),台湾政治大学法律研究所 1980 年。

7. 郑铭仁:《危险升高理论之研究》(硕士论文),台湾“国立政治大学”研究所 1995 年。

8. 林宗翰:《风险与功能——论风险刑法的理论基础》(硕士论文),台湾大学法律学研究所 2006 年。

9. 李昂杰:《保证人地位》(硕士论文),台湾“国立成功大学”研究所 2001 年。

10. 叶静屏:《加重结果犯》(硕士论文),台湾大学法律学研究所 1997 年。

11. 叶柏岳:《论交通事故之刑事责任》(硕士论文),台湾“国立成功大学”法律系 2007 年。

12. 林美惠:《侵权法上交易安全义务之研究》(博士论文),台湾大学法律学研究所 1999 年。

五、外文原著

1. Klaus F Kugler, Ingerenz und Selbstverantwortung., Rechtsanwalt in Bonn 1972 .

2. Klaus Pileiderer, Die Garantenstellung aus vorangegangenem Tun., 1968 Duncker & Humblot, Berlin.

3. Richard G Singer & John Q La Fond, Criminal Law., Second Edition,中国方正出版社 2003 年版。

4. Julia Fionda & Michael J Brant, Briefcase on Criminal Law., Second Edition(影印版),武汉大学出版社 2004 年版。

5. Jonathan Herring, Criminal Law., Third Edition(影印版),法律出版社 2003 年版。

六、判例来源

1. 最高人民法院:《最高人民法院关于印发醉酒驾车犯罪法律适用问题指导意见及相关典型案例的通知》,载《司法业务文件》2009年第38期。

2. 最高人民法院刑事审判第一、二、三、四、五庭主编:《中国刑事审判指导案例》(侵犯公民人身权利、民主权利罪),法律出版社2009年版。

3. 最高人民法院刑一庭、刑二庭编:《刑事审判参考》(第38集),法律出版社2004年版。

4. 最高人民法院刑事审判第一庭、第二庭编:《刑事审判参考》(总第30辑),法律出版社2003年版。

5. 最高人民检察院编:《刑事犯罪案例丛书·杀人罪》,人民检察出版社1992年版。

6. 《中国审判案例要览(1996)·刑事审判卷》,中国人民大学出版社1998年版。

7. 江苏省启东市人民法院(2004)启刑初字第133号判决书、江苏省南通市中级人民法院(2004)通中刑一终字第74号裁定书。

8. 河南焦作市中级人民法院刑事附带民事判决书(2005)焦刑一初字第26号。

9. 河北省大厂回族自治县人民法院刑事判决书(2003)大刑初字第38号。

10. 胡新桥等:《少女拒绝拥抱落水身亡,求爱男见死不救获刑》,载《法制日报》2009年6月12日。

后　　记

衷心感谢我的导师冯军教授。师从冯军教授，是天意，不可违。

衷心感谢我的妻子方雪梅女士。本书是献给她的，她也有权利这样要求。

衷心祝福我的儿子谢方洲。他有他的人生，他有他的精彩。

谢绍华

2010年3月19日